国家出版基金项目
NATIONAL PUBLICATION FOUNDATION

欧亚历史文化文库

总策划 张余胜
兰州大学出版社

路途漫漫丝貂情

—— 明清东北亚丝绸之路研究

丛书主编 余太山
陈鹏 著

图书在版编目(CIP)数据

路途漫漫丝貂情:明清东北亚丝绸之路研究 / 陈鹏
著. —兰州:兰州大学出版社,2011.4
(欧亚历史文化文库/余太山主编)
ISBN 978-7-311-03664-5

Ⅰ.①路… Ⅱ.①陈… Ⅲ.①丝绸之路—研究—明清
时代 Ⅳ.①K928.6

中国版本图书馆 CIP 数据核字(2011)第 055886 号

总 策 划　张余胜

书　　名　路途漫漫丝貂情
　　　　　　——明清东北亚丝绸之路研究
丛书主编　余太山
作　　者　陈 鹏著
出版发行　兰州大学出版社　(地址:兰州市天水南路 222 号　730000)
电　　话　0931－8912613(总编办公室)　　0931－8617156(营销中心)
　　　　　　0931－8914298(读者服务部)
网　　址　http://www.onbook.com.cn
电子信箱　press@lzu.edu.cn
印　　刷　天水新华印刷厂
开　　本　700 mm×1000 mm　1/16
印　　张　19.5(插页8)
字　　数　271 千
版　　次　2011 年 4 月第 1 版
印　　次　2013 年 8 月第 2 次印刷
书　　号　ISBN 978-7-311-03664-5
定　　价　62.00 元

(图书若有破损、缺页、掉页可随时与本社联系)
淘宝网邮购地址:http://lzup.taobao.com

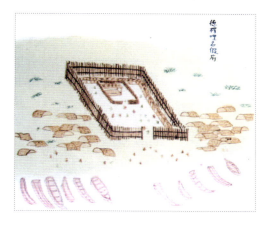

德楞行署（采自《东鞑纪行》）

德楞行署全图（采自《东鞑纪行》）

德楞行署较高级官吏（采自《东鞑纪行》）

清朝政府在德楞行署外设立的各族交易市场（采自《东鞑纪行》）

1

阿依努人烤干鱼

日本北海道阿依努人

阿依努人在船上开展贸易

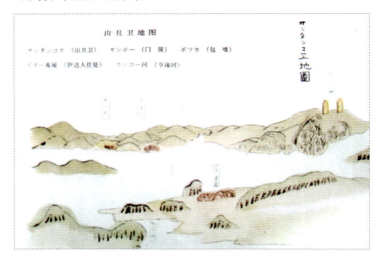

山丹卫地图（采自《东鞑纪行》）

虾夷人捕鲑图（采自《东鞑纪行》）

虾夷人行船图（采自《东鞑纪行》）

捕鱼（采自《东鞑纪行》）

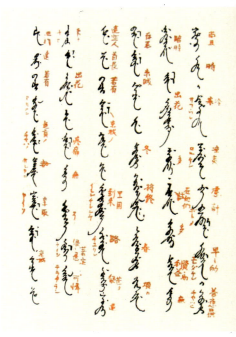

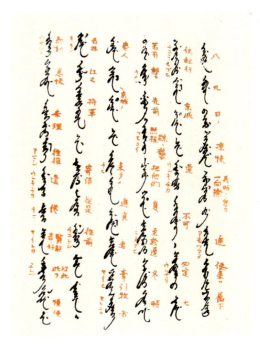

库页岛南部发现的清朝政府晓示赫哲、费雅喀、库页等族的满文公文及译文（采自《东鞑纪行》）

4	3	2	1
	7	6	5

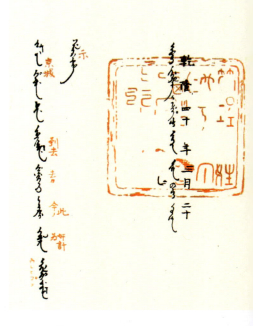

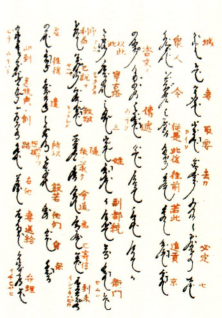

妇女哺育幼儿（采自《东鞑纪行》）

妇女梳头及劳动中的妇女（采自《东鞑纪行》）

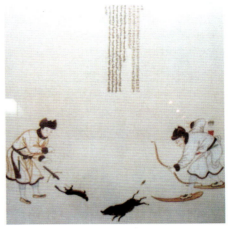

黑龙江下游的使犬部——赫哲人（采自《皇清职贡图》）

赫哲人的一支——七姓人（采自《皇清职贡图》）

恰喀拉人（采自《皇清职贡图》）

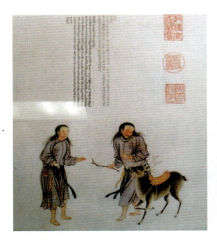

黑龙江下游及沿海的使鹿部鄂伦春人
（采自《皇清职贡图》）

居住在黑龙江下游及库页岛的费雅喀人（采自
《皇清职贡图》）

奇楞人（赫哲人对恒滚河流域鄂伦春
人的称呼）（采自《皇清职贡图》）

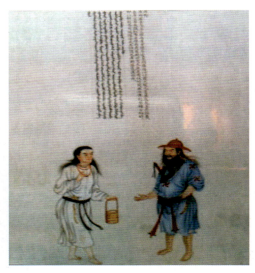

库页岛南部的库页人（采自《皇清职贡图》）

黑龙江下游各部族首领在清朝德楞行署进贡图（采自《东鞑纪行》）

呼玛河口集市贸易

混同江中土著行船（采自《东鞑纪行》）

混同江岸北望（采自《东鞑纪行》）

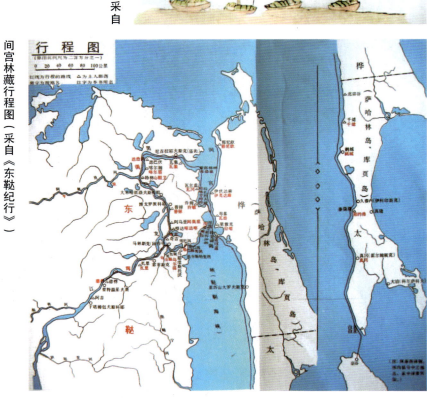

间宫林藏行程图（采自《东鞑纪行》）

清代楚勒罕集市贸易

清政府赏赐黑龙江少数民族首领的官服

费雅喀男女
（采自《东鞑纪行》）

脱衣易皮（采自《东鞑纪行》）

12

明代宣德摩崖铭文

宣德摩崖铭文

钦委造船总兵官骠骑将军辽东
都司都指挥使刘清
　永乐十八年领军至此
　洪熙元年领军至此
　宣德七年领军至此
　本处设立龙王庙宇永乐十八年创立
　宣德七年重建
　宣德七年二月三十日□□

明代永乐摩崖铭文

永乐摩崖铭文

甲辰　丁卯　癸丑　□□

骠骑将军辽东都指挥使刘

大明永乐拾玖年岁次辛丑正月吉□□□记

明代阿什哈达造船遗址

明代阿什哈达造船遗址简介

　　明朝初年，为了加强对东北中南部地区的统治，首先于洪武八年（1375）成立了辽东都指挥使司（治所在今辽阳市老城区），并广设卫所。明永乐七年（1409），为了有效管理居于黑龙江、松花江、乌苏里江流域（包括库页岛）的女真等族，又成立了奴儿干都司，治所在黑龙江下游的特林（今属俄国），下辖三百多个卫所。

　　明朝政府为了宣达政令，并对表示归附的女真等族予以厚赏，以显耀中华帝国之尊感，从永乐五年（1407）至宣德七年（1432）留先后十次差派内官亦失哈等北至奴儿干进行"宣谕抚慰"，人数最多时，有官军二千，巨船五十艘。

　　五百多年前的吉林，地理环境优越，是东北地区水陆交通的枢纽，且又盛产松木。明朝政府为了建造运载军兵、粮草和官赐品、贡品的船只，于是选择处松花江之滨的吉林作为造船基地。

　　遗址现存两处明代摩崖石刻，详细记载了明代骠骑将军、辽东都指挥使刘清差造船总兵官刘清三次率领数千军兵、工匠来吉林造船的具体时间，陈列室内可了解明、清两代吉林船厂的历史沿革及历史事件。此遗址是明朝政府经略东北的历史见证，弥足珍贵。1961年被吉林省人民政府列为重点文物保护单位。

13

明代阿什哈达摩崖碑

阿什亭

出 版 说 明

　　随着 20 世纪以来联系地、整体地看待世界和事物的系统科学理念的深入人心，人文社会学科也出现了整合的趋势，熔东北亚、北亚、中亚和中、东欧历史文化研究于一炉的内陆欧亚学于是应运而生。时至今日，内陆欧亚学研究取得的成果已成为人类不可多得的宝贵财富。

　　当下，日益高涨的全球化和区域化呼声，既要求世界范围内的广泛合作，也强调区域内的协调发展。我国作为内陆欧亚的大国之一，加之 20 世纪末欧亚大陆桥再度开通，深入开展内陆欧亚历史文化的研究已是责无旁贷；而为改革开放的深入和中国特色社会主义建设创造有利周边环境的需要，亦使得内陆欧亚历史文化研究的现实意义更为突出和迫切。因此，将针对古代活动于内陆欧亚这一广泛区域的诸民族的历史文化研究成果呈现给广大的读者，不仅是实现当今该地区各国共赢的历史基础，也是这一地区各族人民共同进步与发展的需求。

　　甘肃作为古代西北丝绸之路的必经之地与重要组

成部分,历史上曾经是草原文明与农耕文明交汇的锋面,是多民族历史文化交融的历史舞台,世界几大文明(希腊—罗马文明、阿拉伯—波斯文明、印度文明和中华文明)在此交汇、碰撞,域内多民族文化在此融合。同时,甘肃也是现代欧亚大陆桥的必经之地与重要组成部分,是现代内陆欧亚商贸流通、文化交流的主要通道。

基于上述考虑,甘肃省新闻出版局将这套《欧亚历史文化文库》确定为 2009—2012 年重点出版项目,依此展开甘版图书的品牌建设,确实是既有眼光,亦有气魄的。

丛书主编余太山先生出于对自己耕耘了大半辈子的学科的热爱与执著,联络、组织这个领域国内外的知名专家和学者,把他们的研究成果呈现给了各位读者,其兢兢业业、如临如履的工作态度,令人感动。谨在此表示我们的谢意。

出版《欧亚历史文化文库》这样一套书,对于我们这样一个立足学术与教育出版的出版社来说,既是机遇,也是挑战。我们本着重点图书重点做的原则,严格于每一个环节和过程,力争不负作者、对得起读者。

我们更希望通过这套丛书的出版,使我们的学术出版在这个领域里与学界的发展相偕相伴,这是我们的理想,是我们的不懈追求。当然,我们最根本的目的,是向读者提交一份出色的答卷。

我们期待着读者的回声。

总 序

　　本文库所称"欧亚"(Eurasia)是指内陆欧亚,这是一个地理概念。其范围大致东起黑龙江、松花江流域,西抵多瑙河、伏尔加河流域,具体而言除中欧和东欧外,主要包括我国东三省、内蒙古自治区、新疆维吾尔自治区,以及蒙古高原、西伯利亚、哈萨克斯坦、乌兹别克斯坦、吉尔吉斯斯坦、土库曼斯坦、塔吉克斯坦、阿富汗斯坦、巴基斯坦和西北印度。其核心地带即所谓欧亚草原(Eurasian Steppes)。

　　内陆欧亚历史文化研究的对象主要是历史上活动于欧亚草原及其周邻地区(我国甘肃、宁夏、青海、西藏,以及小亚、伊朗、阿拉伯、印度、日本、朝鲜乃至西欧、北非等地)的诸民族本身,及其与世界其他地区在经济、政治、文化各方面的交流和交涉。由于内陆欧亚自然地理环境的特殊性,其历史文化呈现出鲜明的特色。

　　内陆欧亚历史文化研究是世界历史文化研究中不可或缺的组成部分,东亚、西亚、南亚以及欧洲、美洲历史文化上的许多疑难问题,都必须通过加强内陆欧亚历史文化的研究,特别是将内陆欧亚历史文化视做一个整体加以研究,才能获得确解。

中国作为内陆欧亚的大国,其历史进程从一开始就和内陆欧亚有千丝万缕的联系。我们只要注意到历代王朝的创建者中有一半以上有内陆欧亚渊源就不难理解这一点了。可以说,今后中国史研究要有大的突破,在很大程度上有待于内陆欧亚史研究的进展。

古代内陆欧亚对于古代中外关系史的发展具有不同寻常的意义。古代中国与位于它东北、西北和北方,乃至西北次大陆的国家和地区的关系,无疑是古代中外关系史最主要的篇章,而只有通过研究内陆欧亚史,才能真正把握之。

内陆欧亚历史文化研究既饶有学术趣味,也是加深睦邻关系,为改革开放和建设有中国特色的社会主义创造有利周边环境的需要,因而亦具有重要的现实政治意义。由此可见,我国深入开展内陆欧亚历史文化的研究责无旁贷。

为了联合全国内陆欧亚学的研究力量,更好地建设和发展内陆欧亚学这一新学科,繁荣社会主义文化,适应打造学术精品的战略要求,在深思熟虑和广泛征求意见后,我们决定编辑出版这套《欧亚历史文化文库》。

本文库所收大别为三类:一,研究专著;二,译著;三,知识性丛书。其中,研究专著旨在收辑有关诸课题的各种研究成果;译著旨在介绍国外学术界高质量的研究专著;知识性丛书收辑有关的通俗读物。不言而喻,这三类著作对于一个学科的发展都是不可或缺的。

构建和发展中国的内陆欧亚学,任重道远。衷心希望全国各族学者共同努力,一起推进内陆欧亚研究的发展。愿本文库有蓬勃的生命力,拥有越来越多的作者和读者。

最后,甘肃省新闻出版局支持这一文库编辑出版,确实需要眼光和魄力,特此致敬、致谢。

余太山

2010 年 6 月 30 日

目录

1 绪论

1.1 概念界定及东北亚丝绸之路研究现状

1.1.1 东北亚区域概念

东北亚,顾名思义,就是指亚洲的东北部地区。目前,国际上对东北亚区域的概念并不统一,按地理位置的分布,主要有3种说法:一是认为东北亚仅包括日本国、朝鲜半岛的朝鲜民主主义人民共和国和大韩民国、中华人民共和国的东北和华北部分地区、俄罗斯联邦的远东地区(包括萨哈林岛,即库页岛)等地和蒙古人民共和国的东部地区;二是在上述概念的基础上,将整个蒙古和中国的环渤海经济圈也纳入东北亚范围;三是将中国、俄罗斯、日本、大韩民国、朝鲜民主主义人民共和国和蒙古等6个国家都称为东北亚国家。

从自然地理的界定来看,以前并没有"东北亚"的称谓,前苏联一般多讲北亚,日本多讲东亚,东北亚有时写作"北东北细亚"。一般在外交和经济领域使用的"东北亚经济圈",小的范围指环日本海地区,大则囊括东亚和北亚。国际文献中有东亚、西亚、南亚、中亚、北亚、东南亚,却没有东北亚和西北亚。傅朗云先生20世纪90年代初在《东北亚丝绸之路初探》一文中阐释了"东北亚"的地理概念,认为东北亚就是指亚洲的东北部,一般是指中国、朝鲜、日本、前苏联东部和蒙古人民共和国一带。如果以经纬度来划分,东北亚地区大致在东经114°以东直至亚洲、美洲分界线,北纬38°以北的亚洲地域内,大致包括中国华北的东部、东北部,内蒙古自治区的东部、东北部及东北三省,蒙古人民共和国东部,俄罗斯东西伯利亚的东南部和远东地区的北部(包括东北西伯利亚)、滨海省、萨哈林岛(库页岛),日本的北部、东北部,朝鲜半岛的北部和东北边远地区。[1]

1975 年美国加州大学出版的加州大学教授罗伯特·斯卡拉诺的《亚洲及其前途》一书,其《绪论》中第一次谈到"东北亚"是近代国际关系史上的一个政治概念,是俄、英、法、德等国家在北太平洋上相互关系的产物。1987 年出版了斯卡拉诺的《东北亚与大国关系》一书,系统阐述中、苏、美、日诸国国际关系的演变。1978 年前苏联学者 M. 萨维洛夫的《俄国人在东北亚(17—19 世纪)》一书,阐述了前苏联学术界关于东北亚的概念。日本学界一直对东北亚问题较为重视,如间宫林藏、鸟居龙藏、矢岛睿、中村和之、海保岭夫等人对东北亚民族及历史问题都给予了较多的关注。如鸟居龙藏的《东北亚洲搜访记》,三上次男的论文集《古代东北亚细亚史研究》,三上次男、神田信夫合编的《东北亚细亚的民族与历史》等,对东北亚历史都多有涉及与研究。1978 年,韩国亚细亚文化社出版了李龙范的论文集《中世东北亚细亚史研究》。1984 年,吉林省文物考古研究所刊行《东北亚历史与考古信息》。1992 年,吉林大学东北亚研究院创办了刊物《东北亚论坛》,日本经济研究会会长、经济学家金森久雄先生在创刊号上刊载的文章《东北亚论坛创刊寄语》中称,"东北亚区域各国间具有密切的地理、文化、经济联系。……东北亚地区亦即现在的中国东北部、苏联的远东地区、朝鲜民主主义人民共和国、韩国、日本的各地区之间,自古以来就存在着密切的交流和往来。"[2]这些已有的研究成果为东北亚诸问题的深入研究和探讨作出了一定的贡献。[3]

1.1.2 丝绸之路及东北亚丝绸之路的概念

"丝绸之路"一词最早来自于德国地理学家费迪南·冯·李希霍芬 1877 年出版的《中国》一书,一般也简称为"丝路"(比如"新丝路模特大赛")。丝绸之路,概括地讲,是自古以来,从东亚开始,经中亚、西

---

〔1〕参见傅朗云:《东北亚丝绸之路初探》,载于《东北师大学报》(哲学社会科学版)1991 年第 4 期,第 28 页。

〔2〕〔日〕金森久雄:《东北亚论坛创刊寄语》,载于《东北亚论坛》1992 年第 1 期,第 9 页。

〔3〕傅朗云主编:《东北亚丝绸之路历史纲要》,吉林文史出版社 1999 年版,第 12 – 15 页。

亚,进而联结欧洲及北非的这条东西方交通线路的总称。广义的丝绸之路是指从上古开始陆续形成的、遍及欧亚大陆,甚至包括北非和东非在内的长途商业贸易和文化交流线路的总称。除了上述的路线之外,还包括在南北朝时期形成的、在明末发挥巨大作用的海上丝绸之路,以及与西北丝绸之路同时出现、在元末取代西北丝绸之路而成为主要交流通道的南方丝绸之路等等。后来习惯把沟通中西方的商路统称为丝绸之路。因其上下跨越2000多年的历史,涉及陆路与海路,所以按历史划分为先秦、汉唐、宋元、明清4个时期,按线路划分有陆上丝路与海上丝路之别。陆上丝路因地理走向不一,又分为"北方丝路"与"南方丝路"。陆上丝路所经地区的地理景观差异很大,人们又把它细分为"草原森林丝路"、"高山峡谷丝路"和"沙漠绿洲丝路"。丝绸作为古代中国沿商路输出的代表性商品,而成为贸易通道的代名词;甚至作为与丝绸交换的主要贸易商品也被用作丝绸之路的别称,如"皮毛之路"、"玉石之路"、"珠宝之路"和"香料之路"等等。[1]

这样,中国的丝绸,除通过横贯大陆的陆上交通线大量输往中亚、西亚和非洲、欧洲等国家及地区外,也通过海上交通线源源不断地销往世界各国。因此,在德国地理学家李希霍芬将横贯东西的陆上交通路线命名为丝绸之路后,有的学者又进而加以引申,称东西方的海上交通路线为海上丝绸之路。后来,中国出产的陶瓷等物品,也经由这条海上交通路线销往各国,西方的香料等物资也主要通过这条路线输入中国。因此,一些学者也称这条海上交通路线为"陶瓷之路"或"香瓷之路"。

《中国大百科全书》也对"丝绸之路"的概念进行了解释:中国古代经中亚通往南亚、西亚以及欧洲、北非的陆上贸易通道。因大量中国丝和丝织品多经此路西运,故称丝绸之路,简称丝路。

经过多年研究,我国著名考古学家徐苹芳(前任中国考古学会会长)撰文指出,我国境内的丝绸之路总括起来有4条:一是汉唐两京

---

〔1〕参见百度百科"丝绸之路"http://baike.baidu.com/view/1239.htm.

（长安和洛阳）经河西走廊至西域路,这是丝绸之路的主道;二是中国北部的草原丝绸之路;三是中国四川、云南和西藏的西南丝绸之路;四是中国东南沿海的海上丝绸之路。

联合国教科文组织在其"世界文化发展十年(1988—1997年)规划"的10大项社会科学研究课题之一的《丝绸之路综合研究——对话之路的计划》,其中分课题有关于丝绸之路研究的计划,其中包括:传统的陆上丝绸之路、海上丝绸之路、沙漠丝绸之路、草原丝绸之路。后来,西南地区学术界又提出研究南方丝绸之路。1991年4月出版的《人民中国》报道了北方丝绸之路的研究现状。不久,即出现了"北方丝绸之路"的概念。俄罗斯著名的史地学家沙弗库诺夫在20世纪90年代初曾提议,北方丝绸之路当改称"貂皮之路"。沙弗库诺夫认为在公元第1千纪的中期,北方丝绸之路是由自称室韦的索格狄亚那人开通的,从今天的伊朗北上东行,经西伯利亚,到达日本海西岸定居,并与日本交往。从而开通了新罗道与日本道。[1]

但上述观点概括得仍不够全面,因为有一条重要的丝路尚未提及,这就是从中原内地经山海关、在东北境内经驿道陆运至黑龙江流域及库页岛等地,或者经海运到达朝鲜、日本和今俄罗斯远东及西伯利亚地区的一条丝绸之路,即被称为"丝貂之路"的东北亚丝绸之路。这样,古代社会中西方文化交流的丝绸之路一共应有5条,即西域丝绸之路、草原丝绸之路、西南茶马古道、海上丝绸之路和东北亚丝绸之路。可见,东北亚丝绸之路是把内地出产的"丝绸诸物",经由东北亚古驿道运至黑龙江下游(包括库页岛等地)的商业贸易和文化交流线路。

目前,关于"东北亚"的地理概念虽然众说纷纭,但一致的认识是指亚洲的东北部,一般指中国、朝鲜、日本、俄罗斯东部和蒙古人民共和国一带。若以经纬度划分,东北亚地区大致在东经114°以东直至亚洲、美洲分界线,北纬38°以北的亚洲地域内,大致包括中国华北的东

---

〔1〕参见〔俄〕Э·В·沙弗库诺夫著,杨振福译:《索格狄亚那人的貂皮之路》,载于《北方文物》2003年第1期,第109－112页。

部、东北部,内蒙古的东部、东北部,东北三省等地;蒙古人民共和国东部;俄罗斯东西伯利亚的东南部和远东地区的北部(包括东北西伯利亚)、滨海省、库页岛(又称桦太岛或萨哈林岛);日本北部、东北部;朝鲜半岛的北部和东北边远的地区。在这一地域内,历史上有过许多条以贡赏贸易为主的商业交通路线,因以丝绸为大宗,故称东北亚丝绸之路。

1.1.3 东北亚丝绸之路研究现状

早在 20 世纪 80 年代,中国学者特别是东北地区的学者开始对东北亚史地问题进行研究,其中杨旸、傅朗云两位先生用力最多。主要成果有:杨旸、袁闾琨、傅朗云编著的《明代奴儿干都司及其卫所研究》(中州书画社 1982 年版),傅朗云、杨旸合著的《东北民族史略》(吉林人民出版社 1983 年版),傅朗云、杨旸、曹泽民合著的《曹廷杰与永宁寺碑》(辽宁人民出版社 1988 年版);其中曹泽民是曹廷杰的小儿子,该书的内容主要是关于在光绪年间曹廷杰对东北亚丝绸之路进行的实地考察,《曹廷杰与永宁寺碑》一书的出版引起了日本有关人士的重视和关注。日本北海道新闻社为纪念该报创刊 50 周年,决定搞一次丝绸之路的长途采访,计划从 1990 年 10 月开始连载采访报道和专题文章,题为《北方丝绸之路——虾夷锦渡来之路》,设想中日双方学者联合研究丝绸之路的历史与现实,在各自报刊上刊登相关科研成果,后来因为各种原因而没有成功。1990 年 5 月,东北师范大学古籍整理研究所傅朗云先生为北海道新闻中国北京分社提出"东方丝绸之路"的设想。辽宁人民出版社 1993 年出版的《丹东与东方丝绸之路》一书,当视为东方丝绸之路研究的开始。1990 年 7 月 21 日,傅朗云先生在吉林省长春市南湖宾馆正式提出"东北亚丝绸之路"的概念,认为在东北亚的广大区域内,历史上曾经有过许多条以贡赏贸易为主的商业交通路线,其中尤以丝绸交易为大宗,因而被称为"东北亚丝绸之路"。1990 年 10 月 15 日,《吉林日报》海内外专刊头版新闻报道了东北亚丝绸之路的研究动态,其中 3 版刊登了署名陈抗、傅朗云、李澍田、杨旸的文章《东北亚丝绸之路》。与此同时,日本北海道新闻社也开始连载

《北方丝绸之路——虾夷锦渡来之路》专栏文章。

目前,学界研究"东北亚丝绸之路"(也称"东疆丝路")问题者尤以杨旸、傅朗云为代表。1991 年,由傅朗云编著的《东北亚丝绸之路》(吉林省旅游局国际市场开发处 1991 年 8 月内部版)一书在吉林省长春市召开的东北亚经济开发国际学术会议上举行首发式;1993 年,该书被收入《关东旅游文化小丛书》(吉林人民出版社出版)。1999 年,吉林文史出版社出版了傅朗云主编的《东北亚丝绸之路历史纲要》(列入《长白丛书》)。此外,傅朗云先生还先后发表了一系列文章,主要有:《东北亚丝绸之路初探》(《东北师大学报》1991 年第 4 期)、《东北亚丝绸之路与吉林古代贸易》(《吉林日报》1991 年 9 月 5 日第 3 版)、《东北亚丝绸之路考述》(《黑龙江日报》1992 年 1 月 23 日第 6 版)、《古代"丝绸之路"有几条?》(《当代交际》1992 年第 4 期)、《关于古代东北亚丝绸之路的探索》(《北方论丛》1995 年第 4 期)、《"丝绸之路"与"山丹贸易"之研究》(《北方文物》1997 年第 4 期)、《东北亚丝绸之路旅游文化》(《民间文化旅游杂志》2001 年第 2 期)等文章。吉林省社会科学院历史研究所杨旸先生也陆续发表了关于"东北亚丝绸之路"问题的系列文章,主要有:《明代东北亚丝绸之路与"虾夷锦"文化现象》(《社会科学战线》1993 年第 1 期)、《明代通往东疆的丝绸之路——"开原东陆路至朝鲜后门"》(《文史知识》1994 年第 6 期)、《清代黑龙江下游地区的噶珊制度与虾夷锦》(杨旸、徐清合著《清史研究》1994 年第 1 期)、《清代黑龙江下游与北海道物品交易》(杨旸、赫文、敬知本合著《北方民族》1996 年第 1 期)、《明清时期中华服饰经由黑龙江下游及库页岛地区东传北海道的研究——北海道"虾夷锦"考察纪行》(《黑河学刊》2000 年第 4 期)、《明清时期中华服饰东传北海道的溢彩——北海道"虾夷锦"考察纪行》(《社会科学战线》2001 年第 4 期)、《有清一代中华服饰经由黑龙江及库页岛地区东传北海道溢彩》(杨旸、柳岚合著《黑龙江社会科学》2001 年第 6 期)等文章。此外,杨旸先生还相继出版了《明清东北亚水路丝绸之路与虾夷锦研究》(辽海出版社 2001 年版)、《明代东北疆域研究》(吉林人民出版社 2008 年版)等著作,对明清时期东北亚丝绸之路诸问题多有探讨。

王绵厚、李健才的《东北古代交通》(沈阳出版社 1990 年版),其中明清时期的驿站交通提供了东北亚丝绸之路的脉络。1991 年 9 月 17 日,日本方面发行北海道新闻社出版的《虾夷锦渡来之路》一书。其他相关的著作还有:丛佩远、赵鸣岐编《曹廷杰集》(上、下)(中华书局 1985 年版),吕光天、古清尧编著《贝加尔湖地区和黑龙江流域各族与中原的关系史》(黑龙江教育出版社 1998 年修订版),佟冬主编《中国东北史》(吉林文史出版社 2006 年第 2 版),孙乃民主编《吉林通史》(第二卷)(吉林人民出版社 2008 年版);此外,还有温跃宽的《东北亚丝绸之路》、刘兴晔的《丝关开原》等成果。国外研究这方面的著作有:日本人间宫林藏的《东鞑纪行》(商务印书馆 1974 年版),俄国人 P. 马克的《黑龙江旅行记》(商务印书馆 1977 年版)等。

《东鞑纪行》

目前,专论"东北亚丝绸之路"问题的文章有:张嘉宾《北方丝绸之路》(《丝绸之路》1996 年第 1 期),阎质杰《我国历史上的"东北亚丝绸之路"》(《中国地名》2000 年第 2 期),侯江波、林杰《试论古代"东北亚丝绸之路"的特点及其现实意义》(《辽宁丝绸》2000 年第 4 期),巩生勤、孟庆梅《东北亚丝绸之路》(《辽宁经济管理干部学院学报》2001 年第 4 期)等。

鉴于东北地方史及东北亚丝绸之路研究的逐渐兴起,许多刊物开设专栏,如《黑龙江民族丛刊》开办"东北亚民族研究"专栏,《东北师大学报》开设"东北亚研究"专栏,《吉林日报》开设"吉林贸易史话"、"东北亚文化考"、"珲春与东北亚史话"等专栏。2009 年 5—6 月间,由哈尔滨日报报业集团的《新晚报》、东北网、黑龙江省文物考古研究所联合组织了"寻访东北亚丝路"的采风活动,在东北网上连载了"寻访东北亚丝路日记"。

据杨旸、傅朗云等学者对东北亚丝绸之路的研究考察结果表明，中国历史上自明惠帝建文四年（1402）开始，东北亚丝绸之路的大致路线应该是从中国江南历史名城苏州、杭州等地起源，向北经江宁—渤海口—开原（丝关）—吉林船厂—海西东水陆城站—奴儿干—库页岛，最终到达日本北海道地区。从各方面资料查证、判断，这是一条水陆兼行的丝绸之路路线。

温跃宽先生研究提出，明朝时期东北亚丝绸之路主要有两条——水路和陆路，其水路是"江南—开原（丝关）—阿什哈达—松花江—黑龙江—鞑靼海峡—库页岛—日本北海道"，其陆路是"江南—北京—开原（丝关）—黑龙江省双城市石家古城—阿城市金上京古城—黑瞎子岛—俄罗斯哈巴罗夫斯克（伯力）—俄罗斯共青城梅奇勒屯—俄罗斯沙文斯克—特林南—奴儿干都司—黑龙江下游亨滚河口（渡海）—库页岛（再渡海）—日本北海道境内"。

1.1.4 东北亚丝绸之路鲜为人知的原因

中国历史上东西方文化交流的丝绸之路四通八达，盛名远播，其中西域丝绸之路、草原丝绸之路、西南茶马古道、海上丝绸之路早已为世人所熟知。但为何东北亚丝绸之路却未被载入史册，鲜为人知。明朝编撰的《明实录》中，多次提到过郑和（三宝太监）下西洋的活动，而与郑和下西洋同时期的，与东北亚丝绸之路相关联的明朝宦官亦失哈九下北海奴儿干的史实，在《明实录》中亦多有提及，然而在清朝编修的《明史》中却仅仅记载了郑和下西洋，对亦失哈九下北海奴儿干却没有任何记载，这究竟是什么原因呢？

《明史》作为二十四史的最后一部，共332卷，包括本纪24卷，志75卷，列传220卷，表13卷。它是一部纪传体明代史，记载了自明太祖朱元璋洪武元年（1368）至明毅宗朱由检崇祯十七年（1644）270余年的历史。其卷数在二十四史中仅次于《宋史》，但其修纂时间却是我国历史上官修史书中最长的，如果从清朝顺治二年（1645）开设明史馆起，到乾隆四年（1739）正式由国史院撰修史官向乾隆皇帝进呈御览，前后共历时94年，假如从康熙十八年（1679）正式组织写作班子编撰起,至最后呈稿为止,也有整整 60 年之久。其用力之勤大大超过了以前编修诸史之力。修成之后,得到后代史家们的普遍好评,认为它超越了宋、辽、金、元诸史。

既然明朝编撰的《明实录》多次提到亦失哈九下北海,如此重要的史实,为何在这部被后世称之中国历史上最完善的史书《明史》中却没有任何记载呢?又为何在长达超越半个多世纪至近一个世纪的漫长编撰过程中,顺治、康熙、雍正、乾隆各个朝代的编撰史官却都把明朝永乐、宣德时期亦失哈巡视奴儿干如此重要的史实给遗漏掉呢?

再看清代官方编辑的其他各类书籍,在《四库全书》《说文解字》、《康熙字典》中都见不到"女真"二字。可见"女真"二字在清朝建立政权后,就有非常严格的限制,不准载入书册,这又是什么原因呢?

带着这些历史遗留的疑问,查阅大量资料,就可以明白东北亚丝绸之路之所以为后世鲜为人知,主要有两个方面的原因:

其一,清政府刻意掩盖史实。清王朝 1644 年定鼎北京,确立清政权对全国的统治后,在编撰前代史书(《明史》)中,有意识地掩盖满洲族最早的祖先来自通古斯(满—通古斯语族的祖先在公元前 1200 年左右居住在贝加尔湖南部的地区),被明政府迁徙至长白山地区,后逐步并入叶赫旁支,满洲族利用不断兼并女真部落逐渐发展而壮大,为了部落生存他们还接受了比他们发达的蒙古文字的这段史实。

其二,民族仇恨。明朝初期,东北边疆生息繁衍的女真部族分为建州女真、海西女真、野人女真三大部。后又按地域分为建州、长白、东海、扈伦四大部分。明朝在东北设立辽东都司、奴儿干都司作为对女真部族的管理机构,女真各部皆臣服于明朝政府。

明宣宗宣德八年(1433)二月,建州部首领猛哥帖木儿率部众至京师(今北京)朝贡,被明政府册封为建州左卫右都督。他遵从明廷的指令,着手准备将追随安乐州(今辽宁省开原)千户杨木答兀的散漫明朝官军送还明

安乐州之印

政府,杨木答兀得知后,逃往具州(今黑龙江省宁安市境内)依附兀狄哈(库雅喇人)首领阿答兀。六月,明廷派辽东指挥裴俊率160余名军士前往阿木河招取杨木答兀部下散漫人口,八月到达阿木河,会见猛哥帖木儿,邀其合作。杨木答兀侦知后,纠集具州阿答兀部300余人前来袭击裴俊所率领的官军。猛哥帖木儿闻信前往救援,阿答兀战死,杨木答兀仅以身免。

不甘失败的杨木答兀于十月再次纠集各处野人女真800余人,前来攻打裴俊统率的明军和猛哥帖木儿部。由于寡不敌众,猛哥帖木儿及长子阿古均被害,次子童仓被俘,其部下男子大都被杀,妇女尽被抢掠,部落溃散,元气大伤,建州左卫只存约500余户。猛哥帖木儿之弟凡察,率余部从阿木河西迁苏子河时,带走了300余户,留在当地的只剩百余户了。自此建州部人与野人女真结下了根深蒂固、不共戴天的仇恨。

明英宗正统五年(1440),猛哥帖木儿次子童仓在明朝政府干预下被野人女真放回,随即率部众南迁,迁居婆猪江流域的建州女真虽只有1万多人,但由于他们在长期迁徙中患难与共,凝聚力较强。聚居在一地后,又因前来归附的人口日益增多,至猛哥帖木儿后裔努尔哈赤(清太祖)登上政治舞台后,使原来人数较少的建州左卫在其领导下,逐渐统一了建州女真诸部、海西女真之扈伦四部及东海女真的一部分,从而形成了较大的部落联盟。

1583年(明神宗万历十一年),努尔哈赤为了巩固和扩大自己的军事实力,借被明王朝袭封为建州卫指挥使、充任明朝建州女真部首领之机,依靠当时建州女真部与明朝交往密切的关系,使建州部落社会生产力迅速提高,经济繁荣,在管理制度上创建八旗制度,招兵买马,进行军事训练,以图建立霸业。

1616年(明神宗万历四十四年),努尔哈赤感到自己实力日渐雄厚,决定脱离明朝管辖,在赫图阿拉称汗(今辽宁省新宾),建立大金(史称后金)政权,自称帝(多称天命汗),改元天命。1618年(明神宗万历四十六年,后金天命三年),努尔哈赤公开树立反明旗帜,并公布名为"七大恨"的讨明檄文,正式起兵南侵。

据《清太祖高皇帝实录》1618年(明万历四十六年,后金天命三年)四月十三日,后金汗努尔哈赤以"七大恨"告天,其文曰:

我之祖、父,未尝损明边一草寸也,明无端起衅边陲,害我祖、父,恨一也。

明虽起衅,我尚欲修好,设碑勒誓:"凡满、汉人等,毋越疆围,敢有越者,见即诛之,见而故纵,殃及纵者。"讵明复渝誓言,逞兵越界,卫助叶赫,恨二也。

明人于清河以南、江岸以北,每岁窃窬疆场,肆其攘夺,我遵誓行诛;明负前盟,责我擅杀,拘我广宁使臣纲古里、方吉纳,挟取十人,杀之边境,恨三也。

明越境以兵助叶赫,俾我已聘之女,改适蒙古,恨四也。

柴河、三岔、抚安三路,我累世分守疆土之众,耕田艺谷,明不容刈获,遣兵驱逐,恨五也。

边外叶赫,获罪于天,明乃偏信其言,特遣使臣,遗书诟詈,肆行陵侮,恨六也。

昔哈达助叶赫,二次来侵,我自报之,天既授我哈达之人矣,明又党之,挟我以还其国。已而哈达之人,数被叶赫侵掠。夫列国这相征伐也,顺天心者胜而存,逆天意者败而亡。何能使死于兵者更生,得其人者更还乎?天建大国之君即为天下共主,何独构怨于我国也。初扈伦诸国,合兵侵我,故天厌扈伦启衅,惟我是眷。今明助天谴之叶赫,抗天意,倒置是非,妄为剖断,恨七也。

从努尔哈赤公布反明的七大恨中,我们看到其中有三恨来自于女真部落叶赫旁支,可见民族仇恨之深。

1621年(明熹宗天启元年,后金天命六年)后金迁都辽阳,1625年(明熹宗天启五年,后金天命十年)迁都沈阳(改称盛京)。1626年(明熹宗天启六年,后金天命十一年),努尔哈赤在宁远战役中被明军袁崇焕部用红夷大炮打成重伤,不久病逝,其第八子皇太极继位。1635年(明毅宗崇祯八年,后金天聪九年),皇太极(多称崇德帝,即清太宗)称

·欧·亚·历·史·文·化·文·库·

帝,立即禁止使用祖上起家曾假借女真或诸申等名称,改族称为"满洲",故改国号为"大清"。

1644年(明崇祯十七年,清世祖顺治元年),清摄政王多尔衮指挥清军大举入关,打败李自成领导的大顺农民军;同年,顺治帝迁都北京,清朝从此取代明朝成为全国的统治者。

清王朝统一全国后,鉴于诸多原因,顺治皇帝在继承祖先遗志,按照规矩在编修前朝史即《明史》时,由于想到他们的祖先被明朝编入女真人部落时备受欺辱,出于对女真人的历史仇恨(如规定清帝不得娶叶赫之女),下令在所有文史书籍不得记载历史上有关女真人的史实,所有文史书籍中均不得出现"女真"二字。

正是这些原因,《明史》历代编撰官无人敢将曾经造就繁盛辉煌的东北亚丝绸之路的亦失哈九下北海奴儿干这段伟大的史实编入明史之中。担任明史主要编撰官的汉族官员、内阁大学士张廷玉更是熟知清王朝严酷的律法和潜规则,尽管明知《明实录》中曾多次提到亦失哈九下北海的史实,但在编写明史过程中也不得不刻意加以避讳,有意舍去与郑和齐名的亦失哈在同一时期受明朝中央政府指示派遣多次巡视东北亚地区的史实。因此,亦失哈九下奴儿干地区,开辟东北亚丝绸之路的伟大壮举逐渐被后世封存而淡忘,成为鲜为人知的史迹。

东北亚丝绸之路跨越了东北亚地区诸国,它不仅仅将诸如丝绸、香料之类的货物输送到东北亚广大地区,还将生产技术、科技文化传播到朝鲜半岛、日本、俄罗斯远东及西伯利亚等地区。通过丝绸之路,东北亚各族的技术文化得以传播,思想得以交融,社会因此逐渐进步,中国东北地区与俄罗斯远东及西伯利亚地区、日本北海道及朝鲜半岛等地的各国人民,逐渐增进了友谊与了解,至今还保持着民间和政府之间融洽的关系。东北亚地区的很多少数民族,如朝鲜族、鄂伦春族、赫哲族等成为跨界民族,至今仍分别生活在不同的国家中。

虽然中国以前的考古研究,对古代丝绸之路只认同四条线路,没有把东北亚丝绸之路列入研究范围内,但是史实终究是史实。这样一条有着千年文化底蕴的商旅以及文化交流的通道,也就是明朝亦失哈九下北海奴儿干的东北亚丝绸之路,直到民国初期才最终得到社会的承认。

中国历史上唐朝的都城长安和洛阳、宋朝的都城开封和临安(今杭州)、明清时期的南京和北京至东北亚各国的丝绸之路,虽然不同于沙漠丝绸之路那么遥远,那么漫长,但是它毕竟是连同东北亚各族人民共同发展,推动人类社会进步的一条实实在在存在的丝绸线路。这条线路位于东北亚地区的历史非常清楚,并有史可查。

到目前为止,学界已考证出伸向东北亚各地的11条丝绸之路。

第1条,也是最为古老的一条丝绸之路,自今山东半岛蓬莱横渡渤海,沿大连、长海北上,经由鸭绿江上溯,至吉林省临江登陆改为陆行,奔抚松、安图、龙井、延吉、图们,至黑龙江省宁安市东京城。渤海国曾于唐代发展为朝贡道,并与日本道相连接,从图们江口或今俄罗斯克拉斯基诺,乘舟渡海去日本。

第2条,自今北京市出发,经辽宁省朝阳,越过医巫闾山,至吉林省洮南市,沿洮儿河下航,去勿吉人首府(今黑龙江省佳木斯一带江岸某地)。

第3条,唐初黑龙江下游靺鞨人和流鬼国(今俄罗斯阿留申群岛至堪察加半岛)朝唐,自阿留申群岛或东堪察加半岛乘海至库页岛,入黑龙江,上溯至今吉林省长春市,去朝阳、北京,再转至长安。此条道路是通往美洲的丝绸之路,也是唐代东北的贡鹰道。

第4条,辽王朝统一东北,因辽太祖耶律阿保机死在黄龙府(今吉林省农安),他的子孙每逢春节都要赶到这里祭祀。一般头年腊月从辽上京(今内蒙古巴林左旗南的玻罗城)出发,沿北部草原进入洮儿河,在嫩江下游进行渔猎活动,以黄龙府为西陲重镇,女真、铁骊、兀惹以及强制集中的党项、回纥、渤海等民族头人到渔猎地进贡。自黄龙府往东直至黑龙江下游出产名贵猎鹰海东青的交通线,取名为"贡鹰道",按历代传统开展贡赏贸易。

第5条,元朝初年,贡鹰道往北延伸到元上都(今内蒙古锡林郭勒古城)。

第6条,明王朝在东北亚设置近500个卫所,先后分别隶属于辽东都司和奴儿干都司,有一条定期通往奴儿干地区的交通线,以贡赏贸易为主。赏赐物品集中囤放在辽东(今辽宁省辽阳市),陆运至吉林市小丰满下哈达山对面,装船沿松花江下航,至特林(今俄罗斯境内)停泊,分赐给赫哲、尼夫赫、鄂伦春、乌德盖等土著民族先世头人,日本人和阿依努人[1]称这些民族为山丹人。库页岛上的阿依努人也能得到相应的赏赐。清代也继续沿用这条交通线。中国内地出产的丝绸诸物通过阿依努人再远销日本列岛、千岛群岛、堪察加半岛和阿留申群岛。

第7条,明王朝还在抚顺、开原开设马市,和蒙古族、女真族开展贸易活动。从北京至吉林,一直存在着南线和北线,与今天的铁路走向相似。[2]

吹口琴的阿依努老人

通往朝鲜半岛的丝绸之路,海上有1条,陆上有2条。

自今北京通往呼伦贝尔大草原,分别远达西伯利亚的丝绸之路,起码有2条以上。

1.2 明清时期东北亚边疆地区民族概况

1.2.1 族称、源流及分布

明清时期东北亚边疆地区生息繁衍着女真(满洲)族、蒙古族、库雅喇、恰喀拉、赫哲、鄂温克(多称索伦)、达斡尔、鄂伦春、锡伯、卦尔察、费雅喀、库页等众多部族,现将各族情况简介如下。

1.2.1.1 女真(满洲)族

明清时期东北亚地区人口最多的民族是女真(满族),满族是由明

---

〔1〕阿依努人,旧称"虾夷人"的日本先民,是日本除大和民族外唯一的少数民族。据日本史料记载,阿依努人在公元5世纪时被称为"毛人"。自古以来,居住在以北海道为中心的日本诸岛,有独自的语言文化。

〔2〕参见傅朗云编著:《东北亚丝绸之路》,吉林省旅游局国际市场开发处1991年8月内部版,第4-5页。

代建州女真、海西女真和部分野人女真共同形成的。明朝万历十一年（1583），建州女真努尔哈赤以父祖十三副遗甲起兵，开始了统一女真各部的征战。万历十六年（1588），努尔哈赤基本完成了对建州女真各部的统一。万历十九年（1591），征服鸭绿江、浑江流域女真各部，尽收其众。万历二十一年（1593），征服了长白山地区女真各部。接着开始向海西女真扈伦四部用兵，万历二十七年（1599），灭哈达部。万历三十五年（1607），灭辉发部。万历四十一年（1613），灭乌拉部。在此前后努尔哈赤还招抚了绥芬河流域的窝集部，征服了乌苏里江流域的女真各部。万历四十四年（1616），努尔哈赤建立后金政权，建元天命元年，公开与明朝对抗。万历四十七年（1619），萨尔浒之战后金大败明军之后，努尔哈赤亲自率军攻灭叶赫部。至此，女真各部基本统一，后金政权疆域千里，人丁众多，兵强马壮。后金时期，新的女真民族共同体初步形成，明毅宗崇祯八年（1635），皇太极改女真、诸申等为"满洲"。此后近300年的时间，满族在东北乃至中国的政治舞台上独领风骚。

　　清代满族有新、旧之分，旧满洲又称"佛满洲"，是指满族的本体部分，即努尔哈赤及皇太极时期即入关前统一的女真各部，编为八旗，其人口约有几十万。新满洲又称"伊彻满洲"，是指清朝入关后，不断将招服的瓦尔喀、呼尔哈、赫哲、索伦等各部族新编入满洲八旗的部分。明崇祯九年（1636）即后金崇德元年，皇太极改国号为大清。顺治元年（1644）清世祖顺治帝迁都北京时，八旗官兵及眷属数十万人"从龙入关"，屯驻全国各地，留在东北地区的满族人已不多。为了补充满族人口，清朝初年即将散布在黑龙江、乌苏里江流域的赫哲、锡伯、库雅喇、鄂温克、达斡尔、鄂伦春等部族大量人口迁入东北腹地，并编入驻防八旗，这部分民族编入旗籍后，成为"新满洲"的一部分。据不完全统计，入旗壮丁超过万余人，全部人口不少于三四万人。对于入旗的"新满洲"，清朝按照满洲八旗制度进行管理，使之在生产方式、思想意识、文化习俗方面满化，成为满族的正式成员。新满洲八旗官兵以骁勇善战著称，嘉庆朝满族人西清所著《黑龙江外记》记载：伊彻满洲"百余年来,分驻齐齐哈尔、黑龙江、呼兰三城[1]"。"新满洲"的编设对维护祖国统一、巩固东北边疆和开发边疆作出了卓越的贡献。但其原部族的人口数量则因此而明显减少。

东北作为满族的故乡,清朝统治者视东北为"龙兴之地",为保障东北满族的生计,强化骑射习俗,自康熙年间开始实行长达200余年的封禁(后来时弛时禁),禁止汉族流民进入东北进行垦荒等活动。因此在清朝前期,东北地区尤其是中部与北部,即今吉林省和黑龙江省地区主要是满族人的分布地。东北南部地区则是以满族和汉族为主的居住地区。

1.2.1.2 蒙古族

蒙古族自称"蒙古",这一名称较早记载于《旧唐书》和《契丹国志》,其意为"永恒之火",蒙古族发祥于额尔古纳河流域,史称"蒙兀室韦"、"萌古"等,居住在额尔古纳河以南地区。

关于蒙古族源的问题,现当代多数学者认为蒙古族出自东胡。4世纪中叶,居于兴安岭以西(今呼伦贝尔地区)鲜卑人的一支,称为"室韦"。6世纪以后,室韦人分为南室韦、北室韦、钵室韦等5部。后来,鞑靼成为蒙古诸部的总称。由于蒙古部的强大,"鞑靼"一名逐渐又被"蒙古"所代替,成为室韦诸部的总称。1206年,铁木真在斡难河畔举行的忽里勒台(大聚会)上被推举为蒙古大汗,号成吉思汗,建立了蒙古国。蒙古国的建立,对蒙古族的形成具有重大意义。从此,中国北方第一次出现了统一各部落而成的强大、稳定和不断发展的民族——蒙古族。15世纪,蒙古南北被达延汗重新统一,分东部蒙古为喀尔喀、兀良哈、鄂尔多斯、土默特、察哈尔、喀喇沁6部。

明末清初,蒙古处于分裂割据状态,以大漠为界,分为漠南蒙古、漠北(喀尔喀)蒙古、漠西(厄鲁特)蒙古三部分。清朝为了扫除后方威胁,大举用兵,花了一个半世纪的时间陆续统一了蒙古各部,在蒙古部族实施盟旗制度,加强了对蒙古族的统治。

---

[1]〔清〕西清:《黑龙江外记》卷3,黑龙江人民出版社1984年版,第28页。

清代东北的蒙古族基本上保持着明末所形成的分布格局,居住于东北西部的呼伦贝尔和嫩江等黑龙江上游草原地区。在明朝后期,蒙古族分布地区向东南部扩展,达到明朝辽东边墙西段以外之地。清朝前期,蒙古诸部分布地与明朝时期大体相当,分布在柳条边以西,即今辽宁省的中部、西部,吉林省长春、农安以西,以及内蒙古东部辽阔的草原地带。蒙古诸部以游牧为生,兼营部分农业和狩猎业,居住在靠近东部农业区的蒙古部落的社会经济已发展为半牧半农类型,到清朝后期,蒙古族的农业经济迅速发展起来。

1.2.1.3　库雅喇

库雅喇(库雅拉、库牙拉)即俄罗斯所称的奥罗奇人,或称库尔喀(科尔凯、枯儿凯)。其族称有多种称谓,《明史》称东海鞑靼;在朝鲜文献中,《李朝实录》称骨看亏知哈、骨看兀狄哈或水兀狄哈;《龙飞御天歌》称阔儿看兀狄哈;《通文馆志》称枯儿凯。骨看、骨干、骨间、骨乙看、阔儿看、阔儿干、阔尔哈等,均为库尔喀的不同音译。因其多"沿海而居",因而又称"水野人";又因其善捕海豹,亦称"捕海豹人"。清代文献中多写作"库雅拉"、"苦雅拉"、"库尔喀"、"库尔喀气"等。这里作为对乌苏里江以东广大滨海地区和珲春河附近,以库雅喇部为核心的部落的泛称。

1.2.1.4　恰喀拉

与库雅喇同居一地的还有恰喀拉人,恰喀拉是明代野人女真群体中的一支,与满族有着共同的种族祖先。至 17 世纪中叶,一部分恰喀拉人曾以"捕貂鼠人"之名南下,与库雅喇共居于岩杵河等地,并融合为"库尔喀气人"。这部分库尔喀气人,也于康熙五十三年(1714)内迁于珲春。恰喀拉之"恰"是族名,又作欺牙、奇雅、凯、开等;"喀拉"是"姓"的意思,多作为词尾附于族或部名之后。又称作"恰喀喇"、"恰喀尔"、"奇雅哈喇"或"欺牙喀喇",或称乌德埃、乌德赫(满语为窝集克,即林中人),即乌德盖人。"乌德盖"是民族自称,意为"林中人"。"恰喀拉"是清代满洲人对他们的称呼。在文献中,恰喀拉最初以"欺牙喀喇"之名出现于 18 世纪中叶。19 世纪中叶,因为黑龙江以北、乌苏里江以东地区划入俄国境内后,定族名为"乌德盖(удэгейцы)",而仍留居中国境内的恰喀拉人逐渐融入满洲族共同体中。

库雅喇人主要生活在今吉林省珲春市及以东地方,包括朝鲜咸镜北道沿海一带。恰喀拉人主要分布在乌苏里江支流尼满河两岸和东海沿岸地区。

1.2.1.5 赫哲

赫哲与生活在黑龙江流域[1]广大地区的古代民族"肃慎"、"挹娄"、"勿吉"、"靺鞨"等有着渊源关系。隋唐时的黑水靺鞨,是赫哲的远祖。辽代黑水靺鞨区域的五国部女真人为赫哲先人。金元时期的"兀的改"、"兀的哥"、"水达达"包含了赫哲先人。

明末清初,"野人女真"分为呼尔哈、瓦尔喀等部,赫哲人分属此两部。呼尔哈部位于牡丹江沿岸和松花江下游之地,因牡丹江亦名呼尔哈河而得名。据《黑龙江志稿》记载,努尔哈赤、皇太极所征服的呼尔哈、萨哈连二部之额提齐(敖其)、福题希(富锦)、库巴察拉(古布札拉)、萨里屯(萨里霍通)、尼叶尔伯(尼尔伯)、喇喇(同江)等都是赫哲屯寨。瓦尔喀部在乌苏里江和图们江流域,《黑龙江乡土录》记载,抓吉、挠力河口、团山子(今黑龙江饶河)、穆棱河等屯寨均为赫哲人所建。[2]

在清代文献中,赫哲多写作"赫真"、"黑斤"、"黑津"、"黑真"、"赫斤"、"赫金"、"黑哲"、"黑吉"、"赫吉斯"、"贺齐克哩"、"盖青"等,皆同音异译或异写,为赫哲语"下游"、"下方"、"东方"之意。"赫哲"一词始见于康熙初年,《清圣祖实录》康熙二年(1663)三月壬辰条载:"命四姓库里哈等进贡貂皮,照赫哲等国例,在宁古塔收纳。"赫哲族名称繁多,有自称、互称和他称。因居地不同,自称各异,有那乃、那贝、那尼傲之分,均为"本地人"、"当地人"之意。[3] 上游人称下游人为"黑比

---

〔1〕本书所涉及的黑龙江流域是指1860年以前的黑龙江流域,即包括今俄罗斯境内的黑龙江北岸地区。范围大致北至外兴安岭,南至长白山天池分水岭,西至内蒙古东部,东至鄂霍茨克海的鞑靼海峡,包括库页岛在内。

〔2〕郭克兴:《黑龙江乡土录》,黑龙江人民出版社1988年版,第224页。

〔3〕"那"在赫哲语中意为"本地"、"当地";"乃"、"贝"、"尼傲"为"人"之意。

乃",下游人称上游人为"苏力比乃",这是内部互称。此外,因赫哲人长期以鱼、兽肉为食,以鱼皮和狍皮为衣,故又有鱼皮部、鱼皮鞑子或狍皮鞑子等他称。又因其以狗拉爬犁作交通工具,也被称为使犬部或使犬国。还因其习俗不同,有赫哲喀喇(其男皆剃发,故又称剃发黑斤,俗呼短毛子)、额登喀喇(其男不剃发,故又称不剃发黑斤,俗呼长毛子)等称谓。此外还有其他称呼,如窝稽鞑子等泛称及果尔特、奇楞等专称。初期,赫哲仅为该族部分部落之称,到了康熙中叶,始渐以赫哲之名作为该族统一族称。清王朝将征服的赫哲部众中少年精悍者,渐移内地,编甲入旗,或为侍卫,称为伊彻满洲(新满洲),使之成为满族共同体之成员;对留居故地的赫哲部落以氏族和村屯为单位,进行编户,分户管理。17世纪,编户的七姓、赫哲、奇楞诸部,在吸收了鄂伦春、恰喀拉等周边各部的基础上凝聚成赫哲民族共同体。

赫哲族长期以来主要生息繁衍于黑龙江、松花江中下游和乌苏里江流域。

1.2.1.6　费雅喀

唐代称郡利、窟说,金、元、明时期称吉里迷、吉列迷、帖烈灭、乞列迷、济勒弥,清代称费雅喀,或非牙喀、飞牙喀、裴牙喀。"费雅喀"是赫哲人对他们的称呼。费雅喀自称尼夫赫、尼古奔[1]　19世纪中叶,费雅喀被划入俄境,称为基里亚克、尼夫赫(нивхгу)。[2]　费雅喀部落主要居住在黑龙江下游距海口七八百里

库页岛上的费雅喀人
穿着清朝政府颁赐的官服

的沿岸,以及沿海群岛和库页岛北部,与赫哲、鄂伦春等族杂居。由于居地不同,费雅喀人又分为赫哲费雅喀(黑龙江下游费雅喀)和库页费雅喀两部分,居住在奇集湖至黑龙江口的黑龙江两岸的称赫哲费雅

---

〔1〕万福麟监修,张伯英总纂:《黑龙江志稿》卷11《经政志》,黑龙江人民出版社1992年版,第516页。

〔2〕〔苏〕卡巴诺夫著,姜延祚译:《黑龙江问题》,黑龙江人民出版社1983年版,第296页。

喀,居住在库页岛上的称为库页费雅喀。乾隆五十六年(1791),赫哲费雅喀人为 265 户,若以每户 5 人计算,约为 1325 人,分居在 27 个噶珊中,即都古兰噶珊 4 户、哈勒滚噶珊 13 户、庙噶珊 10 户、魁玛噶珊 13 户、扎哈达噶珊 3 户、都噶津噶珊 6 户、瓦布齐努噶珊 7 户、乌克屯噶珊 19 户、锡克图里噶珊 4 户、乌屯噶珊 14 户、蒙武洛噶珊 27 户、布叶噜噶珊 4 户、达噶珊 13 户、瑚琨噶珊 20 户、绰煌郭噶珊 16 户、莽阿禅噶珊 15 户、奥哩噶珊 7 户、佛里密噶珊 9 户、迪雅布哈噶珊 15 户、东甸噶珊 3 户、哈苏勒奇噶珊 7 户、甸宏科噶珊 4 户、郭勒亨噶珊 11 户、嘎金噶珊 10 户、佛哩穆噶珊 4 户、巴岳罗郭噶珊 3 户、喜雅里噶珊 4 户。清政府在这 27 个噶珊 265 户中,设立姓长 6 名,乡长 27 名,子弟 15 名。此外,尚有白人(每户的代表男丁)217 名[1]。库页费雅喀即"六姓十八噶珊之人","六姓"即 6 个氏族,每个氏族的名称及所属户数如下:耨德姓 45 户、都瓦哈姓 5 户、雅丹姓 26 户、绰敏姓 15 户、舒隆武噜姓 38 户、陶姓 19 户,共计 148 户,约 800 人,分布在 18 个噶珊中。计有姓长 6 名,乡长 18 名,穿袍人 2 名和白人 122 名[2]。

1.2.1.7 库页族

库页,汉代称"女国"、"毛人国",唐时为"窟说"、"莫曳",元朝为"骨嵬",明朝为"苦兀"、"苦夷",清代称"库页",又有"库野"、"库叶"等不同写法。清代,库页是库页岛上最大的民族群体,与费雅喀、鄂伦春等民族杂居。库页共有 5 个大部落,即库页、雅丹嵩阔、洛杜、瓦狼、达里堪,主要居住在库页岛南部地区的郭多和河、博和毕河、音格绳河、塔塔玛山、德必河、萨哈林、如烈河、楚克津河地区,无市镇乡村,以打猎为生。

1.2.1.8 锡伯、卦尔察

锡伯是由东胡—拓跋鲜卑—室韦发展而来,其族名本是锡伯族自

---

[1]辽宁省档案馆,辽宁社会科学院历史研究所,沈阳故宫博物馆译编:《三姓副都统衙门满文档案译编》,辽沈书社 1984 年版,第 146 - 149 页。

[2]辽宁省档案馆,辽宁社会科学院历史研究所,沈阳故宫博物馆译编:《三姓副都统衙门满文档案译编》,辽沈书社 1984 年版,第 133、460 页。

称，口语称“Siwe”，书面语写“Sibe”。在汉文史籍中，不同时期曾有几十种不同的译音和写法，如须卜、鲜卑、西卑、犀纰、犀比、师比、悉比、室韦、失韦、失围、失比、失必尔、实伯、斜婆、洗白、史伯、西伯、什伯、喜伯、西北、西僰、席百、席伯、席北、席帛、锡卜、锡窝、锡北、锡伯等。[1] 直到明末清初，才统一为锡伯。锡伯之名最早见于明万历二十一年(1593)。一般观点认为锡伯族名的由来，不是以地名、山川名其族名，而是以锡伯族长期活动的地区命名。[2]

卦尔察多称为卦勒察、瓜尔察、刮儿恰。在明万历二十一年(1593)“九部之战”时，卦尔察之称始见于史籍，同与锡伯族被编入蒙古八旗，隶属于科尔沁蒙古部。卦尔察居于锡伯之东，在伯都讷东北，松花江北岸。

1.2.1.9　索伦诸部

“索伦”是“上游”的意思，“索伦部”也称为“索伦千”，即“上游的人们”的意思。它是清朝史籍对于明末清初分布于贝加尔湖以东、外兴安岭以南，黑龙江中上游一带的鄂温克、鄂伦春及达斡尔人的概称、总称，也是索伦部的自称。明朝政府多将他们称为“北山野人”或“女真野人”。“索伦”也是满族对他们的称呼，满语“索伦”是“先锋”之意，也有“射手”和“请来”之意，这是因为他们历史上“雄于诸部”，是一个善射民族。由此可见，索伦部不是一个民族实体，而是生活于黑龙江中上游地区的关系密切、长期共存的鄂温克、鄂伦春及达斡尔等民族同外界民族交往时的自称和他称。直到清朝中期以后，“索伦”才专指鄂温克族。

1.2.1.9.1　鄂温克

鄂温克是以靺鞨为基础，吸收了唐代生活于贝加尔湖及黑龙江上游地区的鞠部落及北部室韦的成分融合而成。[3] 其名称是本民族自

---

[1]《锡伯族简史》编写组：《锡伯族简史》，民族出版社1986年版，第8页。

[2]参见沈阳市民委民族志编纂办公室编：《沈阳锡伯族志》，辽宁民族出版社1988年版，第1－4页。

[3]干志耿，孙秀仁：《黑龙江古代民族史纲》，黑龙江人民出版社1987年版，第466－467页。

称,亦自称鄂翁喀喇,意思为"住在大山林中的人们"。还有一种说法是"住在山南坡的人们"。由于分布在不同地区,曾被其他民族分别称为"索伦"、"通古斯"、"雅库特"等名称,但他们不以此自称。实际上,这三部分人本是同一个民族,他们有共同的语言和风俗习惯,新中国成立后统称为鄂温克族。

明末清初,鄂温克主要分为三支,居住在石勒喀河至精奇里江一带及外兴安岭以南者被称为索伦部,包括当地的鄂伦春和达斡尔族部落;居住于贝加尔湖以东赤塔河、石勒喀河流域的使马部,被称为"纳米雅尔"或"女真北支";而居住于贝加尔湖西北、勒拿河支流威吕河和维提姆河沿岸的使鹿鄂温克人,被称为使鹿"喀木尼堪"或"索伦别部"。[1]

1.2.1.9.2　鄂伦春

鄂伦春族源于肃慎系靺鞨族。康熙二十二年(1683),其名始见于文献记载。《清实录》和上谕奏折中多将其称为"俄罗春"或"俄乐春"、"俄伦春"、"鄂伦春"。此前清代文献往往将鄂伦春与达斡尔、鄂温克等统称为"索伦部"、"打牲部"、"使鹿部"。"鄂伦春"是该民族自称,其含义主要有2种:一是"住在山岭上的人们"之意,另一种是"使用驯鹿的人们"之意。前一种解释较为普遍,也为广大鄂伦春族群众所接受。"鄂伦春"一词由"奥要千"音变而来,"奥要"是山岭之意,"千"是人们之意。一般在本民族内,对不同部落或不同地域的人们都称为"千"。后一种解释认为鄂伦春族曾使用过驯鹿,通古斯语称驯鹿为"鄂伦",所以"鄂伦春"便有"使用驯鹿的人们"之意。因鄂伦春人居住分散,分布地域又极为广阔,对鄂伦春族的称呼繁多。《黑龙江志稿》记载,其在鄂伦春东部者,称为使鹿部;其在鄂伦春上游西部者,称为使马部;在黑龙江下游之鄂伦春,又称为使犬部。

韩有峰研究指出,清代虽然出现了"鄂伦春"族称,但此族称并没有涵盖所有分散在各地的鄂伦春人,仅包括居住黑龙江上游额尔古纳

---

〔1〕参见吕光天:《鄂温克族》,民族出版社1983年版,第5－6页。

河流域的鄂伦春人,而实属于鄂伦春族的一些氏族和部落则被称为他称或与"鄂伦春"并称,如"玛涅依尔"、"毕拉尔"、"满珲"、"奇勒尔"和"山丹"等,这些名称其实是不同地区或不同姓氏的鄂伦春族的不同称呼而已。[1]

1.2.1.9.3 达斡尔

达斡尔是本民族自称,其称呼在文献中的汉文译法、写法不尽相同。明末称"达奇鄂尔",为"索伦部"之一部,又称"萨哈尔察"[2]部。《清圣祖实录》康熙六年(1667)始出现"打虎儿"的记载。清代文献对达斡尔族称记载不一,有达呼我、达呼尔、打虎儿、达瑚儿、达瑚尔、达古尔、达霍尔、达虎里、达瑚里、达乌里、达呼里、打狐狸等,都是同音异写。"达斡尔"为达斡尔语,意为"耕种者"。从总体来看,达斡尔族是多源多流的民族,是以隋唐时代居住在黑龙江中上游的落俎室韦为主体,吸收部分索伦部通古斯人(今鄂温克、鄂伦春)的先民及黑水靺鞨,以及后来女真一部分的某些成分,至明末清初最终形成。[3]

索伦诸部(包括鄂温克、鄂伦春、达斡尔等)主要分布于从精奇里江至额尔古纳河及外兴安岭以南的黑龙江上中游地区。其中鄂温克族多居住在贝加尔湖西北和黑龙江上中游地区;鄂伦春族居住在黑龙江以北、外兴安岭以南地区,直至东海沿岸及库页岛的广阔地区;达斡尔族则多居住在黑龙江上中游地区,即西起石勒喀河流域,东至黑龙江支流精奇里江和牛满江,北抵外兴安岭,南至大小兴安岭的广阔地区。

1.2.2 各部族经济社会发展状况

东北边疆各部族多处于原始落后的社会发展阶段,社会发展缓慢,经济生活及社会关系存在差异,各部互不相属,文化上则更为落后,多无文字。

---

〔1〕参见韩有峰:《黑龙江鄂伦春族》,哈尔滨出版社2002年版,第27页。

〔2〕满语 sahalca,一为"黑貂皮"之意,又译为萨哈勒察(清初部落名),因精奇里江至黑龙江汇合处一带盛产貂皮,清政府便用它来称呼这一地区的居民,其中主要是指达斡尔人。

〔3〕参见刘金明:《黑龙江达斡尔族》,哈尔滨出版社2002年版,第4页。

1.2.2.1 经济生活

东北各部族分布广泛,其社会、自然条件不同,各部族经济发展极不平衡,社会发展水平也不一致,有的尚处于原始社会,有的氏族制度已经解体,有的则进入奴隶社会。大体来说,从东北各部族分布来看,由北向南,越接近汉族地区,其经济水平越高,农业所占比重越大,文化诸方面发展水平也就高一些。

因地域不同,东北各部族经济类型各有差别,有的以渔猎为主,兼有农业或畜牧业;有的则以农业为主,兼事渔猎等;有的则农业、渔猎、畜牧等多种方式并存。

1.2.2.1.1 渔猎、采集型

东北各部族,因其生存环境、地域条件等差异,或农耕,或渔猎,因地而宜,因时而宜。鄂温克人以捕鱼、狩猎为生,野人女真三姓等部落也基本以渔猎、采集为生。每年三至五月、七至十月,20多人结成一个群体,在隐秘处搭建窝铺,三四个人住一个窝铺,白天游猎,晚上休息。渔猎和采集所得,一方面是他们赖以资生的生活资料,同时又是他们向朝廷进贡及对外交换的物品。各部落的人没有固定的居住场所,逐水草而居,以桦皮为屋,以独木做成小船,以野兽皮毛为交换的物品,以貂鼠作为贡品,这些正是渔猎经济生活的典型特征。清人高士奇在《扈从东巡日录》中记载了东北各少数部族编入满洲八旗前的生产和生活状况,史载他们没有君长统属,散处于山谷之间,性格勇敢彪悍,善于骑射,喜欢渔猎,能耐住饥寒,上下崖壁很熟练,每看见野兽的踪迹,都小心跟踪,最后找到野兽的藏身之处。同时又能以独木为舟,小舟长丈余,形状像梭子,以此在江中捕鱼。这些少数族人随意行止,不知法度,没有文字,刻木记事,甚至存在不知岁月不知生辰、吃粮不去糙糠的落后现象。另外,在珲春东部沿海及各岛屿,出产海参、海菜、海茄、虾蟹等各种海产品,生息繁衍着海豹、海獭、海狗等各种海洋哺乳动物,作为"水居以渔猎为业"之部族库雅喇人以渔猎经济生活为主,捕捞鱼蟹,猎取海洋哺乳动物,也兼事农业。

1.2.2.1.2 农业型

嫩江、松花江、图们江等流域的水土条件较为适宜耕种,如松花江下游沿江两岸土质肥沃,气候温暖,适宜农耕,居住于此的一些部落逐渐由渔猎等转向以农业为主的经济类型,如赫哲的虎尔哈部一般多以农耕为主。《明实录》记载,早在明初,今黑龙江省富锦县一带已是沃野千里、商民辐辏之所在了。此外,较边远的地区,如松花江下游和黑龙江沿岸地区,农业也有所发展。据《辽东志》载,此地的女真部落也多从事耕种。另据17世纪中叶入侵黑龙江流域的沙俄强盗波雅尔科夫、斯捷潘诺夫等的记述,也可知当时精奇里江和黑龙江沿岸的农业已有相当高的水平。由此可见,当地虎尔哈(赫哲)人不仅已过渡到以农业经济为主的生产阶段,而且还达到了较高水平,农业在其经济生活中已占有重要地位。

1.2.2.1.3 多种方式并存型

索伦部的鄂温克、鄂伦春一般过着游牧、渔猎生活。冬季,鄂温克人在西伯利亚的原始森林里狩猎,到了夏季,就群集到河上捕鱼。"使鹿部"除渔猎外,主要以饲养驯鹿为主,鄂伦春没有马,乘载多用鹿,与马没有什么区别,其住所所在都有鹿。在经济生活中,畜牧也占有一定地位,"使马部"的鄂温克等主要以养马为主,同时牧养牛和羊等。黑龙江上中游北岸的达斡尔族经济较为发达,除渔猎外,农业和牧业也有一定规模,他们从事农业生产,种植五谷,栽培各种菜蔬与果树,有很多牲畜。

1.2.2.2 社会关系

从表面上看,黑龙江流域、乌苏里江流域各族边民,存在着噶珊(地域)与氏族(血缘)两套社会组织。然而实际上受不同经济类型及其他一些相关因素的影响,各族边民社会组织及内部关系也存在着一定差异。

在黑龙江中游、松花江下游和乌苏里江流域的局部地区,氏族制度趋于解体,血缘关系趋于松弛,噶珊发展成为以地域关系为纽带,维系着不同氏族成员的社会组织。在噶珊内部,诸氏族和氏族下的各宗族,各设哈喇达(姓长)或穆昆达(族长),表明血缘关系仍在社会生活中起着重要作用。但不管这些血缘组织的管理者（他们被族人尊称为"马法"，意即"长老"）在同族血亲中享有多高的威望，显然已不能取代由同噶珊居民共同推举出的噶珊达（村长、屯长）的作用。顺治、康熙年间，上述地区大批居民，主要不是随同姓长、族长，而是在噶珊达带领下举族内迁的事实，便充分证实了这一点。

与之相对照，在黑龙江下游、乌苏里江流域大部分渔猎民中血缘氏族关系仍占主导地位，从结构上看，噶珊也基本上由同姓氏族构成。[1] 这是因为氏族制度的前提是"生产的极不发达"，社会生产的原始落后要求氏族成员"共同生活在纯粹由他们居住的同一地区中"[2]。在这种情况下，噶珊内社会关系只能继续以血缘关系来主宰。由于地域关系与血缘关系紧密纽结在一起，致使当地噶珊组织具有与前者不同的性质。不同层次的社会集团反映着亲疏程度不同的血亲关系。在此基础上，形成宗族—氏族—部落这样一套较完整的血缘组织，并分别处于穆昆达、哈喇达、国伦达（部长）管理下，这套互为补充的血缘组织，正是东北边疆渔猎民内部社会关系的缩影。因此，这类噶珊被视为血缘组织的分支。另外，此类噶珊内人户一般较少，通常在一二十户之间，少者仅三四户。血缘关系的排外性，限制了噶珊组织发展壮大。[3]

1.2.2.3　与清朝（后金）的政治关系

入关前，清统治者对瓦尔喀（库雅喇）、虎尔哈（赫哲）、索伦诸部征抚并用，从而将其大部内迁编旗，而尚留居当地者便构成入关后"新满洲"的主要来源。

清太祖崛起辽东之际，曾以"瓦尔喀部众，皆吾所属"为由而率先用兵该地，将瓦尔喀降民大部编入八旗，尚留居原地者便成为清政府

---

〔1〕除了某些地方的噶珊，因为仍沿袭原始氏族社会中普遍流行的收养外族成员的风俗，而吸收了一些外来成分外（如努业勒氏的集纳林噶珊，曾接受了舒穆禄氏的一支），在混同江、黑龙江下游噶珊组织中，一般没有诸姓杂居的现象。

〔2〕［德］恩格斯：《家庭、私有制和国家的起源》，载《马克思恩格斯选集》第4卷，人民出版社1995年第2版，第168页。

〔3〕参见刘小萌：《关于清代"新满洲"的几个问题》，载于《满族研究》1987年第3期，第28－29页。

治下边民。清太宗崇德五年（即明崇祯十三年，1640），清政府在瓦尔喀部建立起噶珊编户制度，并任命率先归附的钮呼特姓赉达库等3人为噶珊达。其后清政府在噶珊达上，增置"库雅喇总管"，以赉达库为首，综理各噶珊事务。噶珊编户制的建立，确立了清政权在当地的统治，也为扩展招抚范围创造了条件。大规模招抚活动一直持续到康熙初年始近于尾声，为入关后编设库雅喇佐领奠定了基础。[1]

至于虎尔哈部，崇德初年，清政府首先在其下辖之羌图礼部建立起三级管理体制的噶珊编户制度。噶珊达为基层组织首领，上设若干"总屯头目"，总一同姓诸屯，其人选为各氏族长。在其上复设"部长"，曾长期由羌图礼担任。噶珊编户制在充分利用血缘关系的基础上建立起来，既严格了各级首领的职守，也便于清政府管理，成为当时通行各地区的基层行政组织。而早在明万历年间即已结成以葛依克勒姓为世袭部长的三姓[2]部落，则略迟于羌图礼部而归附。清太宗在位期间，三姓部入觐频繁。与三姓同居一地的八姓[3]氏族主要是来自乌苏里江下游以迄黑龙江下游沿岸的渔猎部落，他们在清太宗时期始有入贡记载，曾与三姓部等一同进贡貂皮，从而与清政权建立起关系。

索伦诸部入关前已形成较为发达的部落联盟。后金天聪七年（1633），精奇里部首领巴尔达奇率先内附。清太宗崇德二年（1637），黑龙江上游部落首领博穆博果尔入贡，清廷影响施及黑龙江上游地区。崇德五年（1640），在平定博穆博果尔叛乱后，清政府按"索伦牛录"形式对其部民重新编组。索伦牛录无披甲名额，但有按户纳貂义务，且择便安居，维持其旧有生

巴尔达奇（齐）墓碑碑文

〔1〕参见刘小萌：《清前期东北边疆"徙民编旗"考察》，载吕一燃主编：《中国边疆史地论集》，黑龙江教育出版社1991年版，第210—212页。

〔2〕三姓系指葛依克勒、努业勒、枯什哈哩姓，虽"姓氏不同，实则一部"。

〔3〕八姓为乌尔衮克勒、那穆都鲁、霍尔佛可尔、穆里雅连、古发廷、希努尔呼、巴拉、恰喀拉。

计。从结构或职能来看,均异于八旗牛录,而近乎于噶珊组织。因此,索伦牛录的编设应视作清政权在黑龙江上游推行编户政策的一种努力。至崇德七年(1642),索伦牛录已增至 22 个以上,但多限于原博穆博果尔所辖之地。精奇里部巴尔达奇额附,因得到清廷倚信,其辖地在行政上反而未受到过多干预,清政府对该部实行较为宽松的统治。噶珊编户制度的普遍建立,奠定了清政权对东北边疆诸部的统治,并为入关后徙民编旗的实施创造了条件,以上诸部也构成内迁编旗的主体。[1]

清廷利用噶珊及氏族组织确立了对当地的统治,各设姓长、乡长,分户管辖。清廷之所以能对东北边陲广大边民实行有效管理,与当地少数民族首领恪尽臣职、倾心向化的努力是分不开的。各部首领自归附起,即以属民代表及清朝地方官吏的双重身份,积极履行交纳贡赋、招徕远人、听凭调遣等各项职责及义务。[2]

其一,交纳贡赋。在统一虎尔哈及瓦尔喀等部过程中,后金(清)政府逐步确立了贡纳制度,即每年每户必须向清廷交纳貂皮或海豹皮一张。天聪五年(1631),黑龙江地方虎尔哈部落首领墨尔哲勒氏羌图礼等来朝,贡貂、狐、猞猁狲等皮,从此与后金(清)政权建立起正式贡纳关系。对这些边民来说,交纳贡赋是臣服清朝统治的表示,如"慢不朝贡"将受到无情的征讨。对统治者而言,"捐税体现着表现在经济上的国家存在"。[3] 收受贡赋是对当地属民行使统辖权力的重要标志。

清廷入关伊始,无暇北顾,曾将黑龙江下游贡赋征收交由三姓等部代行。因此,一些首领除按规定完成自身定额外,同时还代行清政府督征貂贡的职责。例如,顺治十年(1653),黑龙江下游"使狗地方"(使

---

〔1〕参见刘小萌:《清前期东北边疆"徙民编旗"考察》,载吕一燃主编:《中国边疆史地论集》,黑龙江教育出版社 1991 年版,第 215 – 216 页。

〔2〕参见刘小萌:《关于清代"新满洲"的几个问题》,载于《满族研究》1987 年第 3 期,第 29 – 30 页。

〔3〕〔德〕马克思,恩格斯:《道德化的批判和批判化的道德》,载《马克思恩格斯选集》卷 1,第 181 页。

犬部）之副使哈喇等九姓[1] 217 张貂皮,即委托三姓部长库力甘额附代征。至于下游迤北费雅喀部落莽阿禅噶珊(今俄境阿姆贡河口)、奇津姓霞集等噶珊的貂皮,至康熙朝前期一直由乌苏里江口德辛噶珊之葛姓额附札郭络转呈。此后三姓部落南迁入旗,也正是这种隶属关系的进一步发展。在乌苏里江上游,这项工作长期由"库雅喇总管"赉达库承领。

这些少数民族交纳贡赋并得到后金(清)政府的赏赐,使得一些丝绸制品传入东北亚地区。

其二,招徕远人。顺治朝前后,在黑龙江以北、乌苏里江以东山隅海角、密林深处,还有少数未被招抚的部民。为招抚这些边民,以虎尔哈部首领库力甘和瓦尔喀部首领赉达库为代表的少数民族上层,曾作出过突出贡献。

顺治年间,库力甘曾多次奉旨往赴黑龙江下游招徕未附边民。顺治十年(1653)招抚了副使哈喇十姓 432 户。顺治十六年(1659)往招东海费雅喀,温屯村以内九村人民都愿意归顺。为招抚乌苏里江以东没有依附的民众,清廷委任赉达库为"库雅喇总管",总领其事。顺治十三年(1656),他奉宁古塔昂邦章京沙尔虎达之命,率噶珊达 16 人,白身人(无职衔平民)164 人,由珲春出发分赴阿库里、尼满、厄勒、约索等处,招回边民 397 户,壮丁 860 人,全部编入八旗。这些首领既熟谙各处道里远近、风土人情,在当地居民中又颇具影响,其原籍居址多处在沟通内外、通达声息的中间位置,且以"累世输贡"为清统治者所倚信。基于这些条件,故能在招徕远人方面起到积极作用。

其三,听凭调遣。这些边疆属民在内迁前,虽然"随意行止"尚未隶属旗籍,但遇有征伐事,仍须服从清政府调遣。意大利人卫匡国在《鞑靼战纪》中记述了随同清军入关之东北边疆少数民族的服饰特征和所居地理方位,将其称为"鱼皮鞑靼"。此后,黑龙江中下游和松花

---

[1]指副使哈喇、吴甲喇、毕儿达齐里、黑吉格勒、加克素鹿、戛即喇、绰各乐、涂墨拉勒、何面等九姓。

江下游的虎尔哈部人,还积极配合清军,参加了抗击沙俄侵略者的战斗。

东北边疆部族很早便与清政府建立起正式的统属关系,入关前后,清政府对东北边疆诸部族相继内迁,并以"新满洲"等形式编旗设佐,这些都是这种政治隶属关系的合理延续和进一步发展的体现。[1]

---

〔1〕参见陈鹏:《清代东北地区"新满洲"研究(1644—1911)》,东北师范大学博士学位论文2008年,第41-50页。

2 明代东北亚丝绸之路的 走向及发展变迁

明朝政府为了转输奴儿干都司下属各卫所缴纳的贡赋和朝廷赏赐布帛诸物,在奴儿干都司辖境内建立了若干条交通线,遍设驿站以供物资转运及人员往来。

2.1 奴儿干都司境内交通驿道的设立

奴儿干都司下属诸卫所向明朝政府缴纳贡赋、朝廷赏赐少数民族丝绸诸物和文报传递、运输任务是很繁重的。为了确保运输任务的顺利完成,明朝在元代站赤的基础上建立了驿站。整个东北地区设有一系列交通路线和驿站,其中设于奴儿干都司辖境内的有以下几条丝绸古道。

2.1.1 明代"海西东水陆城站"丝绸古道

著名的"海西东水陆城站"作为明朝经营东北的一条主要交通线,具有重要意义,关系到奴儿干都司的建设和发展。该路线是由内地通向东北边疆奴儿干都司辖境的大动脉,也是松花江、黑龙江下游等地海西女真、野人女真各卫所头目进京朝贡的主要路线。这条路线是沿用辽、金、元以来的古道,始建于明成祖永乐七年(1409),永乐十年(1412)竣止,沿线共设45个驿站,其中有些驿站是沿袭元代的站赤而改建的。各驿站的主要任务是为了便于"使命往来"和"由狗站递送"公文。奴儿干都司各卫所每年所贡海东青等物,仍设狗站递送。"海西东水陆城站"所在的交通干线,南接辽东都司北境,北直至黑龙江下游奴儿干城,沿线驿站,可以说是星罗棋布、纵横交错,构成了通往黑龙江下游丝绸之路的完整系统。近代中外学者对这条驿路曾进行研究,如金毓黻的《静晤室日记》,曹廷杰所著的《东三省舆地图说》《西伯利东偏记要》,日本人和田清的《海西东水陆城站之研究》、箭内亘的《元

·欧·亚·历·史·文·化·文·库·

明时期之满洲交通》,特别是郭毅生的《元代辽阳省驿道考略》,李健才的《明代东北驿道考略》,王绵厚、李健才的《东北古代交通》等研究,都取得可喜的成果。

2.1.1.1 "海西东水陆城站"的45个驿站

"海西东水陆城站"南从底失卜站,即今黑龙江省双城西花园屯大半拉子古城起,沿松花江而下,北到黑龙江下游的满泾站而止。此站《经世大典》记载作"末末吉"站,为元代莫鲁孙站以下15个狗站的终点。满泾站距奴儿干城约5里,奴儿干都司城址为黑龙江与亨滚河合流处南岸特林附近的古城,满泾站在都司城址的西边,亨滚河口北岸,即今阿穆贡河口北侧原莽阿臣屯。"海西东水陆城站"交通线,可分为两部分:一是从底失卜站到乞列迷城的陆路,有22站;二是从莽吉塔城药乞站至满泾站,有23站,为狗站。目前对"海西东水陆城站"所有的45个驿站地点大部分可以确定其方位。

2.1.1.1.1 从底失卜站至乞列迷城陆路22站

第1站,底失卜站(黑龙江省双城市西73里的花园屯大半拉子古城),从明代辽东都司的"丝关"开原(今辽宁省开原)出发,车运马驮丝绸诸物北上到奴儿干都司辖境内,通过"海西东水陆城站"交通线。

第2站,阿木河站,即今黑龙江省双城市双城子古城。

第3站,尚京城海胡站,即今黑龙江省双城市白城海沟镇。

第4站,鲁路吉站,即今黑龙江省宾县西蜚克图附近,也是明代剌鲁卫地。

第5站,伏答迷城站,即今黑龙江省宾县西北,松花江南岸,乌尔河口入松花江附近西岸古城。

第6站,海留站,即今黑龙江省宾县东北40里海狸红河口。

第7站,扎不剌站,即今黑龙江省宾县东北枷板河畔的枷板站。

第8站,伯颜迷站,今黑龙江省木兰县以东五站屯,这里同时是明代木兰卫地。

第9站,能站,即今黑龙江省木兰县东浓浓河口东岸的浓河镇。

第10站,哈三城哈思罕站,即今黑龙江省岔林河口的通河县城附近。这里又是明代哈三千户所址。

第11站，兀剌忽站，即今黑龙江省通河县东大富拉珲河东岸富乡屯。明代兀剌忽卫设于此。

第12站，克脱亨站，即今黑龙江省通河县东大古洞河口东岸的大古洞村。

第13站，斡朵里站，即今黑龙江省依兰县西马大屯。这里是明代斡朵里卫址。明政府赐该卫多件纻丝袭衣、金丝袭衣。

第14站，一半山站，即今黑龙江省汤原县西南舒乐河附近。

第15站，托温城满赤奚站，即今黑龙江省汤原县固木纳城。

第16站，阿陵站，可能在今黑龙江省佳木斯市西傲其屯附近。

第17站，柱邦站，即今黑龙江省佳木斯市推峰屯之拉拉街。

第18站，弗思木城古佛陵站，即今黑龙江省桦川县东北霍吞古城。

第19站，奥里迷（奥里米）站，即今黑龙江省绥滨县城西18里奥里木古城。

第20站，弗踢奚城弗能都鲁站，即今黑龙江省富锦县西古城。明代弗提卫设在这里，明廷曾多次赏赐纻丝袭衣、布帛。

弗能都鲁站是明代前往黑龙江下游的各处商贾中转的地方。此地经常云集商贾，进行大宗贸易。此卫站在人力上也支援了明政府经营黑龙江下游奴儿干地区的活动，成为通往黑龙江下游奴儿干地区的东北亚丝绸之路中的一个重要驿站。

第21站，考郎古城可木站，即今黑龙江省同江县额图附近的科木古城。这里是明代考郎兀卫地，明廷也曾赏赐该卫头人多件金织纻丝袭衣。

第22站，乞列迷城乞勒伊站，即今黑龙江省抚远县西鲁林（今同江市勤得利）古城。

明代内地丝织品多经由上述22站转运到西鲁林古城。下一步继续北行，冬季经由"狗站"接运，直达奴儿干地区。

2.1.1.1.2　莽吉塔城药乞站至满泾站23站之狗站

明代在元代东征元帅府之地建立奴儿干都司的同时，为了便于使命往来，运送贡赋，不仅恢复了元代的站赤，还设立了狗站。"海西东水陆城站"从第 23 站莽吉塔城药乞站开始到满泾站,冬季为狗站。该站位于今黑龙江省抚远县东黑瞎子岛上的木克得赫屯。所谓"狗站",就是从乌苏里江口往东北至亨滚河口之满泾站这一段,驿站沿黑龙江两岸设立,冬季以狗拉雪橇为主要交通工具,代替车载船运,"冬月乘爬犁,乘二三人,行冰上,以狗驾拽,疾如马"。[1] 这一段路程直到清代,黑龙江下游的赫哲、费雅喀人还是"畜养惟狗",使用狗爬犁和木马(今称之滑雪板)作为交通工具,运载丝织品等直抵黑龙江下游奴儿干等地。

第 24 站,奴合温站,即狗站第 2 站,在今俄罗斯境内哈巴罗夫斯克(伯力)附近。

第 25 站,乞里吉站,即狗站第 3 站,在今俄罗斯境内库尔河口南岸原乞林屯。

第 26 站,哈剌丁站,即狗站第 4 站,在今俄罗斯境内黑龙江下游左侧库尔河下游活隆屯。

第 27 站,伐兴站,即狗站第 5 站,今地位置不详。

第 28 站,古伐替站,即狗站第 6 站,在今俄罗斯境内,距哈巴罗夫斯克(伯力)200 里的黑龙江下游右侧南岸古发潭屯。

第 29 站,野马儿站,即狗站第 7 站,在今俄罗斯境内哈巴罗夫斯克(伯力)东北的伊斯克里附近野马儿屯。

第 30 站,哈儿分站,即狗站第 8 站,元代称哈里宾站,在黑龙江下游右侧今俄罗斯境内阿纽伊河口北岸。明朝在这里设置哈儿分卫,并曾向该卫头人赐多件纻丝袭衣。

第 31 站,莫鲁孙站,即狗站第 9 站,可能在今俄罗斯境内黑龙江下游右岸的库契河口附近。是元代"女直水达达路"所辖 15 个"狗站"的第 1 站。

第 32 站,撒鲁温站,即狗站第 10 站,在今黑龙江下游右岸俄罗斯境内宏格里河口的萨尔布湖畔的萨尔布屯。明代撒儿忽卫设于此。

---

〔1〕《辽东志》、《全辽志》均记载莽吉塔城药乞站往下为狗站,而《经世大典》记载元代则是以莫鲁孙站以下 15 站为狗站。

第33站,伏答林站,即狗站第11站,在今黑龙江下游俄罗斯境内帕达利湖的帕达勒屯。

第34站,马勒亨古站,即狗站第12站,在今黑龙江下游左侧俄罗斯境内阿穆尔共青城附近梅勒奇屯。

第35站,忽林站,即狗站第13站,在今黑龙江下游俄罗斯境内格林河口的忽林屯。明朝永乐七年(1409)在此设立忽石门卫。

第36站,虎把希站,即狗站第14站,在今黑龙江下游俄罗斯境内格林河口一带,具体位置不详。

第37站,五速站,即狗站第15站,在今黑龙江下游左侧库穆苏屯,即五如吉屯。

第38站,哈剌马吉站,即狗站第16站,在今黑龙江下游俄罗斯境内奇吉湖对岸的哈兰屯。奇吉湖附近明朝还设立甫里河卫,卫由河而得名。沿河航行,东为"库叶海峡",渡海峡,便到了库页岛,绢布等物也随之进入库页岛。因此这条路线是"海西东水陆城站"的延伸,也是东北亚丝绸之路的一部分。

第39站,卜勒克站,即狗站第17站,在今黑龙江下游俄罗斯境内库穆苏之下别勒尔屯。

第40站,播儿宾站,即狗站第18站,在今黑龙江下游俄罗斯境内沙文斯克附近。

第41站,沼阴站,即狗站第19站,在今黑龙江下游俄罗斯境内卡达湖畔的沙文斯克。

第42站,弗朵河站,即狗站第20站,在今黑龙江下游左岸俄罗斯境内付答哈河口。明代置弗朵河卫于此。

第43站,别儿真站,即狗站第21站,位置不详。

第44站,黑勒里站,即狗站第22站,在今黑龙江下游右岸俄罗斯境内特林南赫勒里河口附近。以上狗站各屯名见《康熙皇舆全览图》和《乾隆皇舆图》(十三排图)。

第45站,满泾站,即狗站第23站,在今黑龙江下游俄罗斯境内亨滚河口北岸的莽阿臣屯。满泾站是"海西东水陆城站"的终点站,也是

·欧·亚·历·史·文·化·文·库·

明代药乞站以下 23 个狗站的终点。[1] 满泾站虽是"海西东水陆城站"的终点,但并不是东北亚丝绸之路的终结,它继续沿江向北延伸至黑龙江口,渡海至库页岛。《永宁寺记》所载:永乐十年(1412),明朝内官(太监、宦官)亦失哈"自海西抵奴儿干"继续航行到黑龙江口,渡海达到"苦兀"(库页岛),向"苦兀诸民,赐男妇以衣服"等物,就是走这条路线的。明政府把绢布、表里(衣料)等物品赏赐给库页岛兀列河卫头人、波罗河卫头人、囊哈儿卫头人,有时候这些头人又把赏赐的物品携带到库页岛南端的白主(果夥)地方,甚至北海道宗谷地方,与北海道虾夷人进行交易。

总之,作为东北亚丝绸之路的一条主要路段,"海西东水陆城站"是明朝东北地区 6 条驿站中最长的一条交通线,也是明朝中央和地方联系的纽带。它反映了明朝政府对东北边疆开发、建设和经营管辖的客观实际情况。这条驿站长达 2500 公里,由起点向北,中经 40 余站至满泾站,继续向北延伸至黑龙江口,渡海,又经囊哈儿卫址、兀列河卫址、波罗河卫址,一直把丝绸诸物运至白主、宗谷等地方;或由"海西东水陆城站"第 38 站的哈剌马吉站,沿甫里河向东延伸库页海峡,渡海至库页岛,与北海道虾夷人进行交易。这样一来中国内地"衣服"(蟒袍诸物)绢布锦缎等物品进入了北海道,成为"虾夷锦"。

2.1.1.2 奇集湖畔成为内地彩缎等物的集中地

奇集为满语,意为"海参"。奇集湖在吉林城东北 3770 里,地理位置十分重要,东逾山岭 20 余里,是库页海峡。奇集湖畔之所以成为内地"彩缎诸物"集中地,是因为奴儿干都司第 38 站的哈剌马吉站,即狗站第 16 站设在今黑龙江下游俄罗斯境内奇吉湖对岸的哈兰屯。明朝政府先后在奇集湖附近设置了 4 个卫,即钦真河卫、克默而河卫、扎岭卫、甫里河卫。这里水陆纵横,交通便利,夏日乘船,冬季乘狗爬犁,运集到此处的中原"彩缎诸物",大都赏赐给各卫所酋长及各部族头人。

钦真河卫就设在奇集湖畔,据文献记载,永乐年间明王朝曾 3 次赏

---

[1]参见王绵厚,李健才:《东北古代交通》,沈阳出版社 1990 年版,第 293 - 298 页。

赐该卫丝织品。直到明宪宗成化十四年（1478）明王朝还赏赐给该卫指挥哈答牙衣服、彩缎等物。明廷对这些赏赐品管理并不十分严格，卫所酋长们可以拿出这些物品进行交换，而且土著民族间也可以进行自由交易。

克默而河卫在设置同时，明政府就赏赐该卫钞币、袭衣。江南的丝织品，远运北疆，数量之多惊人。明英宗正统七年（1442）明政府赐给该卫指挥喃哈钞币等物，直至万历三十七年（1609），《满文老档》还有明朝向该卫赏赐"纻丝"等丝织品的记载，这时距该卫设置已有200余年的历史了，这也说明中原"纻丝"等物品远达东北鞑靼海峡也有200余年的历史了。

扎岭卫建立后，明代丝绸织物也不断被赏赐给该卫头人，促进了东北亚丝绸之路的发展。

奇集湖一带"甫里河出珍珠"，甫里河卫以珍珠向明王朝朝贡，得到赏赐"纻丝袭衣"等物。

库页岛居民和日本北海道虾夷人，至奇集湖附近4个卫，进行交易，一般不是经由黑龙江口而入，而是由克默而湾（今俄罗斯称迭卡斯特里湾）登岸，沿甫里河至奇集湖，到达黑龙江，过扎岭卫，经五速站，直抵德楞赏乌林木城。色彩斑斓、质地轻柔的江南丝绸等物品，经东北亚丝绸之路的万里旅程，运至黑龙江下游奇集湖畔，克默而河流域鞑靼海峡，在少数民族间进行交易。

2.1.1.3　内地纻丝、绢帛、袭衣等云集奴儿干地区

奴儿干都司的设置促进了东北亚丝绸之路的发展。奴儿干地区地势险要，北控黑龙江江口，南连海西，接辽东都司辖境，是黑龙江下游枢纽之地。明朝政府对奴儿干地区十分重视，各级官员及少数民族头人不仅领有较高的俸禄，而且还经常得到纻丝、钞币、布帛等优厚的赏赐品。仅永乐年间，明朝政府就赏赐奴儿干都司诸卫所酋长彩币、纻丝、袭衣达8次之多。这不仅在《明实录》中有明确记载，而且在永宁寺碑上也镌刻着少数民族与中央政府往来的史实。可见，随着东北亚丝绸之路的运行，明朝设置奴儿干都司，"赐以衣服，赏以布钞"，永乐

十年(1412)又赏给"奴儿干及海外苦夷诸民,赐男妇以衣服、器用,给以谷米,宴以酒馔"。这就说明了一个重要问题,明朝政府已经把内地出产的"衣服"等物品,远运到黑龙江下游奴儿干地区,甚至"海外苦夷"即库页岛诸部族,并刻碑记录。明仁宗洪熙朝虽然存在不到一年,也赏赐奴儿干都司诸多彩币、衣料、鞋袜等物。

明宣宗即位,继承了明成祖的戍边政策,对奴儿干及库页岛等地区少数民族继续实行怀柔、羁縻政策。在这一政策指导下,宣德元年(1426)七月,赐奴儿干都司指挥佥事王肇舟之子王贵"钞、纻丝、绢帛、袭衣"。宣德二年(1427)八月,赐奴儿干都司都指挥康旺彩币和衣料。宣德八年(1433)七月,赏赐已故的奴儿干都司都指挥同知佟答剌哈的妻子王氏彩币、绢、布衣及纻丝;同年八月,又赏赐奴儿干都司都指挥同知康福"钞、彩币、绢布及纻丝、袭衣"等物。不但《明实录》多有记载明宣宗时期以贡赏制度的形式将内地丝绢、纻丝诸物运抵奴儿干地区,重建永宁寺碑即宣德碑文也镌刻了宣德朝把内地"布物"等物品运至奴儿干地区的史实。

从永乐初年至明神宗万历年间,奴儿干都司设置的200余年期间,驿传车马、扬帆巨舟、狗拉爬犁等将朝廷的赏赐品源源不断地运抵此地。

2.1.1.4 内地绢布等物远达库页岛地区

苦兀即库页岛,明代属于奴儿干都司管辖。明王朝在库页岛上设置的卫所有兀列河卫、波罗河卫、囊哈儿卫等。永乐八年(1410)设卫时赐兀列河卫头目早花"袭衣及钞币"。宣德六年(1431)八月,赐兀列河卫指挥佥事阿里哥"彩币"和"绢布"。正统元年(1436)八月,赐兀列河卫"彩币等物"。正统二年(1437)二月,又赐兀列河卫"彩帛等物"。正统四年(1439)八月,赐兀列河卫指挥尚秃哈"彩币等物"。正统七年(1442)十二月,赐兀列河卫头目亦失加"彩币等物"。成化三年(1467)十一月,还赐给兀列河卫指挥音八等"衣服、彩缎等物"。

明王朝对波罗河卫也是以赏赐的形式把丝织品运往库页岛,如宣德三年(1428)八月赐波罗河卫指挥佥事阿同哥"纻丝"和"袭衣"。九月,又赐波罗河卫"钞、彩币"和衣料。正统元年(1436)十一月,赏赐波罗河卫"彩币等物"。同时,明政府也赏赐设于库页岛北部郎格里地方囊哈儿卫"纻丝、袭衣"等物品。

关于明王朝赏赐库页岛居民物品,《永宁寺记》碑文也有所记载,永乐十年(1412)命内官亦失哈到奴儿干和库页岛,赐其男妇以衣服和器用。

有明一代,明政府在黑龙江流域(包括库页岛地区)设置了大批卫所,卫所头人向明廷进贡,必得赏赐,而且所赏一般多于所贡。贡赏活动使内地绢帛、纻丝、袭衣,通过东北亚丝绸之路远达东北亚地区包括库页岛等地各卫所头人所在之处。库页岛诸卫所头人,在库页岛南端白主、宗谷等地,与北海道虾夷人进行"金丝袭衣"、"织绢"等丝绸制品的物物交换。虾夷人得到中国内地的袍服等丝绸制品,又将之带入北海道,成为"虾夷锦",并传入日本内地。[1]

2.1.2 明代"海西西陆路"草原古丝道

明代,以海西为中心的水陆交通城站,主要有东西两条。除了上述"海西东陆路城站"外,还有一条"海西西陆路"。因为这条路线运输丝绸诸物多经由草原牧区,所以称为"海西西陆路"草原丝绸之路。

这条路是以肇州为起点出发,西行经过洮儿河、台州等站,进入呼伦贝尔大草原,直到终点站兀良河站。这是明初通往兀良哈三卫(福余卫、泰宁卫、朵颜卫)的路线。这条路线的驿站有肇州—龙头山—哈剌场—洮儿河—台州—尚山—札里麻—寒寒寨—哈塔山—兀良河。

2.1.2.1 福余卫地丝绸之路

福余卫早在明太祖洪武二十二年(1389)就建立在今齐齐哈尔附近,是历史上通称"兀良哈三卫"之一。明正统年间以后始编入奴儿干都司属下,福余卫是游牧部落组成的卫所,因游牧部落流动性较大,居无定所,所以该卫形成一条游动的草原丝绸之路。"海西西陆路"丝绸之路的

---

〔1〕参见杨旸主编:《明清东北亚水路丝绸之路与虾夷锦研究》,辽海出版社2001年版,第37-65页。傅朗云主编:《东北亚丝绸之路历史纲要》,吉林文史出版社1999年版,第186-201页。

形成,使沿途牧民经常获得内地的丝、纱、罗、绢、帛等物品,这是福余卫牧人执行贡赏制度的结果。江南内地的丝织品,源源不断地转运至福余卫牧民手中。明仁宗洪熙朝不到一年,也还有衣料等物远达福余卫地。

宣德年间,通往福余卫地的草原丝绸之路有了进一步的发展。宣德元年(1426)二月,福余卫忽剌赤等94人进京贡马,得到朝廷赏赐的大批衣料。三月,福余卫牧人阿帖木儿,受到朝廷赏赐又将内地大批衣料等物带到了福余卫地。宣德二年(1427)四月,阿帖木儿又通过贡赏交易得到了大批内地彩币和衣料;十一月,俺失塔木儿也由内地得到大批衣料、纻丝和绢。宣德三年(1428)正月,福余卫牧人将内地的绢、彩币、衣料、纻丝、衣服等运到福余卫地;五月,福余卫牧人又由于贡赏制度得到一批华美的丝织品并将之带到福余卫地。宣德五年(1430)正月,福余卫牧人火赤歹、木当加等从内地获得一批衣料和绢布;六月,卫指挥咬纳来朝贡马,得到赏赐"金织袭衣"。宣德六年(1431)六月,牧民土木得儿等将由于贡赏制度而获得的衣料等物带到福余卫地;八月,咬纳从内地又获得一批衣料带到福余卫地。宣德七年(1432)正月,阿失答木儿等由于进贡得到内地一大批丝绸制品,如纻丝、纱、罗、绢、布等,经过丝绸之路携带到福余卫。宣德八年(1433)七月,福余卫地把孙等由内地获得一批丝、纱、罗、绢、帛等物,运往福余卫地。

正统朝,福余卫牧人由于贡赏制度不断从内地得到大批丝织品等赏赐物。正统二年(1437)六月,也儿马丹等7人将由内地得到的一批丝织品运至福余卫。正统三年(1438)六月,卜儿台获得内地彩缎诸物。正统八年(1443)十月,古纳台因贡赏制度由内地运带大批彩缎、衣服、靴袜诸物到卫地。据《明英宗实录》记载,福余卫牧民进贡达23次之多,获得大批内地丝绸制品,这些丝绸制品都经过草原丝绸之路运到了福余卫地,极大丰富了草原牧民的生活。

景泰年间,草原丝绸之路仍然很活跃。景泰三年(1452)八月,福余卫头人脱火欢进关朝贡,由内地运带衣料、绢诸物到关外;九月,福余卫又进关朝贡,由关内获得一批衣物并带回草原卫地。由于"土木之变"及景泰末年"英宗复位",东北亚丝绸之路受到一定影响,后英宗即位改元天顺,天顺元年(1457)三月,福余卫头人纳哈出等进京,返回时带回衣料等物。可见天顺朝仍有丝织品由内地运抵福余卫地。成化元年(1465),福余卫指挥赤速以进贡貂皮受赏形式得到一大批彩缎诸物。成化五年(1469)正月,福余卫卜伦等人又以貂皮等物进贡获得一大批彩缎等物赏赐。成化七年(1471),福余卫伯都也通过贡赏形式获得内地大批衣服、彩缎等物。明孝宗弘治二年(1489)正月,福余卫等卫牧人朝贡貂皮、马匹等物,通过贡赏制度获得内地彩缎运到福余卫草原;同年七月,又有福余卫牧人通过进贡方物,获得彩缎、绢诸物;九月,福余等卫由内地获得彩缎衣服。弘治十年(1497),福余三卫由内地获得彩缎衣服;同年八月,福余卫牧人卜颜秃等进贡获得彩缎衣服等物。这些丝织品均由贡赏制度获得,通过"海西西陆路"草原丝绸之路,千里迢迢运至福余卫。

2.1.2.2　朵颜卫地丝绸之路

朵颜卫设于洪武二十二年(1389)五月,该卫设置后,以时朝贡,有贡必赏,洪武、永乐年间就由内地获得不少丝织品。宣德三年(1428)五月,由内地获得大批衣料、纱、罗、金织袭衣等物。四年(1429)二月,获得衣料、毡帽、纻丝、袭衣等物。七年(1432)十二月,因贡赏由内地获得绢帛等物。八年(1433)二月,由内地获得绢

朵颜卫左千户所百户印

布、金织袭衣及绢衣等物。正统元年(1436)八月,纽林等人由内地得到纻丝、彩绢、绢布等物。正统五年(1440)五月,由关内运来大批丝织品。十一年(1446)十一月,朵颜卫由内地获得衣料、纱、绢等带往关外。十二年(1447)闰四月,获得大批纻丝袭衣、彩币、衣料、绢布等物。景泰、成化年间也有大批内地绢布、衣服、彩缎等物,通过"海西西陆路"草原丝绸之路远达塞北朵颜卫,使朵颜卫牧人获得不少内地丝织品。

2.1.2.3　泰宁卫地丝绸之路

泰宁卫与福余、朵颜卫同设于洪武二十二年(1389)五月。从洪武、永乐朝开始,绢布等物就一直不断地由内地运往该卫。宣德六年(1431)

·欧·亚·历·史·文·化·文·库·

八月,泰宁卫牧人安忽因贡赏制度由内地获得绢布等物;同年十二月,又获得大批衣料等物。宣德七年(1432)十二月,猛可帖木儿、逞吉儿等人由内地获得彩币和绢帛等物。宣德八年(1433)二月,可赤哈等人获得彩币、绢布及金织袭衣;同年五月扳不来等人由内地获得彩币、绢布;同年十一月火脱赤等人获得彩币、绢布。正统三年(1438)三月,火脱赤进关将内地绢布转带至泰宁卫地。正统七年(1442)五月,脱脱伯等进关,将内地纻丝袭衣、彩缎、衣料诸物运至该卫。景泰三年(1452)六月,泰宁卫头人进关,将金织袭衣、彩缎、绢布等物运至卫地。天顺三年(1459)七月,伯咬哈进关,将内地彩币、衣料、纻丝、袭衣等物转至关外。

成化元年(1465)五月、十二月,三年(1467)十二月,五年(1469)十二月,七年(1471)十一月,八年(1472)正月,十年(1474)十二月,十二年(1476)八月,泰宁卫牧人均进关获得大批彩缎、衣服等物,这些丝织品由内地通过"海西西陆路"等草原丝绸之路转运至泰宁卫地。[1]

明代内地与兀良哈三卫通过"市易"以及朝廷"宣赐"东北诸卫所的丝织品很多,甚至这些物品贮藏量过大,很长时间用不完,以致腐烂损坏。可见,内地运往东北的绢布、纻丝袭衣等为数不少。万历年间后,这条草原丝绸之路才逐渐荒寂下去。

2.1.3 明代"开原北陆路"联结南北交通的丝绸古道

2.1.3.1 "丝关"开原

开原是明辽东都司北境重镇,毗连奴儿干都司辖域南境,这里不仅设有马市,还设有丝关。所谓"丝关",是明政府在当地设关互市,以丝、绢、米、盐等物换取少数民族的马匹、貂皮、人参等土特产。"丝关"开原,设有"南关"、"北关"、"西关",即所谓三关三市,分别与海西、建州、毛怜等女真诸部以及蒙古部落互市。货物入市均经由指定的关口,即"广顺关"、"镇北关"、"新安关",才能进入开原"丝关",进行交易。"广顺关",即为今开原东貂皮屯,当年女真人定期到"丝关"开原进行

---

〔1〕参见杨旸主编:《明清东北亚水路丝绸之路与虾夷锦研究》,辽海出版社2001年版,第67-81页。

交易,在貂皮屯住宿、屯放和晾晒貂皮。"镇北关"即今开原东北莲花屯。"新安关",即西关。"广顺关"、"镇北关"、"新安关"史称三关,进入开原的丝织品等物品,必经由此三关才能入内交易。

进入开原的货物,要经过检查,要征收货物税,即谓之"抽分"。《明代辽东档案》记载了嘉靖二十九年(1550)进入"丝关"开原,经镇北关时缎子等物品"抽分"情况:缎子十□,抽银1两;羊皮袄245件,抽银2两4钱5分。物品进入开原,经广顺关,进行丝织品等物品交易也要征税:貂皮2张,抽银4分;貂皮1张,抽银1钱;狍皮11张,抽银5分5厘。经由新安关进入开原也要"抽分":睡皮7张,抽银7分。《明代辽东档案》记载叶赫部到开原进行贸易的情况,人参695斤、貂皮82张、木耳80斤、榛子1斗、狍皮5张、鹿皮2.5张、珠子6颗、蘑菇750斤、狐皮80张、松子8斗、水獭皮2张、狼皮4张。哈达部一次进入"丝关"开原,进行交易的物品有:绢2轴、貂皮1803张、羊皮153张、狍皮168张、鹿皮8张、狐皮86张、蜡5斤、人参169斤、蘑菇210斤、松子1石5斗、珠子1颗、水獭皮1张、蜂蜜60斤。

对《明代辽东档案》进行分析,可以看出"丝关"开原物品交易的盛况:

其一,进行交易的物品品种多、数量大。除了绢、缎子等丝织品外,还有其他物品。

其二,少数民族通过贸易活动得到了大量生活必需品,如丝绢、缎子、衣物、布匹等,当然也包括生产资料如犁铧、铁锅、牛等。这些女真人进入"丝关"开原后,仅万历十一年(1583)七月至九月和十二年(1584)一月至三月,就购买铧子19次4848个、牛18次497头、锅16次454口、袄子(包括羊皮袄)241次631件,交易人参18次3619斤、马18次175匹、貂皮18次47243张、狍皮16次716张、狐皮18次577张、羊皮13次1743张。

其三,女真人卖出大批人参、珠子、马匹及貂皮等珍贵毛皮,获利丰厚。在镇北关、广顺关的交易中,女真人买进的主要货物是绢、缎子、袄子、铧子等物,按照当时市价,约折银800多两。而卖出的货物中仅人参一项,按以每斤 9 两银计算,当值银 32500 两,至于貂皮、狐皮等项及其他物品,又可售银上万两。

明代东北边疆女真诸部人不仅通过市场交易得到大量丝织品,还通过抚赏等形式得到明政府赏赐的丝织品。"抚赏"对象据《明代辽东档案》记载,有"买卖夷人"、"接京回夷人"、"朝京回还夷人"、"新安送进入夷人"、"传事夷人"、"送汉人夷人",每次抚赏的人数很多,抚赏物品也很丰富。这样一来,女真人通过开原进行贸易得到了一部分丝织品诸物,又通过明政府的"抚赏"形式获得一部分丝织品。这些丝织品,由他们再向四周输送交易传播。以开原"丝关"为中心的陆路驿站,往东转运有"开原东陆路至朝鲜后门"、"纳丹府东北陆路"两条交通线;由开原往西有"开原西陆路"交通线,由开原出发到海西,这条路线经由"开原北陆路",物品由"开原北陆路"转送至海西,又分东西两路,一路西行至兀良哈三卫的"海西西陆路",一路沿松花江经黑龙江东北行至奴儿干都司的"海西东水陆城站"交通线。

2.1.3.2 联结南北古丝道的"开原北陆路"

"开原北陆路"是联结南北丝绸古道的重要交通枢纽,南通辽东都司治所辽阳,北接奴儿干都司治所奴儿干的"海西东水陆城站"和通往兀良哈三卫的"海西西陆路"交通线。

"开原北陆路"沿途驿站共设有 9 站。这些驿站大多是辽金元以来的州县城站。"开原北陆路"北行第 1 站是贾道站,在今辽宁省昌图北路树镇四合屯古城。第 2 站汉州站,今址待考。第 3 站归仁县站,当在今开原老城镇北 80 里、昌图县北 40 里的四面城。第 4 站为韩州站,今吉林省梨树县偏脸城。第 5 站为信州站,今吉林省怀德县秦家屯古城。第 6 站为斡木城,位置待考。第 7 站为龙安站,辽代为黄龙府,即今吉林省农安县县城。第 8 站为海西宾州站,可能为今吉林省农安县东北靠山屯北松花江和伊通河汇流处的广元店古城。第 9 站即终点站弗颜站,在今扶余县境内。这里距"海西东水陆城站"和"海西西陆路"的交通线始发站底失卜站、肇州站不远,可以衔接上述两条交通线。少数民族由"丝关"开原入关经交易所得的丝织品,经"开原北陆路"转送到"海西东水陆城站"第1站底失卜站继续北行直达奴儿干地区,转送到"海西西陆路"第1站肇州站,继续向西北转运,直达兀良哈三卫,内地的丝织品就可以千里迢迢地远输到奴儿干地区和兀良哈地区。[1]

2.1.3.3 丝路与古城长春地区亦东河等卫及驿站

亦东河卫、亦迷河卫,设于按出虎水女真之地,亦东河卫在今长春地区的伊通河畔,亦迷河卫与亦东河卫同时设置,位于今流入伊通河的饮马河畔。明政府通过设置二卫,在该地设置职官,加强对卫所的管辖,保证了该地区的稳定和民族融合。

明王朝为提高运转"丝绸诸物"的效率,在伊通河畔建立驿站,为"开原北陆路"驿站中的一个普通驿站。亦东河卫、驿站的设置,使得明廷赏赐的"丝绸诸物"经由此地运往黑龙江下游包括库页岛地区,此外,还负责传递朝廷"使命往来"和运送黑龙江流域土著进京朝贡物品。[2]

2.1.4 由开原东行通往"朝鲜后门"的"绢布、纻丝"古道

2.1.4.1 "开原东陆路至朝鲜后门"丝绸古道

除了上述交通线外,明代东北少数民族以开原为中心,通过"开原东陆路至朝鲜后门"这条交通线,把在"丝关"开原交易得到的丝绸制品和明政府"抚赏"获得的丝织品,远运到东疆地区,即建州左卫和朝鲜东北部。

"开原东陆路至朝鲜后门"这条路线从开原出发,东行至坊州城,然后再沿辉发河流域的纳丹府城、富尔河流域的费尔忽、古洞河或海兰江流域的弗出,到达南京,然后由南京东渡图们江进入朝鲜的东北部,即"朝鲜后门"。据《辽东志》卷9记载,这条路线上的驿站共有10个。

第1站,坊州城。今吉林省海龙山城镇。从开原(今开原老城镇)出发东行,第一站便是坊州城。据《盛京总图》记载,由开原到坊州的路线和现在的公路线相同。少数民族由"丝关"开原得到的丝织品,或

〔1〕参见王绵厚,李健才:《东北古代交通》,沈阳出版社1990年版,第285－287页。
〔2〕参见杨旸主编:《明清东北亚水路丝绸之路与虾夷锦研究》,辽海出版社2001年版,第82－98页。

者东疆地区明代各卫所头人赴京朝贡后得到的赏赐品,回归时都要经过这条路线。

第2站,奚官站。从奚官在坊州和纳丹府之间的记载来看,奚官可能在今海龙镇古城。古城周长3里,出土过宋代铜钱,为辽、金古城。

第3站,纳丹府。一个较大而重要的驿站。在今桦甸县苏密城附近。

第4站,费儿忽。今吉林省敦化富尔河流域的大蒲柴河乡才浪村建设林场古城。古城的西、南、东三面紧临富尔江,有角楼、瓮城而无马面,周长2里半,在城内发现"崇宁元宝"1枚。据调查访问,古城过去出土过许多宋代铜钱,也有明清铜钱。当年这里是内地丝织品运送到东北特别是东疆地区的转运站。

第5站,弗出。无史料可考,位置不详。从在费儿忽和南京之间的位置来看,可能在今吉林省安图县古洞河畔的万宝古城或海兰江畔的东古城子。

第6站,南京。即今吉林省延吉市东20里的城子山山城。周长6里,为椭圆形山城,是金末蒲鲜万奴所建立的东夏国都城之一的南京所在地,这已为该城出土的文物和各家考证所证实。[1]

第7站,随州。这条"开原东陆路至朝鲜后门"的丝绸之路,从南京驿站再往东行,渡图们江进入朝鲜东北部的随州驿站。随州亦称愁州,今朝鲜咸境北道钟城之古称,古城在今钟城20鲜里(朝鲜里程折合16华里)处。

第8站,海洋。今朝鲜咸镜北道吉州之古称。明代内地丝织品多经此路线运送至朝鲜内地。

第9站,秃鲁。即秃鲁兀,今朝鲜咸镜南道端川之古称。

第10站,散三站。"开原东陆路至朝鲜后门"古丝道的终点站。散三,又记作参散、三撒,今朝鲜咸镜南道北青之古称。海洋、秃鲁、散三早年都是女真人居住的地区。

---

〔1〕参见王绵厚,李健才:《东北古代交通》,沈阳出版社1990年版,第277-279页。

以上可以看到,"开原东陆路至朝鲜后门"丝绸古道是明朝通往朝鲜东北的路线,也是建州左卫等卫向明廷的朝贡道。产自中国江南的丝织品,经过"开原东陆路至朝鲜后门"这条古道,源源不断地运送到朝鲜内地。

2.1.4.2 长白山下内地"绢缎诸物"云集

《明成祖实录》卷66记载,永乐七年(1409)九月,禾屯吉河(清人称和通吉河)等处女真野人头目粉甫等前来朝贡,明政府遂于其地设禾屯吉卫。禾屯吉卫应设在流入松花江的禾屯吉河畔大古城,即万宝古城。明政府授予该卫"禾屯吉卫指挥使司印",当地少数民族头人得到官印后,就

明朝奴儿干都指挥使司所属
"禾屯吉卫指挥使司"铜印

成为明政府地方官员,有权管理本卫和行使进贡受赏的权力。进京朝贡时,一定要出示本卫印信文书才允许上京。禾屯吉卫进京朝贡的史实,见于《明成祖实录》有2次、《明英宗实录》6次,每次朝贡都得到明朝赏赐绢、缎诸物。禾屯吉卫人把这些色彩斑斓、质地轻柔的丝织品带到了长白山地区。

2.1.4.3 中国内地"纻丝、罗绢"远达朝鲜境内斡木河畔

斡木河,也称吾音会,皆女真语汉译。朝鲜称阿木河,永乐十年(1412),明王朝在此设立建州左卫。"开原东陆路至朝鲜后门"这一条路线终点是散三站,通向"朝鲜后门",其间路经建州左卫地,是建州左卫的朝贡道。因此建州左卫头人每次朝贡得到的赏赐丝织品,或明朝官员来此招谕带来的丝织品,都要集中到这里。《明宣宗实录》记载,建州左卫头人进京朝贡回归和朝廷派遣官员到该地区安抚,都会带来一批丝织品面料。明代建州左卫地得到这批丝织品,主要同朝鲜进行交易。[1]

---

〔1〕参见杨旸主编:《明清东北亚水路丝绸之路与虾夷锦研究》,辽海出版社2001年版,第101-111页。

·欧·亚·历·史·文·化·文·库·

2.1.5 明代"纳丹府东北陆路"冰川丝绸古道

2.1.5.1 通往眼春等地的"纳丹府东北陆路"冰川丝绸古道

眼春,又称作颜春、岩杵、鄂朱、延楚,即今俄罗斯境内波谢特湾北岸的岩杵河镇。通往眼春等地的"纳丹府东北陆路"这条东北亚丝绸之路,由"丝关"开原出发,先是同"开原东陆路至朝鲜后门"走同一段路程。到了纳丹府(今吉林省桦甸苏密城)后,便分道而向东北行,经那木剌等7站到达终点站毛怜站。

第1站,那木剌站。那木剌即今那木窝集,在今厄黑木驿东10里,拉筏驿(今拉法站)西80里处。

第2站,善出站。即今色出窝集,在拉筏驿东100里,俄莫贺索落驿西10里。

第3站,阿速纳合站。位置不详。

第4站,潭州站。当在今吉林省敦化附近。

第5站,古州站。当在今牡丹江西岸。古州始建于辽代,金、元、明沿用。

第6站,旧开原站。旧开原即东开原,又称巨阳城、开阳城。明初为避帝讳(朱元璋之"元")改"开元"为"开原",后来为了区别最初的开元(东夏的开元)和西迁后的开元,就把西迁前的开元称为旧开原、东开原。开元即旧开原在哪里?根据中国及朝鲜文献记载,应在朝鲜东北面,距图们江下游不远的珲春河流域,这里是明初建州卫所在地。明初永乐朝建置建州卫前后,曾多次派遣使者奉敕谕,经朝鲜东北面旧开原、毛怜等地招谕女真各部。而王绵厚、李健才先生在《东北古代交通》一书中认为,旧开原即开元在今绥芬河流域的双城子南面的山城。

第7站,毛怜站。是"纳丹府东北陆路"的最后一站,初置距建州卫近,在今图们江北的珲春河流域。[1]

"纳丹府东北陆路"冰川丝绸古道是明初通往建州卫、毛怜卫等卫

---

〔1〕参见王绵厚、李健才:《东北古代交通》,沈阳出版社1990年版,第280－283页。

的朝贡受赏丝绸诸物的古道驿站路线,也是明初建州卫、毛怜卫的朝贡道。内地丝织品经过"纳丹府东北陆路"运至建州卫、毛怜卫地以及远达今俄罗斯境南乌苏里斯克地区的明代双城卫、木阳河卫、薛列河卫、牙鲁卫、喜乐温河卫等地区。

2.1.5.2 "绢布"诸物云集建州地

"绢布"诸物云集建州地,主要是明朝对建州等卫地实行贡赏制度的结果。建州卫是明政府初期经略东北地区奴儿干都司属下建置最早、影响较大的一个卫。建州卫地处东疆地域,民族成分较为复杂,因此明政府对该卫管理非常重视。建州卫必须以时缴纳贡赋,以时贡赏,才会有大批内地"绢布、纻丝袭衣、毡帽、靴袜"等丝织品千里迢迢被携带到这里。建州卫从永乐朝建卫开始,就得到了不少内地丝织品。明仁宗洪熙朝存在不到一年,先后有2次由女真人沙班、不兰乞等人携带"表里"等衣料到建州卫地。明宣宗宣德朝赏赐的丝织品,远达建州卫地的更多,仅宣德八年(1433)建州卫先后由内地赏赐的绢布、衣料等丝织品运往建州卫地就达5次之多。设置于明永乐三年(1405)十二月的毛怜卫,是建州卫的子卫。毛怜卫卫址在珲春河流域,毛怜卫人也多次进京朝贡,贡貂皮等特产,得到大批彩缎等物的赏赐,带至珲春地区。这种贡赏制度及大量丝织品的运达,促进了东北边疆地区经济文化发展,也有利于各民族间的友好往来。

2.1.5.3 远达图们江口东北亚金三角"摩阔崴"的丝织品

永乐五年(1407),女真野人头目土成哈等向明朝朝贡,明政府遂在其地设置喜乐温河卫,对其地进行管辖。该卫设于东北亚金三角"摩阔崴"之处,"摩阔崴"即今俄罗斯波谢特,在颜杵河海口内,东南距海口约20里,西北距珲春120里。随着喜乐温河卫的建置及其卫头人土成哈等人频繁进京朝贡,大批内地丝织品被带回图们江地区。[1]

2.1.6 开原西陆路

由开原出发西行,经庆云站至今绕阳河上游,辽宁省阜新县境内

---

[1] 参见杨旸主编:《明清东北亚水路丝绸之路与虾夷锦研究》,辽海出版社2001年版,第112－123页。

·欧·亚·历·史·文·化·文·库·

的塔营子(金元时期的懿州),这是由开原通往福余卫等西北游牧人地区的路线。沿路驿站有 4 个:庆云站(今辽宁省康平县东南 50 里的小塔子村)—熊山站(约当在今康平县的西部)—洪州站(当在今辽宁省彰武县西部一带)—懿州(今辽宁阜新市东北 108 里的塔营子古城)。

以上为奴儿干都司境内 6 条主要的驿路交通线,明朝在其版图内设立的交通驿站,统归兵部管辖,是明朝政府统治机构的一个组成部分。驿站的任务主要是传送文件,转运军民贡赋和赏赐,转运来往的朝贡官员和公差人员,并提供食宿。各站的站丁、车船和狗站的站狗等供需极为频繁,驿站的劳役和畜力,大都由当地各族人民负担。

明朝在永乐七年至宣德七年的 20 余年间(1409—1432),曾派亦失哈等率领军队、带着赏赐等物资,不畏艰苦,长途跋涉,沿着"海西东水陆城站",先后多次前往奴儿干和库页岛等地巡视。东北蒙古、女真各部卫所官员进京朝贡的人数也逐年增多,朝贡者"络绎不绝,动以千计"。通过频繁的朝贡贸易,东北蒙古、女真各地的土特产,如猞猁狲及貂鼠等珍贵毛皮、马、人参、东珠等通过各路驿站源源不断地输入到内地;蒙古、女真各卫所头目及少数民族群众获得大量的赏赐品,同时也购得大量的所需日常物品,满载而归;内地汉族的先进生产工具、生活用品,如铁犁、铁锅、铁铲、瓷器、绢、布、米、盐等,也通过驿站大量地输入到东北蒙古、女真各地。

总之,明朝在东北各地设立的各路驿站,星罗棋布,宛若游龙,点缀在东北边疆的白山黑水间这般壮美山河之间,不仅加强了明朝对东北边疆的经营管理,使明朝中央和东北边疆、内地汉族人民和黑龙江流域各族人民更加密切地联系在一起,同时也促进了东北各族群众之间的经济文化交流和社会经济的发展,为开发东北边疆作出了巨大贡献。

2.2 丝路交通沿线上的城镇营建与发展

随着奴儿干都司境内各条交通线及驿站的设置,沿途出现了许多小城镇,以"海西东水陆城站"为例,沿线除了奴儿干都司所在地——

奴儿干城外,还有札剌奴城、斡朵里城、托温城、考郎古城、乞勒怜城等。其中弗提奚城(今黑龙江省富锦县境内),周围土地肥沃,是水陆交通要冲,当时这里不仅是黑龙江流域的商业重镇,也是明中央政权与辽东都司官员通往奴儿干都司的必经之途,明朝政府经常派遣官员到此地巡视。

"船厂"是奴儿干都司境内的另一个重要城镇,因明初在此建厂造船而得名,历史上又称其为"吉林乌拉"。满语"吉林"是"沿"的意思,"乌拉"即"江","吉林乌拉"即沿江边处。这里三面临江,四山环抱,风景旖旎优美,是水陆交通枢纽,也是一座久经沧桑的历史文化名城。远在我国周代,这里是肃慎族居住地之一。汉朝隶属于玄菟郡。辽金时期为女真人居住处所,当时的城市建设逐渐由江东向今天吉林市中心发展。到了明代,今吉林省吉林市更快地发展起来。今吉林市东南的松花江北岸断壁上,有两处明代摩崖,即阿什哈达摩崖,摩崖上刻的是辽东都司都指挥使刘清、中官阮尧民等到吉林督造"巨船",满载朝廷粮食、物品、赏赐诸物"浮江而下",直抵奴儿干地区的史事。两处摩崖石刻的文字记载,充分证明了明朝中央政府对此地的重视,仅刘清等人就曾于永乐十八年(1420)、洪熙元年(1425)、宣德七年(1432)先后3次"领军至此",而且每次人数众多。虽于宣德五年(1430)十一月曾一度"罢松花江造船之役",但事隔不久,松花江造船之役复兴,继续营造"巨舡"。当年的吉林市,不仅是这一地区的经济、文化中心,而且也是这一地区造船业的中心。

距离今吉林市西北约70里处的乌拉古城,三面靠山,一面临水,是顺松花江北流乘船至奴儿干的交通要道。乌拉古城是明代扈伦四部(叶赫、哈达、辉发和乌拉)之一的乌拉部住地。乌拉古城在明代已具备相当规模,在历史上具有重要地位。

各城镇的陆续修筑、交通驿站的建置,进一步增强了奴儿干都司同辽东都司的联系,也密切了黑龙江流域及沿海边远地区同中原地区的联系。黑龙江流域广大地区出产的特产,诸如猎鹰海东青、大鹰、皂雕、飞禽,如黑狐皮、貂皮等贵重皮张,以及朵颜三卫等处所出产的名马、失剌孙(土豹)、野马等,源源不断地输入辽东和中原各地。这些珍贵的皮毛、药材、装饰品,丰富了汉族居住地区人民的物质生活。同样,黑龙江流域各族居民也从汉族商人那里得到铁、盐、粮食、种子、棉花、针、剪、铁锅等生活用品,铧、犁等生产工具,还有先进的生产技术及文化科学知识。这些交流使"不生五谷,不产布帛"的蛮荒之地逐渐繁荣起来,人民生活也得到了很大改善,生息繁衍在黑龙江下游和库页岛上的各族群众,也可以穿上布衣;野人女真的男子也能够"帽缀红缨,衣缘绿纽";那些"食惟腥鲜"的"吉里迷"人也有了盐、酱等调味品;"地无禾黍,以鱼代食"的奴儿干地方,也有了粮食、烧酒和衣服器用等物品。[1]

2.3 明代东北流人对东北亚丝绸之路的贡献

有明一代,大批流人谪寓东北,对东北亚地区的经济、文化、社会发展等作出了很大贡献。尤其是一部分流人因保障东北亚丝绸之路的畅通、修造船只运送"彩绸诸物"、镌刻永宁寺碑文记载丝路盛事而留下了不朽美名。

明代由内地充军东北的流人,远离乡土,与少数民族共同开拓东北蛮荒之地,对明代东北经济发展、边疆建设、文化交流、民族交往等,都作出了一定的历史贡献。

一部分谪发东北的流人,为保障东北亚丝绸之路的畅通作出了贡献。东北亚丝绸之路运输的"丝绸诸物",有的是由京师经由山海关、辽西等地,直到辽东都司治所辽阳,再北行与奴儿干都司辖境"海西东水陆城站"联接,直达奴儿干都司治所特林;也有的直接由丝绸产地——江南的苏杭地区,经京杭大运河北上,渡海由旅顺登陆,经金州、复州、盖州等12站到达辽阳,再北行与奴儿干都司辖境"海西东水陆城站"接轨,直达奴儿干都司。但丝绸之路在金州站一带,经常遭到倭

---

[1]参见杨旸,袁闾琨,傅朗云编著:《明代奴儿干都司及其卫所研究》,中州书画社1982年版,第246-252页。

寇侵扰,时有中断。当时日本的海盗集团经常窜到中国辽东沿海等地,杀人放火,抢劫财物,无恶不作。明初东北边疆初步稳定后,明太祖即锐意经营辽东,大力加强边防。明成祖即位后进一步加强抗倭准备工作,调兵遣将,破格提拔人才。由于当时明代实行"清军"政策(或称"清勾"、"勾丁"),大批民众被发遣到东北成为流人。刘江,江苏宿迁人,替父"勾丁"充军为流人来到辽东。因表现良好,永乐十二年(1414)被提拔为总兵官,镇守辽东广宁卫备倭。他对辖境内周边的少数民族一视同仁,积极操练士兵,反击倭寇入侵,还亲自巡视辽东沿海地形,当他巡视到望海涡(今辽宁兴城东南)地方,在望海涡上筑城堡、立烟墩,瞭望倭寇。永乐十七年(1419)六月,倭寇千余人乘 30 余艘船只入侵辽东,泊马雄岛,登岸直奔望海涡。辽东总兵官刘江闻讯,立即领兵奔赴望海涡。刘江依山设伏,另外遣兵以断倭寇后路,而以步兵迎战,交战不久即佯败,引诱倭寇进入埋伏圈,炮声一起,伏兵四出,大败倭寇。当倭寇退走桃花园空堡时,刘江命令让开四壁纵之走,复分兵两路进行夹击,将入侵倭寇全部消灭。此役共消灭倭寇 1000 余人,生擒130 人。自此,倭寇不敢再侵辽东。刘江也因此被封为广宁伯,禄 1200石,赐名刘荣。

望海涡之战是明初谪戍东北的流人团结各族群众为保障丝绸之路畅通,不受倭寇侵扰,团结抗倭斗争取得的重大胜利,沉重打击了倭寇破坏东北亚丝绸之路辽东段的侵扰活动。从此,倭寇不敢窥视辽东。可见,流人刘荣为保卫东北亚丝绸之路的抗倭斗争作出了重要贡献。

2.4　奴儿干都司属下卫所女真人等与汉族群众的密切关系

明王朝在奴儿干都司辖境内,设置了大量的"羁縻"卫所,在政治上统属于明朝中央政府。政治上的统一,为辖境内各少数民族与汉族群众之间关系的发展创造了良好的条件。这种密切的关系,表现在以下方面。

2.4.1 女真人与汉族人民的物资交换

女真人与汉族人民在生活必需品、生产资料方面相互交换，互通有无。女真人在明朝初年，特别是明中叶以后，在奴儿干都司辖境内各少数民族中，生产状况是比较发达的，但同汉族地区人民的经济发展水平相比，仍处于相对落后的状况。他们所需的粮食、布匹、盐等生活资料及农具等生产资料，有相当数量要依靠汉族地区供给。

明政府准许受敕封的女真部落首领和头目到辽东、北京交换所需以外，一些汉族地区官员，如亦失哈等人还多次督率巨船，满载粮食、绢布诸物浮江而下，前往奴儿干地区，使这一地区原来使用鱼皮和豹皮裁直筒衣的那些费雅喀有了"尺布蔽体"，"以鱼代食"的赫哲人也能吃到粮食。

明朝政府又在辽东开设"马市"，以便于各族人民互市买卖，互通有无。

永乐三年（1405），明政府最先在广宁和开原开设马市。天顺八年（1464）又在抚顺开设马市。以后，在万历四年（1576），明政府还开设宽甸、清河等地的马市。据辽东残档，乙种第 105 号卷、第 107 号卷，丙种第 196 号记载，可以看出马市贸易兴旺的情况。进行贸易的货物，品种多，数量大。仅举抚顺马市一次贸易情况加以说明。

> （四月）初三日，落雨。夷人叫场等四十五名到市，与买□……猪牛等物，换过麻布、粮食等货□……抽税银五两二分四厘。□……（五月）初三日，无赏买卖，夷人叫场二十三名，牛二只，价□……只价银一钱。盐一百五十五斤，价银六钱三分，共□……一两四钱七分。□……（六月）十二日，无赏买卖，夷人叫场等二十一名，牛一□……三只价银三钱七分。兀剌一只，价银七分，□……银四钱八分。盐二百七十斤，价银一两八分，共用银二两二钱八分。

这是建州女真到抚顺进行马市贸易的情况。引文中叫场即为努尔哈赤的祖父。他第一次率领 45 名夷人入市，第二次率领 23 名，第三次率领 21 名。叫场平均一个月到抚顺马市交换一次，也可看出马市交纳货物税是很轻的,这促进了东北边疆各族前来与汉族"买卖人"进行交换。

马市的开设,加强了东北地区各族人民的经济联系,促进了各少数民族经济的发展和生产技术的提高。所以,万历年间,建州卫为了能从汉族地区"易盐布",王兀堂等头目请求巡抚张学颜,要求他奏请明中央政府继续开市,以供贸易所需布、帛、粟、米、杂货。可以看出,汉族地区是女真卫所居民不可缺少的经济互助区。汉族商人也千里迢迢前往女真地方买卖,女真则以貂皮、人参、松子、蜂蜜等土特产品输往汉族等中原地区,丰富了汉族地区群众的生活。

2.4.2 女真人与汉族人民相互迁徙、移居

奴儿干都司辖境内女真人和汉族人民共同隶属于明朝疆域版图一统之内,因此相互迁徙、移居是经常发生的事。但这种迁徙、移居,必须得到明廷的允许,明朝政府对内迁的女真人等采取积极安置的政策。女真人嫌南方炎热,不愿迁居京师,明成祖遂于永乐六年(1408)四月,特命于开原置快活、自在二城令其居住。同年五月,又命辽东自在、快活二城设自在、安乐二州,每州置知州、吏目各1人;六月又添设辽东自在、安乐二州同知、判官各1人。在明朝政府这种积极安置的

自在州之印

方针下,女真人纷纷要求内迁。据历史记载,奴儿干都司所辖各卫女真人等要求内迁是不乏其例的。如永乐九年(1411)九月,建州卫千户囊那哈等赴京奏称愿居辽东快活城,明政府从其所请,赏赐如例。永乐十年(1412),阿剌山卫哈木等人迁居辽东安乐州、自在州居住。同年,忽石门卫女真头人兀龙哥也奏请迁居辽东安乐州居住。永乐十一年(1413),建州等卫千户郎八儿、忽歹等"诣阙自陈,愿居辽东安乐州"。永乐十三年(1415),古里河卫头人牙失答移居辽东东宁卫居住。宣德三年(1428),双城卫头人兀丁哥迁居辽东自在州居住。宣德八年(1433),喜申卫头人车卜来朝奏请愿迁往辽东东宁卫居住。景泰三年

（1452），兀的河卫头人兀山等28人迁居辽东金州卫居住，等等。

奴儿干都司各卫所女真人等愿意迁居安乐、自在二州的，明朝政府都给予妥善安置，不但提供房屋、粮食，还给钞币、柴薪、器皿，甚至牛马等牲畜。

从上述明朝政府对迁移女真人的安置情况来看，明朝中央政府所实行的民族政策是有一定成效的，促进了民族融合。因此，明代奴儿干都司内很多女真人等迁居辽东都司境内居住。他们与汉族等兄弟民族杂居共处，从事生产，这就构成了辽东直辖卫所女真人的重要成分。明太祖设东宁卫，下辖南京等5个千户所，明成祖时又设安乐、自在二州，接纳迁徙来的女真人，并实行有效管辖。所以，明中叶时，估计辽东直辖卫所居民人口中，汉人占7/10，高丽人和归服的女真人占3/10。应该指出的是，辽东都司下辖的25卫大部分都有女真人居住，比较集中的是居住在东宁卫。因此，清太祖努尔哈赤曾说过"东宁卫，我之部也"。女真人长期与汉族等杂居共处，对于汉文化已经是"熙濡浃深，礼乐文物彬彬然"而逐渐汉化了。

除了辽东都司所辖的25个卫所，安乐、自在二州安置女真人外，京师和中原，甚至东南沿海各省，也均有女真人移居。

据史籍记载，有的女真人不嫌京师等地炎热，仍然愿往南方移居。获明廷批准后，便从其便。永乐十二年（1414），弗提卫指挥使阿剌秃等上奏章愿居北京。宣德二年（1427），屯河卫女真人答必纳等奏请愿居京城，明朝政府也从其所愿。同年，还有建州卫桑果奴来朝"愿居京"，明朝亦从其愿，并赐蒙丝、袭衣、钞币，还命有司给房屋、器皿等物。宣德八年（1433）三月，建州左卫女真头目早哈来朝奏请，愿居京自效，明廷从其愿，并命有司给房屋、器物等等。女真人内迁有时一次就达数百人，如洪熙元年（1425）十二月，弗提卫头目罕帖木儿奏请愿率妻子和部属572人迁居北京，明朝政府不仅批准其请求，还命有司拨给房屋、器皿，并颁赐丝绢、袭衣等物，以示优待。

女真人还有很多愿意往南迁居的。景泰五年（1454）七月，兵部奏，开原女真人歹速，多为建州女真人所房，至是挈妻子来归。明廷

"命送南京锦衣卫安插"。成化二年（1466），女真头目张额率部归服，明政府安置其部落于两广、福建等地。同时，也有一部分汉人向女真地区迁徙。这种迁移一般是通过3个途径：其一是辽东军丁服役不堪其苦，便逃离到女真地区营生，如明初辽东都指挥刘清等人曾先后3次领军到"船厂"督造远航奴儿干地区的巨船，因军丁们不堪服其役，经常逃散，这些军丁大部分散隐在女真地区；其二是居于辽东的农民、妇女和儿童，被建州等卫女真人掳去为奴，或做媳妇，关于这方面的史实在《李朝实录》中有详细的记载；其三是明朝苛捐杂赋繁多，老百姓生活不下去了，逃到女真地区求生。特别是到了明代后期，政治腐败，人民负担沉重，纷纷逃离家园，隐居到女真人地区的汉人更多。明神宗万历三十六年（1608），贪官高淮对辽东居民"万般克剥，敲骨吸髓"，以致百姓各处逃去，无法生活，"穷极计生，遂率合营男妇数千北走"，进入了女真地区落脚，和女真人相邻而居，和平相处，政府特筑一城给予其居住，名为"蛮子城"，可见当时流入建州女真地区的汉人是相当多的。

2.4.3　奴儿干都司下女真人和汉人的相互交流与影响

这首先反映在各族群间语言的交流。女真人王杲能明白番、汉语言字义，努尔哈赤能精读《三国》等汉文书籍。反之，汉族人多年居住在女真人中间，多数能熟练掌握女真语言，而且有的人甚至都不明白汉语了。

各部族群众的生活习俗也逐步相近，"风气相习，胆气相并"，辽东经略熊廷弼也曾指出，汉族和少数民族多"气习相类"。可见各民族已经在文化上互相融合了[1]。

---

〔1〕参见杨旸，袁闾琨，傅朗云编著：《明代奴儿干都司及其卫所研究》，中州书画社1982年版，第253-258页。

3 清代东北亚丝绸之路的 走向及发展变迁

　　清王朝定鼎北京后不久,即宣布"商民所便"政策[1]。于是,"商贾往来贸易络绎不绝"。康熙帝充分认识到商业贸易对社会经济恢复与发展的作用,便提出了"恤商"、"利商"才能"便民"的口号,肯定了"商民为四民之一"。雍正皇帝更是把通商与富国联系起来了,他认为只有通商才能富国。乾隆皇帝也赞扬"商贾卓通货贿亦未尝无益于人"。

　　由于清朝统治者尤其是清初统治者重视商业的发展,这就自然促进了内地与边疆地区物品的交流,促进了东北地区经济的发展。清代内地与东北地区经济交流主要以进贡与赏赐的形式表现出来。毛皮是东北地区,特别是黑龙江、吉林将军辖区的著名特产,是京城满洲族贵族御寒的必备之物,因此毛皮是清代的重要贡品。凡是上好的貂皮,必须供奉给清政府,皇帝在接受贡品的同时,往往要给予超过纳贡物品价值的回赐。这些物品的交换,就是贡赏贸易的结果。其次,清代内地与东北边疆地区贸易,内地商人要前往东北地区进行商业活动。内地多以纺织品如绸缎、布帛等同当地土特产如毛皮、东珠、人参等进行交换。少数民族纳贡后得到的回赐物品以及内地商人与东北少数民族交换的物品,主要是内地的丝织品,这些丝织品被运到东北亚,因此称运丝绸品之路为东北亚丝绸之路。

3.1 清代东北亚丝绸之路

　　清代对东北地区管辖与明代不同。明代对东北是通过二大都司,

---

[1]清高宗敕撰:《清朝文献通考》卷32《市籴》,商务印书馆1936年版。

即辽东都司和奴儿干都司进行管辖。而清朝政府则是通过东北三将军，即盛京、吉林、黑龙江将军进行管辖，三将军辖境内都有运送丝绸的古道。

清代，由内地运往东北亚的丝绸品等物资，主要走水路和陆路。水路有 3 条：一是由天津至盛京，这在《天津县志》和《重修天津府志》中有详细记载；二是由厦门至东北，商人造船置货，由福建厦门开船，顺风 10 余日即到达天津，既而转运到东北；三是台湾的横洋船也远达盛京将军辖区的牛庄。至于由山东北上旅顺的船只更多，可谓穿梭不绝。

清代东北陆路交通最重要的是从北京出发，出山海关，经奉天（今沈阳）、吉林而抵达黑龙江城（瑷珲城）的一条干线。它是东北陆路交通的大动脉，负有军事、政治的重要使命。从山海关经奉天到吉林的这一段，是利用清初以来旧有的大道，而从吉林经伯都讷到黑龙江城的这一段陆路，则是从康熙帝巡游吉林以后，为加强东北防务而开辟的。康熙二十二年（1683），任命宁古塔副都统萨布素为镇守黑龙江等处将军，驻黑龙江城（瑷珲城）以后，才开辟这一条交通路线。

清代东北陆路交通驿站，以盛京、吉林、黑龙江三将军驻地为中心通往各地，柳条边内外东北各地因此联系在一起。从瑷珲经吉林、盛京到北京这条交通干线称为"御路"或"进贡路"，俗称大站，凡 67 站，4000 余里。从雅克萨城至墨尔根增设的临时驿站至京师约 5000 余里，这条驿道上驿站的设置，不但在雅克萨自卫反击战期间（康熙二十四年至二十六年，1685—1687 年）起到了重要作用，而且对黑龙江地区的开发和发展都有重要影响。

3.1.1　盛京将军辖境内的丝绸古道

盛京将军辖境内主要有 3 条陆路丝绸之路。

3.1.1.1　从盛京西南行，通过山海关，直达北京的驿道

这是盛京将军辖境内的主要交通干线，也是内地运送丝绸等物品到达东北的主要丝绸之路。据《盛京通志》记载，这条古道上的驿站有：盛京（今沈阳市）行 60 里到老边站（今沈阳西老边驿）、行 40 里到巨流河站（今辽宁新民县东北巨流河）、行 70 里到白旗堡（今辽宁新民

县西南大红旗堡）、行 50 里到二道井站（今辽宁省黑山县二道乡所在地）、行 50 里到小黑山站（今辽宁黑山县城）、行 70 里到广宁站（今辽宁北镇南 20 里的广宁）、行 80 里到十三山站（今辽宁锦县石山站）、行 54 里到小凌河站（今辽宁锦州城南 30 里小凌河畔）、行 54 里到高桥驿（今锦西县东北的高桥镇）、行 62 里到宁远站（今辽宁兴城）、行 62 里到东关站（今辽宁兴城西南东关站）、行 63 里到凉水河站（今辽宁绥中县西南凉水河）、行 75 里到山海关。以上共有 13 个驿站，原来设 1 名关防官，康熙五十九年（1720）在盛京五部司官内选能员管理，每年换 1 次。雍正元年（1723）改为 3 年一换，形成定例。

3.1.1.2　从盛京北行到开原的驿站古道

第 1 站便是距离盛京 70 里的懿路站（今铁岭西南懿路），继续北行 70 里到高丽屯（今辽宁铁岭附近），北行 75 里到开原站（今辽宁开原西北老城镇）；以下经棉花街站（今辽宁开原莲花街）到尼什哈站（今吉林市龙潭山），为吉林将军辖境内的驿站古道。[1]

3.1.1.3　从盛京南行到金州的驿站古道

一路所经辽阳、海州、盖州、复州、金州诸城，历代相传。

此外，还有从盛京到凤凰城的驿站古道，从盛京出威远门的驿道等。

盛京将军辖境内的各条驿道，是东北边疆各少数民族进贡中央王朝的必经路线，是沟通北京到东北边疆的交通干线。[2]

3.1.2　吉林将军辖境内的丝绸古道

清初，为了加强对东北的统治力量，顺治九年（1652）七月，命梅勒章京沙尔虎达、甲喇章京海塔、尼噶礼等，统率官兵驻防宁古塔（今黑龙江省海林市旧街，称为宁古塔旧城）地方。顺治十年（1653）五月，梅勒章京沙尔虎达升为昂邦章京，镇守宁古塔地方。为了防备北方沙俄的侵略，顺治十八年（1661）在今吉林市置水师营，并在今吉林市西门

---

〔1〕参见王绵厚、李健才：《东北古代交通》，沈阳出版社 1990 年版，第 303 – 304 页。

〔2〕参见杨旸主编：《明清东北亚水路丝绸之路与虾夷锦研究》，辽海出版社 2001 年版，第 195 – 200 页。

外松花江北岸设造船厂。因此,吉林旧名船厂。康熙元年(1662),改昂邦章京为镇守宁古塔等处将军(简称宁古塔将军)。康熙五年(1666),宁古塔将军驻地东南迁到宁古塔新城,即今宁安市。康熙十年(1671)为了加强吉林地区的防御力量,移副都统一人驻吉林。此后,吉林逐渐发展成为东北地区经济、政治、军事的重镇。康熙十二年(1673),开始建城(吉林乌拉城)。

康熙十五年(1676),镇守宁古塔等处将军移驻船厂,改名吉林乌拉城。吉林乌拉为满语,即沿江之意,后来去掉乌拉简称吉林。乾隆二十二年(1757),镇守宁古塔等处将军改为镇守吉林乌拉等处将军,简称吉林将军。随着将军驻地的转移,交通的中心也从宁古塔转到吉林。在吉林将军辖境内先后开辟了3条主要干线。

3.1.2.1 从盛京到吉林的交通干线

据《盛京通志》记载,此条交通干线全程760里,其间共设12个驿站。

从盛京出发,中经懿路站、高丽屯站、开原站,属于盛京将军辖境(前已叙述)。从开原北行55里到棉花街站(即蒙古和罗站,距威远堡边门外40里的莲花街),属于吉林将军辖境。北行40里到叶赫站(今吉林省梨树东南叶赫乡)、行80里到克尔素站(今吉林省东辽河河源右岸赫尔苏边门里附近)、行60里到阿尔滩额墨勒(今吉林省伊通县大孤山站)、行60里到伊巴丹站(一把单,今吉林省伊通县伊丹)、行60里到刷烟站(即苏于延,今吉林省双阳)、行50里到依儿门站(伊勒门,今吉林省永吉县西南140里的伊尔门站)、行70里到蒐登站(今吉林省永吉县搜登站乡,即吉林市西70里的搜登站)、行70里最后到达尼什哈站(今吉林市龙潭山站)。尼什哈站的旧站原设于吉林乌拉城北即今吉林市九台,后移至尼什哈站,又称乌拉站。以上驿站古道为运送丝绸的重要干线,也是清代康熙、乾隆皇帝等巡视吉林的"御道"。

3.1.2.2 从吉林到宁古塔的驿道

从吉林到宁古塔(今黑龙江省宁安市)这条驿道途中"渡淐江,越穷岭,万木排立,仰不见天。乱石断冰,与老树根相蟠互,不受马蹄。朔

·欧·亚·历·史·文·化·文·库·

风狂吹,雪花如掌,异鸟怪兽,丛哭林嗥。行者起踌其间,或僵马上不得下"[1]。据清代东北流人吴桭臣《宁古塔纪略》所载:"其地寒苦。自春初至三月,终日夜大风,如雷鸣电激,尘埃蔽天,咫尺皆迷。七月中,有白鹅飞下,便不能复飞起。不数日即有浓霜。八月中即下大雪。九月中,河尽冻。十月,地裂盈尺,雪才到地,即成坚冰,虽向日照灼不消。初至者必三袭裘,久居则重裘可御寒矣。至三月终,冻始解,草木尚未萌芽。"[2]可见,这条道路艰险、气候恶劣,运送丝绸之物是不易之事。据《盛京通志》记载,这条路线全程635里,其间共设有7个驿站。从吉林出发北行80里到额黑木站(今吉林省蛟河县天岗)、再行90里到额伊虎站(今吉林省境内拉法站)、行65里到退蛟站(今吉林省昂邦多洪站,又称退博站)、行110里到俄莫贺索落站(今吉林省敦化市额穆镇)、行140里到毕儿汉河站(今黑龙江省宁安市沙兰乡尔站村)、行70里到沙兰站(今宁安市沙兰乡)、行80里到宁古塔(今黑龙江省宁安市)。

3.1.2.3　从吉林到三姓(依兰)的驿道

全程625里,其间设有11个驿站。

据《吉林通志》记载,从吉林乌拉到三姓的驿站和各驿站间的距离是:从吉林乌拉站经3个驿站到腾额尔哲库站,80里至蒙古卡伦站(今吉林省榆树市太安乡新站村,在拉林河支流卡岔河左岸),70里至拉林多欢站(今黑龙江省五常市红旗乡多欢村),70里至萨库哩站(今黑龙江省阿城南约20里的双丰乡双兰村),65里至费克图站(今黑龙江省阿城裴克图乡所在地),82里至塞勒佛特库站(今黑龙江省宾县宾安镇),61里至佛斯亨站(今黑龙江省木兰县五站乡政府驻地),73里至富尔珲站(今黑龙江省通河县富乡四站村),70里至崇古尔库站(今通河县三站乡驻地),70里至鄂尔多穆逊站(今通河县清河镇二站村),68

---

〔1〕〔清〕长顺修,李桂林纂:《吉林通志》卷115《人物志四十四·寓贤》,吉林文史出版社1986年版,第168页。

〔2〕〔清〕吴桭臣:《宁古塔纪略》,载杨宾等撰:《龙江三纪》,黑龙江人民出版社1985年版,第236页。

里至妙嘎山站(又称妙噶山,今依兰县迎兰村西2里),5里至三姓副都统衙门驻地。三姓副都统初设时无台站的建置,以卡伦代递公文。乾隆九年(1744),才从吉林到伯都讷线的腾额尔哲库站向三姓方面建立了蒙古卡伦和拉林多欢3站,其他地方仍用卡伦递送公文。到乾隆二十四年(1759),又从拉林多欢站向东建立了萨库里站、费克图站、塞勒佛特库站3个驿站,仍然没有通到三姓。到乾隆二十七年(1762)又建立了佛斯亨、富斯珲、崇古尔库、鄂尔图木索、妙噶山等5站。至此,吉林与三姓间的驿道才完全接通。其后,道光五年(1825)又添设了双城站。光绪七年(1881)又添设了五常站和苇子沟站。这样,从吉林到三姓之间的驿道建设逐步完善起来。

三姓,即今黑龙江省依兰,是黑龙江地区著名的古代城镇之一,也是历代通往松花江、乌苏里江、黑龙江下游以及牡丹江流域的水陆交通要冲。雍正七年(1729)在三姓设副都统驻守,其辖境东至东海滨,库页岛海域均在其辖境内。其北至北海(今鄂霍次克海),是宁古塔将军(后改称吉林将军)所属副都统中辖境最大的一个。少数民族在三姓由纳貂受赐(贡貂赏乌林)得到的丝织品和经贸易得到的丝织品,经东北亚丝绸之路远传到黑龙江下游,甚至远达库页岛地区。[1]

3.1.2.4　从宁古塔通往鹦哥关的驿道

康熙五年(1666)以前,宁古塔将军驻地在今黑龙江省海林市旧街乡古城村村西,康熙五年迁到宁安市城区。从宁古塔到鹦哥关的驿道是唐代渤海营州道和明代纳丹府东北陆路的一段,清初又开辟了这条驿道,成为清初联结盛京与北京之间的主要交通干线。后来,由于宁古塔将军驻地从宁古塔(今黑龙江省宁安市)移到吉林乌拉(今吉林市),改为从吉林到开原为入京道,所以这条通路没有得到发展。关于记载这段道路最早的著作是方拱乾所著《绝域纪略》,其中说,他自顺治九年(1652)从鹦哥关,中经灰扒、多洪、株龙3个屯,共行程1800里才到

---

〔1〕参见杨旸主编:《明清东北亚水路丝绸之路与虾夷锦研究》,辽海出版社2001年版,第200－204页。

达宁古塔。鹦哥关在今辽宁省清原县东北的英额门,灰扒为今吉林省辉南县辉发城,多洪即昂邦多洪,为今吉林省蛟河县退屯,株龙为今敦化市珠尔多河。各屯中设有专人负责饲喂马匹,供驿站交通往来。

3.1.2.5　从宁古塔通往珲春的驿道

光绪七年(1881)以前,从宁古塔到珲春之间并没有驿站的设立,仅有卡伦6处传递公文,即自宁古塔西90里至玛勒呼哩(今黑龙江省宁安市石岩乡风水山),120里至萨奇库(今吉林省汪清县春阳乡石头河子村),80里至噶哈哩,40里至哈顺(今汪清县汪清镇),80里至穆克德和(今珲春市凉水乡南大村),70里到密占(亦称密江,今珲春县密江乡密江村),往来行旅皆自带粮食,借宿在卡伦,也有在外露宿的,称为"打野盘"。其露宿一定要傍山依林,在水草附近扎营。年纪小且地位卑贱的负责带着斧头砍伐树木生火,或者用石头堆砌成灶台,用铜锅做粥,用木碗盛饭进食。如果赶上雨雪,没有躲避的地方,就只能披着裘衣坐着挨冻。清政府为了移民实边,加强边防,于光绪七年(1881)在原有卡伦的基础上,建立了从宁古塔通往珲春的驿站。这条驿路也是一条古道,和从唐代渤海上京龙泉府到东京龙原府的道路基本相同。

3.1.2.6　从宁古塔到三姓的驿道

从宁古塔到三姓,过去没有设立驿站。直到光绪七年(1881),为了移民实边、驻兵设防、传递文报才开辟这条驿道。主要是从宁古塔出发,沿牡丹江右岸北行经鳊头岔站(今黑龙江省海林市柴河乡江东村)、沙河子站(海林市二道河乡江东屯)、细鳞河站(海林市二道河乡三站村)、三道河站(今海林市三道河乡振兴村)、莲花泡站(林口县莲花乡)、小巴彦苏站(林口县三道通乡江东村)、乌斯浑站(林口县刁翎乡东岗子村乌斯浑河口)、太平庄站(依兰县太平乡政府驻地)等8站到三姓城(今黑龙江省依兰)。以上这些驿站,以边防驻军的卡伦代行站务,所以称之为"非吉林额设驿站"。

以上所述吉林将军辖境内的各路驿站,先以宁古塔为中心,将军驻地移驻吉林以后,又以吉林为中心通往各地。从吉林北至三姓,西北至伯都讷的驿道称为北路；余下各站，在吉林以东的叫东路，以西的叫西路。东、西两路归驻于额穆关防公所的总站官管理，北路归驻于金珠鄂佛罗关防公所的总站官管理，总站官之下每站设笔帖式、领催各一名，管理驿站事务。各路驿站都配有一定数量的站丁和牛马车辆。东北各路驿站的站丁大半皆为原来吴三桂等"三藩"的部下，他们皆隶汉军旗（新汉军），各拨以站丁地，令耕种自给。[1]

从宁古塔通往鹦哥关、珲春、三姓等3条驿道，不属于主干线，以及从吉林到伯都讷（今吉林省扶余县西25里伯都讷乡），一过松花江就与黑龙江将军境内的茂兴站相接，为吉林、黑龙江两省交通要道。

3.1.3 黑龙江将军辖境内的丝绸古道

康熙二十三年（1684），清政府于黑龙江左岸派副都统萨布素率领宁古塔、吉林、达斡尔兵2000人在瑷珲（江东六十四屯内的旧瑷珲城）筑城屯田。第二年，清政府鉴于旧瑷珲城僻处江东，与内地交通往来多有不便，遂将黑龙江将军驻地迁到江西重新筑城，仍名瑷珲，也叫黑龙江城或瑷珲新城（今黑龙江省黑河市东南60里的爱辉乡所在地）。瑷珲城为抗击沙俄侵略的前哨基地，素有"东国屏藩，北国锁钥"之称。康熙二十九年（1690），黑龙江将军移驻墨尔根（今黑龙江省嫩江县城）；康熙三十八年（1699），黑龙江将军又移驻齐齐哈尔。清政府在黑龙江建城的同时，并建立各路驿站，加强文件的传递和军需的运输任务，而运送丝绸诸物成为附带任务。

在黑龙江将军辖境内的各路驿道分南、北、西三路，其中最重要的是南北两路，即从瑷珲到茂兴的驿道。以齐齐哈尔为中心，从瑷珲至齐齐哈尔（卜奎）为北路（亦称上路）；从齐齐哈尔到茂兴为南路（亦称下路）。这条主要干线，从茂兴到墨尔根基本上是沿嫩江左岸北上，然后再由墨尔根东北行至瑷珲城。茂兴入吉林，经叶赫过开原到盛京，再由盛京经山海关至京师。

3.1.3.1 以齐齐哈尔为中心的南北驿道

---

〔1〕参见王绵厚，李健才：《东北古代交通》，沈阳出版社1990年版，第305－310页。

齐齐哈尔北路驿道:齐齐哈尔城北行 60 里至塔哈尔站(他力哈村,今黑龙江省富裕县西南塔哈乡)、行 70 里至宁年站(今富裕县友谊乡富宁村)、行 80 里至拉哈河站(拉哈站,今讷汗伊拉哈镇)、行 60 里至博尔多站(即拔尔德站,今讷河县老城)、行 43 里至喀木尼喀站(哈木尼哈山嘴,今讷河县老莱乡)、行 42 里至伊拉哈站(镶黄旗,今嫩江县伊拉哈乡)、行 70 里至墨尔根、行 75 里至科洛尔站(今嫩江县科洛镇)、行 76 里至喀塔尔奚站(今嫩江县塔奚镇)、行 85 里至枯木站(今瑷珲县西南三站)、行 35 里至额雨尔站(今瑷珲县西南二站)、行 78 里至黑龙江城。北路各站归驻于墨尔根城的北路总站官管辖,共额设站丁 200 名,车 29 乘、马 200 匹、牛 270 头。

齐齐哈尔南路驿道:从齐齐哈尔城南下 55 里至特穆德赫站(今名头站,齐齐哈尔昂昂溪区东南头站)、75 里至温托浑站(今名二站,泰来县大兴乡时雨村)、75 里至多耐站(多克多力山嘴,多鼐,今杜尔伯特蒙古族自治县巴彦查干乡太和村)、75 里至培尔哈站(他喇哈河摩,今黑龙江省杜尔伯特蒙古族自治县南 200 里的他拉哈乡驻地)、67 里至古鲁村(今黑龙江省肇源县西北古鲁站,今改称古龙)、73 里至茂兴站(今肇源县茂兴乡)。南路各站归驻于齐齐哈尔城的南路总站官管辖,共额设站丁 342 名,车 42 乘、马 320 匹、牛 338 头。茂兴站东行下一站就是伯都讷。伯都讷站属于吉林将军辖境,经 10 站直达吉林。从瑷珲到茂兴,这一条黑龙江将军辖境的驿道,主要是军需运输任务,但有时也运送貂皮、丝绸等物品。

3.1.3.2　齐齐哈尔通往呼伦贝尔的驿站古道

康熙三十八年(1699),黑龙江将军驻地从墨尔根移驻齐齐哈尔城,于是齐齐哈尔便成为黑龙江将军辖境内的政治、军事、经济、交通的中心。雍正十年(1732)开辟了从齐齐哈尔到呼伦贝尔(今海拉尔市)的驿道,初设时为 10 站,由呼伦贝尔副都统管辖。这条驿道上的驿站,和现在从齐齐哈尔到海拉尔市的铁路线基本相同,在雅鲁河和海拉尔河沿岸,这是一条自辽、金以来就有的古道。

据《盛京通志》记载,由齐齐哈尔城通往呼伦贝尔的驿站有:齐齐哈尔城 100 里至希尔忒（头站）、行 85 里至噶七起（甘南镇）、行 70 里至蒙古乌尔杵克起（阿荣旗音河乡驻地）、行 70 里至赫厄昂阿（为额赫昂阿，今布特哈旗孔家沟附近）、行 65 里至巴林（喜桂图旗巴林林场东北约 10 里处）、行 75 里至雅尔博克托（喜桂图旗境内雅鲁车站附近）、行 80 里至和洛起、行 70 里至乌诺里（即们都克依，今免渡河附近）、行 65 里至札敦昂阿（牙克石镇境内）、行 80 里至几拉木台（海拉尔市札罗木得车站）、行 52 里至哈克仆莫（海拉尔市哈克车站附近）、行 60 里至呼伦贝尔城（今海拉尔市）。每台站拨兵 10 名值班，各拨给官马 10 匹。

3.1.3.3　从墨尔根通往雅克萨的驿道

康熙二十年（1681），清政府积极部署反击入侵雅克萨沙俄侵略军的战争。为了防止道路交通迟延，贻误军机，康熙二十四年（1685），清政府派遣明爱率蒙古兵 500 及索伦兵一部，沿嫩江上游左岸及大兴安岭北坡，建立了自墨尔根到雅克萨的临时驿道。每隔 50 到 70 里设 1 站。墨尔根为头站，依次为 2 站、3 站、4 站……直到雅克萨斜对岸的额木尔河口，计 1400 余华里，共设 25 站。第 25 站即今漠河县兴安乡南 40 里的二十五站。[1] 每站拨 15 至 20 名蒙古兵或索伦兵驻守，充当站丁。过去由墨尔根等南、北路驿站，经瑷珲再溯黑龙江上行而至雅克萨城。这条驿站的设立，缩短了 400 余里的行程，加快了军事情报的传递和军用物资的供应，在两次雅克萨自卫反击战中起到了重要作用。

清朝对各路站官所属的驿站都设有一定数额的官员、站丁、牛马、车辆。每站设笔帖式 1 员，俗称"老爷"，总管站上事务；其下设领催（满语称拨什库）1 员，俗称"千总"，站人称为"千爷"，协助笔帖式管理站务。各站都设有站房，以接待公差及过往官员。驿站的任务是递送谕令、奏折、军报、公文，运送武器、军饷、贡品。每站都备有值班马匹和站丁，在驿站前等候。一般文书到后，由"千爷"盖戳后分配给值班站丁，递送到下一站。交接后，下一站的值班站丁立即上马疾驰。遇有紧

---

〔1〕光绪二十年（1894），为开发和运送漠河、呼玛一带的黄金，又向漠河老金方向增设了 6 站，向额尔古纳河东南岸的西口子增设了 2 站，共计 33 站。至今沿路仍有二站、三十三站的地名。

·欧·亚·历·史·文·化·文·库·

急文书,在文书袋上插有"火速"标志,在站上换马不换人,疾驰几站再换。偶有紧急的皇帝谕令或军情,则指定专人将公文折袋星夜赶送,规定日行400里、500里、600里,连续疾驰,按时送到,耽误日期要受到惩罚。

上述各路驿站除墨尔根至黑龙江驿站,由索伦、达斡尔之贫穷者充当站丁外,余皆由被平定的"三藩之乱"中的吴三桂残部充当站丁,他们的职责是管理驿站马匹、传递公文。各站丁皆隶汉军旗(新汉军),各站均有"台站丁地",每户出一壮丁,由官方分给田亩垦种。其后子孙繁衍渐多,加上驿站的官田陆续招民开垦,各站人口逐年增多,每站人户,多者数百家,少者数十家。

清代黑龙江将军辖境内几条交通驿道,不如盛京、吉林将军辖境内的交通驿道运送丝绸诸物那样繁忙,其主要任务还是输送军需品以进行抗俄斗争,特别是在康熙年间更是如此。但黑龙江将军辖境的这几条交通驿道也运送一些丝织品、貂皮诸物。这里特别需要提及的是从齐齐哈尔通往呼伦贝尔的这条驿道,呼伦贝尔大草原的蒙古族经由盛京、吉林同汉族等进行交易,获得的丝织品主要还是通过这条交通线运送的,因此也称这条驿道为"草原丝绸之路"。还有由蒙古郭尔罗斯入喜峰口到京师,俗称草地,也称蒙古站;由蒙古入法库(今辽宁省调兵山市)边门到盛京,由盛京达京师,这条路线也称八虎道(八虎即法库转音),是商贩往来常经之路。这些草原驿站显示出古道往来转运的功能,也展现出古老草原民族文化的魅力。

有清一代,为了加强东北地区的边疆防务和对该地区的有效管辖,清政府在东北地区继承明代已开辟的驿道的基础上,陆续新开辟了一些驿道,沿途设置了各路交通驿站。盛京、吉林、黑龙江将军辖境各交通驿站、古道的设立,不仅方便了各族群众交换物资,特别是丝织品、貂皮的运转,也促进了东北经济的发展。随着站丁和家属的迁入,以及关内流人、流民的逐渐增多,黑龙江、吉林两将军辖区的人口有了明显增长,由于驿站的设立和站丁旗地的开垦,社会经济有了较快发展,当年荒无人烟的地方,当时已变成人口密集,经济发达的城镇,逐渐形成了著名的"边外七镇",即齐齐哈尔、瑷珲、墨尔根、宁古塔、三姓、吉林乌拉、伯都讷等重要城镇,特别是清代东北边陲重镇三姓城的发展,对东北亚丝绸之路沿途贸易影响重大。它们是当时的军事、政治、经济中心和交通枢纽,在东北历史上占有重要地位。因为这些城镇位于清顺治至康熙中期为阻止关内汉人出关、以便更好地维持东北"祖宗肇迹兴王之所"的固有风俗而修筑的"柳条边"之外,故有"边外七镇"之称。[1]

各条驿站、古道将盛京、吉林、黑龙江三将军的所属各地和北京联系在一起,加强了中央和地方的联系,对抗击沙俄入侵,巩固东北边防,促进东北各地和少数民族的交流、边疆开发和经济文化发展都起到了重要作用,也为清末以来近代东北地区陆路交通的发展奠定了历史基础。

3.2 曹廷杰考察东北亚丝绸之路

3.2.1 曹廷杰志在东北边疆

光绪十一年(1885)春节,吉林将军希元,接到慈禧太后的绝密懿旨,要他物色一员精明强干的官员,前往原属清朝管辖的黑龙江以北、乌苏里江以东地区,被沙皇俄国占领的地区侦察敌情。结果,36岁的吉林珲春靖边后路营办理边务文牍曹廷杰被选中。

曹廷杰(1850—1926),字彝卿,又号楚训。湖北方江高殿寺人(今顾家店乡),道光三十年(1850)出生于一个以耕读为业的书香门第。曹廷杰是一位杰出的爱国知识分子,又是一位著名的东北历史地理学家。他的研究涉及东北历史地理、民族、考古、民俗等许多领域。曹廷杰自幼习文练武,培养了一种勤劳勇敢的大无畏精神。同治九年(1870),他20岁时参加乡试并考取秀才;同治十三年(1874),年仅24岁的曹廷杰由廪生考入汉文誊录,进入京城国史馆任职。但他从小热

〔1〕参见王绵厚、李健才:《东北古代交通》,沈阳出版社1990年版,第311－316页;杨旸主编:《明清东北亚水路丝绸之路与虾夷锦研究》,辽海出版社2001年版,第204－209页。

爱祖国边疆的大好河山,并有志于对东北疆域的研究,不想眷恋京城的安逸生活,而向往东北边疆的冰封雪飘及那里的民族风情。后来,他立志投笔从戎,申请到东北边疆兵营任职。

光绪九年(1883),曹廷杰终于告别了工作生活了将近10年的北京城,到达吉林将军辖区的珲春,朝廷根据曹廷杰的表现及其主动要求到边疆为国效力的精神,放他一个候选州判的官职,但先安排他担任军营文书。这样,曹廷杰34

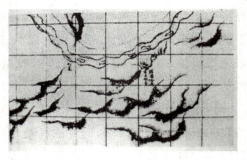

曹廷杰考察考郎兀卫绘制
"额图险要"图录

岁时以候选州判被派往吉林珲春防军任职。曹廷杰在工作中勤勉认真,被吉林边防后路统领葛盛林看中,报告给吉林将军希元。曹廷杰自幼学习地图绘制,加之强记广闻,吉林将军对他十分满意,遂转呈北京军机处,诏命曹廷杰前往松花江、黑龙江、乌苏里江流域诸多明代卫所遗址、遗迹进行考察。光绪十一年(1885),曹廷杰受吉林将军希元之命,前往黑龙江、乌苏里江流域探察当时沙俄侵占区的情况。当年旧历四月初九日(5月22日),珲春边城一片静谧,伴随着闪亮的星辰,曹廷杰等3人离开珲春,轻骑简从,改装易服,佯作商贾,在前往三姓(今黑龙江省依兰县)的古道上策马奔驰。从珲春到三姓有一条商路,南通朝鲜,北入沙俄,一直是控制黑龙江流域的要冲,当时不仅有中国内地商人云集于此,还有外国商人和传教士长住这里。曹廷杰一路历经海兰泡、伯力、奴儿干、兴凯湖、红土崖、海参崴、珲春等地。他的探察历时129天,往返行程16000余里,写成考察报告118条[1]。

曹廷杰早年曾在东北亚丝绸之路重镇三姓逗留过,同商人王守礼、王守智、王守信三兄弟建立交往,进而同"三姓人贸易东海者"多有往来。从王守信那里,曹廷杰得知黑龙江下游的特林地方有2块永宁

〔1〕参见杨旸主编:《明代东北疆域研究》,吉林人民出版社2008年版,第245—253页。

寺碑,王氏多年前曾去过奴儿干永宁寺碑地。王守信的哥哥王守礼、王守智曾亲自到过永宁寺碑所在地,想把碑文拓下来,但被俄国人禁阻,未能如愿。这次曹廷杰没有前去三姓副都统衙门,而是直接去了王守信家。曹廷杰讲妥了雇用他家曾去过特林的佣人的工钱,此后,王守信家的佣人就作为曹廷杰的向导,陪他一同前往东北亚丝绸之路考察东北边疆。

四月十四日(阴历),曹廷杰自三姓乘舟顺松花江下航,行程180里,来到"海西东水陆城站"的第15站托温城满赤奚站(今黑龙江省汤原县固木纳古城)、第20站弗能都鲁站(今黑龙江省富锦县西古城),曹廷杰在考察完此地弗提卫卫所的弗能都鲁站后继续沿松花江向下进行考察。随后,曹廷杰又考察了"海西东水陆城站"的第21站考郎古城可木站(今黑龙江省同江市额图的科木),对该地的历史地理进行了详细的考察。考察结束后,将额图的情况写入其撰写呈送的《西伯利东偏纪要》报告,由吉林将军希元转送军机处。

曹廷杰等人沿着东北亚丝绸之路的"海西东水陆城站"东北而行,过黑龙江省同江县,五月初到达黑龙江与乌苏里江交汇处的伯力(今俄罗斯哈巴罗夫斯克)。明政府在该地设置了喜申卫,"海西东水陆城站"的第24站奴合温站也设在喜申卫址。随着喜申卫、奴合温站以及黑龙江下游各处卫所、驿站的设置,大量内地"彩缎诸物"、"纻丝、绢、帛、袭衣"等丝织品经过这里运往奇集、奴儿干等地区。因此,曹廷杰对这里进行了重点考察。他详细记述了伯力的城市建设、俄军在当地的军事部署、地形地物、水陆交通等情况。可见,东北亚丝绸之路运送的丝绸等物资到黑龙江下游地区,由此地开始,夏天多以船载运,而冬天则以狗拉雪橇或马拉爬犁为交通工具,代替船运,运送丝织品等物资直抵奴儿干等地区。

曹廷杰还结识了当地商界领袖、来自山东省黄县的富商纪凤台。纪凤台不仅在此开设绸缎庄,还占有沿江码头。华人经商是少数,苦力最多。他们聚居在市东北"穷棒子沟",集资置地建庙,供奉关圣、江神、山神。庙前有一处华人码头,华商船艇多停泊于此。

曹廷杰等沿江而行,从伯力往下属于黑龙江下游。他们一路跋山涉水、风餐露宿,到达黑龙江下游右岸札依地方,在伯力下1530余里,黑龙江至此折向正北而流,其北70里东岸有奇集湖。奇集湖对岸是哈兰屯,"海西东水陆城站"第38站哈喇马吉站,即狗站的第16站设在此地。沙俄侵占后,肆意更改地名,将札里噶珊改为沙费斯克,将奇集改为马林斯克。曹廷杰考察时,此处有俄国人的房子30余所、原有俄兵800余名,后调往伯力,仅留20余名驻防,有大炮4座、兵房1所。奇集湖,曾有普禄乡,是清初征税的行署所在地,沙俄所建马林斯克哨所也在此湖畔。明代通往库页岛,一般从这里往南,越过一段陆地,进入大海。

曹廷杰考察完已沦为异国的哈喇马吉等地,继续沿江而行。曹廷杰沿途仔细侦察沿江两岸的山河形胜、村屯风土人情及沿途各项俄军军事设施,并详细绘图标记,尤其注意江上往来的船只,对兵船更是详加考察。

因时间有限,曹廷杰重点考察"海西东水陆城站"最后一站即第45站满泾站。还对邻近满泾站的奴儿干都司治所特林古城遗址进行了考察。

黑龙江口的庙街又叫庙尔,今俄罗斯称尼古拉耶夫斯克。当年的尼夫赫人、鄂伦春人都说:"先有奇集,后有庙尔。"庙街出海口有天然八岛,江岸排列几十个山头,环抱江口海面,形势险峻。庙街曾是东北亚国际市场。清末尚有"美国大商数家",还有日本商人、朝鲜商人。曹氏在这里拜访了几家广东商贾,结识了一些朋友。据说,英、法、德、意的船只也常出没在黑龙江江口。这里船只可以通往五洲四洋。由于种种原因,曹廷杰几次出海都没有成功,他只是在江口岛上遥望库页岛的风光,逗留几天,才返回伯力。

曹廷杰考察归来,撰写了一部不朽的名著,题为《西伯利东偏纪要》,至今仍是研究东北亚丝绸之路历史的重要文献。[1]

3.2.2　曹廷杰对《永宁寺记》及《重建永宁寺记》的考察

关于两块明代永乐寺碑文的研究,在中外学者中,杰出的东北历史地理学家曹廷杰的成绩最大。

曹廷杰千里迢迢终于来到奴儿干都司所在地特林,在当地一家吉列迷(费雅喀)渔民家借宿,第二天刚破晓,他便和随同人员背着干粮、水壶前往奴儿干永宁寺碑址。来到两块明碑所在地,曹廷杰异常激动,他逐字辨别识读两块碑文,将宣德碑碑额所刻的《重建永宁寺记》及永乐碑碑额的《永宁寺记》一一记录下来。因年代久远,风吹雨打,加之人为的破坏,碑文上很多字已经无从辨认。第二天清晨,曹廷杰带上帐篷和炊具以及宣纸、徽墨、毛刷和青花瓷碗,雇佣了一只小船,沿江而行,在靠近古碑处登岸。对两块碑文进行捶拓,每块碑拓6份,拓好的拓片用油布包好,连着拓了3天才完成。

在捶拓碑文的过程中,还有一个小插曲。曹廷杰在前往考察永宁寺碑的途中,先到伯力找到纪凤台,请他帮忙。因有王守信的佣人和书信,纪凤台十分关照曹廷杰。纪凤台通过俄国人弄到了一封公函,又派人乘俄国轮船提前三天到达特林,拜见了当地的东正教神甫铺拉果皮,如果不打通关节,俄国人是绝对不允许随便拓碑的。就是这样,铺拉果皮还找茬干扰拓碑。曹廷杰捶拓下来的第一张、第二张,都被神甫铺拉果皮派去的俄国人拿走了。曹廷杰只好忍气吞声,坚持捶拓,最后带回来的后4份,实际上比前二份好。因碑文腐蚀严重,仍有很多字不清晰。

曹廷杰经过辛勤劳动,考察了永宁寺两块明碑、永宁寺的确切位置,并亲手拓下了这两座明代石碑的碑文拓片,为我国明代东北边疆历史地理的研究提供了第一手史料。他在禀文中写道:

——查庙尔上二百五十余里,混同江东岸特林地方,有石砬

---

[1] 参见傅朗云编著:《东北亚丝绸之路》,吉林省旅游局国际市场开发处1991年8月内部版,第53—54页;杨旸主编:《明清东北亚水路丝绸之路与虾夷锦研究》,辽海出版社2001年版,第149—165页。

73

壁立江边,形若城阙,高十余丈,上有明碑二:一刻"敕建永宁寺记",一刻宣德六(应为"八")年"重建永宁寺记",皆述太监亦失哈征服奴儿干海及海中苦夷事(应为"奴儿干及海中苦夷事")。论者咸谓明之东北边塞,尽于铁岭、开原,今以二碑证之,其说殊不足据。谨将二碑各拓呈一分。

——查敕建永宁寺碑阴有二体字碑文,其碑两旁有四体字碑文,唯"唵嘛呢叭咪吽"六字汉文可识,余五体俱不能辨。……今此碑共六体文(曹廷杰此处有误,实则碑共四体文),非廷杰浅见所能测,谨拓呈一分。

——查永宁寺基今被俄人改为喇嘛庙[光绪六年(1880),永宁寺被沙俄毁掉,改建为东正教教堂],二碑尚巍然立于庙西南百步许。庙后正东二十余步山凹处,有连三炮台基一度,南向,据混同江之险,壕堑俱在。庙西北约百步,有土围一道、土壕二条,周数百步,中有土台,亦似炮台基,西北向可堵海口及恒滚河水道来路。恒滚河口在特林下十余里西岸,其江长二千余里,与西入黑龙江之精奇里江、牛满河,东入混同江之格林江、库鲁河,共发源于外兴安岭南枝。俄人由索伦河海口南行八九百里可入此江上游。拓碑时,有喇嘛(指"神甫")铺拉果皮与土著济勒弥(即吉列迷)种六七人在旁观望,均谓此碑系数百年前大国平罗刹所立,土人以为素著灵异,喇嘛斥之。

——查由特林喇嘛庙西北下山,沿江行里许,有石岩高数丈,上甚平旷,有古城基,周约二三里,街道形迹宛然,瓦砾亦多,今为林木所翳,非披荆履棘不能周知。特林上六十里东岸莫胡抢地方,有温泉,据江沿十二里。[1]

曹廷杰这样简明而深入的探察记录,清楚地指明两块明碑的确切位置,并且还批驳了"明代东北边塞尽于铁岭、开原"之说,提出"今以

---

[1] [清]曹廷杰:《西伯利东偏纪要》,载李兴盛,齐书深,赵桂荣主编:《陈浏集》(外十六种),黑龙江人民出版社2001年版,第1299-1301页。

二碑证之,其说殊不足据"的论断。特别是曹廷杰不仅用文字记载了两块明碑的位置等情况,他还不畏艰险,身履其境,亲手拓碑,又形象地画出了两块巨碑竖立的位置,并附以文字说明。[1] 曹廷杰所绘8幅图中,现仅存7幅,收藏在中国第一历史档案馆(故宫博物院明清档案部)。吉林省档案馆也藏有副本。这7幅图有"庙尔图"、"海参崴图"、"双城子图"、"伯利国"、"徐尔固图"、"海兰泡图"、"吉、江二省与俄交界图",其他一幅尚待今后继续查找。

曹廷杰不畏艰险、身履其境,亲手绘制图录,学术价值较高。以"庙尔图"为例,凡奴儿干地方黑龙江两岸的山峦、石砬、江心岛屿、大小支流,均采用形象画法,画得生动逼真,栩栩如生。特别是庙尔图中画有明朝奴儿干永宁寺两块巨碑图

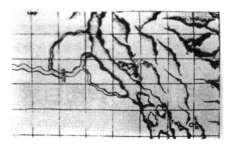

**曹廷杰考察奴儿干都司遗址时
所绘制的"特林古碑"图录**

像,耸立在危岩的江边山崖顶端,尤其重要的是图中附有文字说明,写有"特林古碑"4个大字。史籍与图录,文图并茂,相得益彰,真实地反映了历史本来面貌。

曹廷杰捶拓碑文具有重要的价值。

一是,曹廷杰捶拓下来的碑文上镌刻着明代内地丝织品等远达奴儿干地区的文字。如捶拓永乐碑即《永宁寺记》碑文,上有"赐以衣服"、"赏以布钞"、"自海西抵奴儿干及海外苦夷诸民,赐男妇以衣服、器用"等文字。捶拓宣德碑即《重建永宁寺记》碑文,有"给以布物"的文字。碑文中关于明代丝织品远达奴儿干地区的记载虽不多,但曹廷杰捶拓下来的碑文明确说明了明朝内地衣服、布帛等丝织品,由于贡赏制度经由东北亚丝绸之路远达奴儿干地区,甚至远至"苦夷诸民"即

〔1〕〔清〕曹廷杰:《西伯利东偏纪要》,载李兴盛,齐书深,赵桂荣主编:《陈浏集》(外十六种),黑龙江人民出版社2001年版,第1272-1273页。

库页岛等地的少数民族手中。这是历史事实,有碑文可证。

二是,曹廷杰捶拓永宁寺碑文,说明东北边疆各族共同开发了黑龙江下游地区的东北亚丝绸之路。永宁寺碑左右两侧刻有汉、蒙、藏、女真等4种民族文字。其中左上侧是汉文,左下侧是蒙古文;右上侧是藏文,右下侧是女真文。碑文用四体字刻写,充分说明明代黑龙江下游地区居住着能读懂这4种文字的民族,也说明丝绸之路的形成与发展是东北亚各族人民的共同功劳。

三是,曹廷杰捶拓两块碑文的内容,也说明明朝统治者意图利用宗教手段来管理黑龙江下游地区的少数民族,以达到使东北亚丝绸之路畅通无阻的护路目的。明政府利用宗教手段,在黑龙江下游地区的特林地方建造永宁寺,从其碑文四体文字来看是属于藏传佛教,俗称喇嘛教。永宁寺碑的两侧,各镌刻有四体文藏传佛教的六字真言,即"唵嘛呢叭咪吽"。所谓真言,梵语为罗多罗。密宗称真言为佛、菩萨、金刚或诸天在定中所说的密语,由真如心中流出,真实不虚,故名真言。真言以简短的文字概括佛、菩萨等的功德、誓愿及佛法的深意。"六字真言"中字头"唵",为梵语的音译,佛教咒语的发语词,摄义无边,故为一切陀罗尼首;"嘛呢"是佛教所说能随意变化的宝珠,用以比喻人的心性;"叭咪"是红莲花,佛教经典中常用来比喻心性的清净;"吽"表示速疾显现,达到目的。这句咒语合起来表达的意思大致是:"皈依观世音菩萨!愿仗您的大力支持,使我本具与您一样的清净无染、随意变现的自性功德速疾显现,随意达到我要达到的目的。"佛法无边,明朝统治者想利用宗教,特别是佛教的力量来统治这一遥远的东北亚边陲地区,从而也使丝绸之路保持畅通无阻,正常运转。

永宁寺塑像建成后,当地各少数民族群众欢呼雀跃,倾心内附,争相前来朝拜,他们表示永远臣服于大明王朝。明朝政府,特别是明初的统治者利用宗教"因其习尚,用僧俗化导",以达到御边、护路等作用,并取得了一定的成效,从而保证了东北亚丝绸之路免遭当地少数民族的破坏,还得到了当地少数民族的大力支持。明朝政府对东北亚地区实施"宗教御边"的护路政策,同时也发展了藏传佛教文化。

古碑后的永宁寺位置,也是古碑的位置,是位于奴儿干都司衙署的西边,因为这里"造寺塑佛"有佛殿,所以后人又称为"殿山"。在永宁寺、重建永宁寺两碑东北不远的地方,便是永宁寺基址。寺前有辽、金式砖塔一座,砖塔之后,还有辽、金时代的土墙。

曹廷杰捶拓而流传下来的永宁寺两块明碑内容使我们认识到,东北亚地区,特别是黑龙江流域下游地区的丝绸之路是各族人民共同开发的,保障了东北亚丝绸之路畅通无阻,内地出产的"布帛"等丝绸制品,也通过丝绸之路转运至奴儿干地区,甚至远达库页岛地区。

曹廷杰对奴儿干都司治所、永宁寺碑位置的考察和研究,是十分严肃、认真、细致的,这一事实本身雄辩地说明,曹廷杰对东北亚丝绸之路的考察功不可没,他考察研究奴儿干都司及沿途情况和揭示了永宁寺两块明碑碑文内容的荣誉和功绩不应被忘记。[1]

3.3 丝绸之路的社会功能

东北亚丝绸之路的开通,沟通了内地与边疆各族群众的交流与往来,在运转物资的同时,具有特殊的社会功能。

第一,东北亚丝绸之路的开通,使内地与边疆地区少数民族进一步加强了沟通与联系,促进了边疆地区经济和文化发展,加强了民族间的团结和中央政府对边疆地区的管理,从而有利于维护边疆地区的稳定。

第二,东北亚丝绸之路的开通,不仅使中国内地与边疆地区各民族加强了沟通和联系,也促进了中日两国人民的友好往来。边疆地区是联系中外友好的桥梁。中国内地出产的"丝绸诸物"通过东北亚丝绸之路,远运到黑龙江下游以及库页岛地区,又经过贸易,使中国"丝绸诸物"传入北海道地区成为"虾夷锦",从而加强了中日两国人民的传统友谊。

---

〔1〕参见杨旸主编:《明清东北亚水路丝绸之路与虾夷锦研究》,辽海出版社2001年版,第166-175页。

第三,东北亚丝绸之路丰富了黑龙江下游以及库页岛地区少数民族的物质生活。应该指出,历史上黑龙江下游及库页岛地区各部族生活水平是比较低的,他们多以捕鱼、狩猎为生,穿鱼皮、猪狗皮制作的衣服。经过东北亚丝绸之路的运转,内地丝绸衣料等物品运送到黑龙江下游及库页岛等广大地区,促使这一地区居民的衣着有所改变。在服饰上,赫哲族发生了"初服鱼皮,今则服大清衣冠"[1]的变化。库页岛最南部的果夥(今称白主),是一座中国式土城,从其沿西海岸北行约一百五六十里,有一个名为基道希的地方,清朝这里居住着费雅喀人,过去这个民族的衣服多用兽、鱼皮制作。但东北亚丝绸之路运行后,他们也可以穿棉布等衣物了。这些都说明丝绸之路运行后,黑龙江下游及库页岛地区少数民族的穿着以及室内家具、器皿等都发生了变化,当地少数民族的生活质量得到了提高。

同样,黑龙江下游及库页岛地区少数民族在饮食方面也发生了明显变化,生活得到了改善。基道希地方的费雅喀人吃的食物中也有了与满族交换而来的粟、豆、麦、荞麦之粉,只是交换来的不多,不能作为日常饮食。尽管如此,也可以看出由于东北亚丝绸之路的开通,这一地区运输来了内地的粮食,少数民族的饮食品种有了新的变化。

总之,东北亚丝绸之路,不仅是有利于中国对黑龙江下游及库页岛地区进行有效管辖的政治交通线,也是促进边疆少数民族地区经济发展、文化交流的经济文化交流路线。[2]

---

〔1〕〔清〕杨宾:《柳边纪略》卷3,载杨宾等撰:《龙江三纪》,黑龙江人民出版社1985年版,第77页。

〔2〕参见杨旸主编:《明清东北亚水路丝绸之路与虾夷锦研究》,辽海出版社2001年版,第210－212页。

4 明清政府在东北边疆地区实行的各项制度

元朝至正二十八年（1368），明太祖朱元璋在应天府（今江苏南京市）称帝，国号明。同年八月，明军攻占元朝的首都大都，元帝北逃大漠。洪武十五年（1382），明军平定云南。至此，除了由元朝残余势力（北元）据有的蒙古高原及其西北地区以外，明朝基本上继承了元朝的疆域。

4.1 明清政府对东北地区实行的管理制度

在东北方面，明初是以恢复元朝的疆域为目标的。特别是由于在朝鲜半岛的王氏高丽是亲元的，所以明太祖朱元璋曾坚持要以铁岭为界，准备在朝鲜半岛的西北部设置屯驻军队的卫、所，为此与高丽发生过争执。但到洪武二十五年（1392），高丽李成桂取代王氏自立，改而奉行亲明政策，因此明朝不再坚持以铁岭为界，从此鸭绿江便成为明朝与朝鲜的界河。

在东北女真等部族地区，明朝陆续设置了一批羁縻卫、所，用以统治或控制当地民族。

4.1.1 明代奴儿干都司建置沿革及亦失哈巡视奴儿干地区

4.1.1.1 奴儿干都司的设置和撤销

元世祖至元十年（1273），征东招讨使塔剌曾到达奴儿干和海东库页岛，至元十一年（1274）就建立了征东元帅府。元亡明兴，明太祖朱元璋注意加强东北亚疆域建置，洪武八年（1375），在东北地区南部设置辽东都指挥使司（简称辽东都司）。辽东都司建立后，明太祖继续派人对东北和北部边疆地区"累加招谕"，洪武年间开始，原处于故元统治下的女真各部，相继"悉境归附"。地处黑龙江下游奴儿干地区，元

·欧·亚·历·史·文·化·文·库·

代故臣老撒、捏怯来等纷纷率部众归附。20 年后,即洪武二十八年(1395),明总兵官周兴等进军到脑温江(今嫩江)、忽刺温河(今呼兰河)和斡朵怜(今依兰县城西马大屯)一带,派官招抚,始建卫所制,设指挥使和千户。

明成祖朱棣即位后,进一步加强对东北疆域的建置。永乐元年(1403),明朝派遣邢枢偕同知县张斌至奴儿干地区及吉烈迷诸部招抚,于是海西女真、建州女真、野人女真各部酋长纷纷前来归附。永乐二年(1404),邢枢返回时,各部头人相率入京,明政府命于其地置奴儿干卫,明廷任命各部首领为指挥同知等职,这是明朝政府在黑龙江下游地区设置的开始,也为后来奴儿干都司的设置打下了基础。随后,明朝中央政府一方面加强对已设置的奴儿干卫的管理,征纳贡赋;另一方面继续招抚建置卫所,在奴儿干都司设置前的短短 6 年时间里,在黑龙江、松花江、乌苏里江、精奇里江、亨滚河等广大地区,先后设置了131 个卫所。

永乐七年(1409)闰四月,奴儿干地方头目忽刺冬奴等来朝,永乐帝命忽刺冬奴为指挥百户,后忽刺冬奴等向明朝政府奏称奴儿干正处于冲要之地,建议应该建立都指挥使司以统辖各卫,明政府于是决定设置奴儿干都司都指挥使司(奴儿干都司)为该地区最高一级地方军政机构,以都指挥同知为最高官员,统属其众,岁贡海东青等物,仍设狗站递送。

奴儿干,亦称"耦儿干"、"努而哥",或作"纳尔干"。据《黑龙江古代简史》记载,清人多称奴儿干为尼噜罕(满语"图画"之意),表示这里山川如画,风景秀丽。奴儿干都司都指挥使司简称奴儿干都司,有的记作奴儿干都指挥使司,是明朝政府为管辖东北地区,特别是为管辖黑龙江、乌苏里江流域等地区所设置的一个地方军政机构。奴儿干都司治所设在元代征东元帅府故址,即特林(今俄罗斯哈巴罗夫斯克边区塔赫塔),也就是黑龙江下游东岸、亨滚河口附近特林(俄人称蒂尔)之地,费雅喀人读为"Tir-baha"。"Tir"为"崖","baha"为"岩",即"岩崖"的意思,是由危崖绝壁的地形而得名的。俄国人只取其中的"Tir",

而读成今天的"蒂尔"。"蒂尔"是特林的转音,下距庙街(今俄罗斯尼古拉耶夫斯克)250余里,距离黑龙江口300余里,西南距三姓(今黑龙江省依兰)3500余里。

明廷经常派遣钦差大臣前往奴儿干地区巡视。永乐九年(1411)春,明政府特遣内官亦失哈等护送所委任的都指挥同知康旺、都指挥佥事王肇舟前往奴儿干都司衙署就任。奴儿干都司作为明朝东北疆域管辖体制中最后设立的一个都指挥使司,管辖约300多个羁縻卫所。至明神宗万历年间(1573—1620),奴儿干都司辖境内卫所增加到卫384、所24、地面7、站7、寨1,通称384卫。16世纪末至17世纪初,以努尔哈赤为首的建州女真逐渐取代了明朝对黑龙江地区的统治。

奴儿干都司辖境包括今黑龙江、精奇里江、乌苏里江、松花江流域,北至外兴安岭以北广大地域。永乐九年(1411)又征服了苦兀(库页),辖境扩大到库页岛,在岛上设置了囊哈尔卫。

永乐十一年(1413)与明宣宗宣德八年(1433),明朝政府曾2次在奴儿干都司所在地特林地区,即特林北面近5里地的江岸山崖上"造寺塑佛",建造一座供奉观音的永宁寺,并在寺旁刻石竖立两座纪事石碑。其中一碑是宦官亦失哈遵照谕令立于永乐十一年(1413),为《永宁寺记》,称永宁寺碑,又叫永乐碑;另一座石碑立于宣德八年(1433),亦失哈至奴儿干,见永宁寺碑已倾圮,又重建永宁寺碑,即《重建永宁寺记》,又称宣德碑。清朝光绪三十年(1904),2块明碑被沙俄政府劫去,现藏于今俄罗斯符拉迪沃斯托克(海参崴)博物馆。

永宁寺虽然早已湮毁,但巍峨雄峙、高耸于黑龙江下游江边特林悬崖上的2块明代丰碑,一直屹立达数百年之久,已成为举世瞩目的珍贵文物。坐落此两块明碑的所在——"奴儿干"地方的名称,也为中外人士所共知。

4.1.1.2　奴儿干都司衙署职官建制

奴儿干都司与全国其他都司一样,都是带有军事性质的,但也有不同的地方。奴儿干都司辖境内,明代未设立州府县制,而只是设都司代之,这样奴儿干都司就兼理民政。因此,奴儿干都司实际上是军政合一的相当于"省"一级的地方政权机构。所以奴儿干都司不隶属于明朝五军都督府,而是属于明王朝的职方清吏司管理,是直属明朝中央政府的,酷似自治区,可想它的地位之重要。

奴儿干地势险要,北控黑龙江口,南连海西,是黑龙江下游枢纽之地。所以明政权在这里设立奴儿干都司后,随即着手都司的建制工作,任命官员以加强统治。

明代都指挥使司(都司)与布政使司、按察使司,合称为"三司"。都指挥使司的官职建制,设有都指挥使、都指挥同知、都指挥佥事等官。都指挥使为正二品官(岁给禄米 800 石,俸钞 300 贯),都指挥同知是从二品官(岁给禄米 700 石,俸钞 300 贯),都指挥佥事是正三品官(岁给禄米 600 石,俸钞 300 贯)。

永乐七年(1409),明政府决定设置奴儿干都司,以都指挥同知为最高官员,康旺做了第一任最高长官,至宣德二年(1427),为加强奴儿干都司衙门机构建设,增设都指挥使这一官职,康旺由都指挥同知升为都指挥使。

都指挥同知康旺的副职为都指挥佥事,有 2 位,即王肇舟、佟答剌哈。王肇舟原为东宁卫副千户,因守土有功,永乐七年(1409)被明廷任命为奴儿干都司都指挥佥事;宣德二年(1427),升为都指挥同知。佟答剌哈,女真人,原为三万卫总旗,谙习少数民族习俗,故永乐七年被任命为奴儿干都司都指挥佥事;因效力戍边,宣德二年(1427),升为都指挥同知。

永乐七年(1409)六月,明政府又设置奴儿干都司经历司,委派刘兴任经历司经历,职掌"出纳文移",处理日常事务。明廷不但在奴儿干都司设经历司,在一些较大的卫所也设有经历司,如建州卫就设置了经历司。

明王朝在委派奴儿干都司官员的同时,还要颁发给诰印、冠带、袭衣。所谓"诰",也叫诰敕或敕书,是任命的文书,也就是明廷封授地方职官的凭证文件即委任状,其封状写着明王朝授予官职的名称、品级;所谓"印"即官印,是行使管理权的权柄,奴儿干都司印为"银印",经历司印为"铜印",是明朝礼部铸造颁发的,有了印章,才能保境安民;所谓"袭衣"(包括冠带)即官服。奴儿干都司衙署官员康旺、王肇舟、佟答剌哈等身穿明王朝赏赐的官服,尊接授领明王朝封授的委任状性质的"诰命",手握明王朝赐给其行使职权的权柄官印,以法律形式固定下来行使国家地方最高管辖权力,是有职有权、守疆一方的明代奴儿干都司最高官员。而且对于奴儿干都司官印,明廷非常重视,由军队护送,名曰"护印",每2年轮番一次。军队数量,永宁寺碑碑文见有"千余人"或"二千"等,最多时达到3000人,最少时也不少于500人。奴儿干都司官员的任命,常备戍军的驻防,正是明朝政府对黑龙江、乌苏里江流域等广大明朝东北亚边疆地区行使国家权力的有力证据。

奴儿干都司这些官员负责统辖其部众,进京汇请事宜和进缴贡赋。明政府虽然只给他们较低级的官俸,但让他们享有较高的礼遇,到京师居住在"会同馆",接待宴请由"光禄寺"备办,往来有驿站接送,而且他们每年朝贡返回时,还能得到明政府给予的布帛等优厚赏赐。

明政府对各都司的主要官员如都指挥使、同知、佥事等职都用流官,即由朝廷派遣,而各卫所的指挥、千户等职则任用土官,即由当地部族首领担任。奴儿干都司的性质与汉唐时的都护府相似,各卫所内部的部族也享有一定的自治权。但都司的管辖比都护府更为严密,因为下属单位不再有西域那样的国,各卫所必须完全服从都司管辖。当然,由于属于羁縻性质,所以都司对下属单位的控制程度差异很大,不可一概而论。

奴儿干都司都指挥使等主要官员虽然是流官,但明政府却破例对他们实行一种特殊待遇"世官制",规定其可以世袭,都司属下各卫所官员也皆为"世官"。奴儿干都司都指挥使康旺,都指挥同知王肇舟、佟答剌哈等人的官位都是实行"父死子代,世世不绝"的世官制。从明初开始直到万历年间,历时200余年,仍相沿不改。明王朝不断充实、任命奴儿干都司的各级官员,加强统治力量。

奴儿干都司各级官员要以时朝贡。永乐十二年(1414)七月,奴儿干都司都指挥同知康旺等来朝贡貂鼠皮等物。永乐十九年(1421)十

·欧·亚·历·史·文·化·文·库·

月,奴儿干都司等处都指挥王肇舟等来朝贡马。第二年九月,王肇舟等又由奴儿干都司千里迢迢来朝贡马。洪熙年间,又有奴儿干都司都指挥佥事佟答剌哈等人来朝贡马。宣德元年(1426)七月,奴儿干都司都指挥佥事王贵(王肇舟之子)等来朝贡马。宣德八年(1433)八月,奴儿干都司都指挥同知康福等来朝贡马。甚至已故的奴儿干都司都指挥同知佟答剌哈的妻子王氏于宣德八年(1433)七月,还不辞辛苦万里迢迢来京师朝贡马匹及方物,得到明王朝厚赐的彩币、绢、布衣、纻丝、袭衣等物。此类事例,不一而足。少数民族首领朝贡,说明对国家尽义务,表明述职,领明历以明正朔,是臣属关系的象征。朝贡是国家一种特殊的赋税制度,实质上体现了皇帝的权威和封建国家的意志,并充分说明明朝对奴儿干都司进行了有效的辖治,同时朝贡也促进了各民族间的交往和国家统一。直到万历三十六年(1608),《明神宗实录》中还有关于"设奴儿干都司以羁縻之",进行辖治情况的记载,这时奴儿干都司建立已有近 200 年的历史了。[1]

都司的设立和存在不仅有可靠的文献记载,而且有确凿的物证。奴儿干都司设立后,太监亦失哈从明永乐九年至宣德八年(1411—1433)的 22 年内,曾先后多次奉命去对当地部族宣谕抚慰,对都司、卫、所官员授予官职、印信,赏赐衣物钱钞。永乐十一年(1413),亦失哈第三次到奴儿干都司时,在都司城西南、黑龙江亨滚河口对岸山上建永宁寺,并在寺前立碑。宣德七年(1432),亦失哈到达该地时,发现寺已被毁,次年(宣德八年,1433)就委官重建,又立碑纪事。这 2 块碑详细地记载了设置奴儿干都司的经过与亦失哈屡次宣谕镇抚其地的情况。永宁寺虽久已埋圮,但 2 块碑一直屹立原地。清光绪十一年(1885),曹廷杰奉清政府及吉林将军之命对被沙俄侵占地区进行调查,将碑文拓下携回,披露于世。原碑至今还保存在俄罗斯哈巴罗夫斯克(伯力)的博物馆中。

---

〔1〕参见杨旸,袁闾琨,傅朗云编著:《明代奴儿干都司及其卫所研究》,中州书画社 1982 年版,第 39 - 43 页,第 68 - 71 页;杨旸主编:《明代东北疆域研究》,吉林人民出版社 2008 年版,第 67 - 76 页。

宣德十年(1435)，奴儿干都司被撤销，其下属的卫所仍继续存在。不过由于上一级建置取消了，明朝对这些卫所的控制也减弱了。

4.1.1.3 《永宁寺记》与《重建永宁寺记》

4.1.1.3.1 《永宁寺记》

最早把永宁寺2块碑记的内容传播开来的应属《柳边纪略》的作者杨宾，康熙年间浙江人，清代著名学者。而最先通读永宁寺2块碑记的应为《西伯利东偏纪要》等书的作者曹廷杰，湖北枝江人，清代著名的东北历史地理学家。他不畏艰险，身履其境，亲手对碑文进行捶拓，又对碑文的汉字进行了识别著录。其《东北边防辑要》首次著录《永宁寺记》汉字362字，著录《重建永宁寺记》汉字344字，还画出2块碑在黑龙江下游的具体地理位置。其后，《吉林通志》、《黑龙江志稿》等对2块碑记均作了著录。《吉林通志》著录《永宁寺记》

永宁寺碑

汉字468字，著录《重建永宁寺记》437字；《黑龙江志稿》著录《永宁寺记》汉字897字，著录《重建永宁寺记》677字；1929年，日本人内藤虎次郎(内藤湖南)参阅几种碑文照片和拓本，著录《永宁寺记》汉字900字，著录《重建永宁寺记》686字；后来，罗福颐的著录汉字又超过内藤，《永宁寺记》又增识46字，达到946字，《重建永宁寺记》也增识113字，达到799字。

近年来，中国史学界对永宁寺2块碑文的研究工作又有了新的进展。但由于碑记年久风化，剥落严重，虽经过多次考释，仍有多字无法识别，尚待今后识补。对《永宁寺记》与《重建永宁寺记》2碑汉字释文情况，见表4-1。

对碑记考释体例：碑文中阿拉伯数字是碑文行次；缺文以方框"□"为记；考释增补、校文外加括号"()"表示；字数不明的以删节号"……"为记。

·欧·亚·历·史·文·化·文·库·

表4-1 《永宁寺记》与《重建永宁寺记》录文情况表

作　者	论著名称	《永宁寺记》汉字释文字数	《重建永宁寺记》汉字释文字数
曹廷杰	《东北边防辑要》	362	344
长　顺	《吉林通志》	468	437
万福麟监修、张伯英总纂	《黑龙江志稿》	897	677
内藤虎次郎（号湖南）	《奴儿干永宁寺记补考》，载《内藤湖南全集》	900	686
罗福颐	《满洲金石考》	946	799
钟民岩等人	《明代奴儿干永宁寺碑记校释》	1026	865
杨旸、袁闾琨、傅朗云	《明代奴儿干都司及其卫所研究》	1037	874
杨旸主编	《明代东北疆域研究》	1040	876

下诏修建奴儿干永宁寺的明朝永乐皇帝是明太祖朱元璋的四子朱棣。《永宁寺记》撰刻于永乐十一年（1413）。碑文竖刻，刻字30行，正书，每行62字，6、7、12行顶两格，11、15行顶一格。20行至30行镌刻职官姓名，比正文低19格起书，字体较小。正面额题"永宁寺记"，为横排大字正书。竖刻正书"敕修奴儿干永宁寺碑记"。

永宁寺碑侧面

【碑文】

敕修奴儿干永宁寺碑记

伏闻天之德高明，故能覆帱；地之德博厚，故能持载；圣人之德神圣，故能悦近而服远，博施而济众。洪惟我朝统一以来，天下太平五十年矣。九夷八蛮，梯山航海，骈肩接踵，稽颡于阙廷之下者，民莫枚举。

惟东北奴儿干国，道在三译之表，其民曰吉列迷及诸种野人杂居焉。皆闻风慕化，未能自至。况其地不生五谷，不产布帛，畜养惟狗。或野人养狗驾□，运用诸物，或以捕鱼为业，食肉而衣皮，好弓矢。诸般衣食之艰，不胜为言。是以皇帝敕使三至其国，招安抚慰，□□安矣。

圣心以民安而未善，永乐九年春，特遣内官亦失哈等率官军一千余人，巨船二十五艘，复至其国，开设奴儿干都司。昔辽、金畴民安故业，皆为尧舜之风，今日复见而服矣。遂上□朝□□□都司，而余人上授以官爵、印信，赐以衣服，赏以布钞，给费而还。依土立兴卫所，收集旧部人民，使之自相统属。

十年冬，天子复命内官亦失哈等载至其国。自海西抵奴儿干及海外苦夷诸民，赐男妇以衣服、器用，给以谷米，宴以酒馔，皆踊跃欢忻，无一人梗化不率者。上复以金银等物为择地而建寺，柔化斯民，使知敬顺。

□圣□□相□之瑞。十一年秋，卜奴儿干西，有站满泾，站之左，山高而秀丽。先是，已建观音堂于其上，今造寺塑像，形势优雅，粲然可观。国之老幼，远近济济争趋。□□高□□□□□威灵，永无厉疫而安宁矣。既而曰："亘古以来，未闻若斯。圣朝天□民□□□上忻下至，吾子子孙孙，世世臣服，永无异意矣。"

以斯观之，万方之外，率土之民，不饥不寒，欢忻感戴难矣。尧、舜之治，天率蒸民，不过九州之内，今我□□□□□□□□□，蛮夷戎狄，不假兵威，莫不朝贡内属。《中庸》曰："天之所覆，地之所载，日月所照，霜露所坠，凡有血气者，莫不尊亲，故曰配天。"正谓我□朝盛德无极，至诚无息，与天共体，斯无尚也，无盛也！故为文以记，庶万年不朽云尔。

永乐十一年九月廿二日立

钦差内臣：亦失哈、成□、张童儿、张安定。

镇国将军都指挥同知：张旺。

抚总正千户：王迷失帖、王木哈里。

玄城卫指挥：失秃鲁苦、弟秃花、妻叭麻。

指挥：哈彻里、□蓝、王谨。

87

弗提卫指挥佥事秃称哈、母小彦。

男弗提卫千户纳蓝。

千户:吴者因帖木儿、宁诚、马兀良哈、朱诚、王五十六、□□、黄武、王□君、□……

百户:高中、刘官永奴、孙□、□得试奴、李政、李敬、刘赛因不花、傅同、王里帖木、韩□、张甫、金卫、□原、高迁、叶胜、□□……赵锁古奴、王官音保、王阿哈纳、崔源、里三、□□□、□栻、康速合、阿卜哈、哈赤白、李道安、□道、阎威□。

总旗李速古。

所镇抚:王溥、戴得贤、宋不花、王速不哈、李海赤、高歹都、李均美。

都事:席□。

医士:陈恭、郭奴。

□总吏:黄显、费□。

监造:千户金双顶。

撰碑记:行人铜台邢枢。

书丹:宁宪。

书蒙古字,阿鲁不花。

书女真字,康安。

钻字匠,罗泰安。

来降快乐城安乐州千户:王儿卜、木答兀、卜里哈。

卫镇抚:阿可里、阿剌卜。

百户:阿喇帖木、咬纳。

所镇抚:赛因塔、把秃不花、付里住、火罗孙。

自在州:□剌□哈、哈弗里的、阿里哥出。

百户:满秃□。

木匠作头:石不哥儿、金卯白、揭英。

妆塑匠:方善庆、宋福。

漆匠:李八回。

□匠：黄三儿、史信郎。

　　烧砖瓦窑匠：总旗熊闰、军人张猪弟。

　　泥水匠：王六十、张察罕帖木。

　　奴儿干都指挥同知：康旺。

　　都指挥佥事：王肇□、佟答剌哈。

　　经历：刘兴。

　　吏：刘妙胜。

【释读】

《永宁寺记》以该碑横书碑额"永宁寺记"4个字为碑文题目。

正文第1段意思为：当今皇上降诏修建奴儿干永宁寺的碑文记录。

第2段意思是，听说天的品德高尚而不昭著，所以能像帷帐那样覆盖万物；地的品德广博而又深厚，所以能像船舶那样装载万物；圣人的品德神圣而又崇高，所以能使近处的人民对他心悦，远处的人民对他诚服，他又能拿出很多的施舍去救济很多人。正因为我大明皇帝福大，所以自全国统一以来50年，天下太平。周边许许多多的少数民族，翻山过海，一个接一个、一个挨一个地来到帝京朝拜称臣的人们数也数不清。

"梯山航海"是古汉语常用词语。"梯山"，像爬梯子而上，形容道路艰险，这里译成"翻山过海"。

第3段意思是，只有东北地区的奴儿干国，远在转译再三的民族区域。那里的居民有叫"吉列迷"的，与好多种野人杂居相处。他们听说圣朝伟大而敬慕，尚未亲自去京都。何况那个地方不生长五谷，不生产布帛，养的牲畜只有狗。野人们或是养狗拉爬犁，运载器用等物；或专门从事捕鱼，吃的是鱼肉，穿的是鱼皮，又喜欢玩弄弓箭。各种谋求衣食的困难，几乎难以用语言形容出来。只因为天朝派遣钦差大臣三次巡视奴儿干国，安抚了各个民族，民众才安居乐业。

其中，"养狗驾□"作"养狗驾舟"，"舟"字是参照其文献填补；"□□安矣"作"民众才能安居乐业"，"民众"依上下文意思填补。

第4段意思是，圣上考虑到人民虽然安定了，但还没有达到善良的境地。所以在永乐九年(1411)春季,特意派遣宫廷内官(太监)亦失哈等官员率领官军千余人,分乘 25 艘大船,又来到奴儿干国,设立了奴儿干都司都指挥使司衙门。昔日辽金时期居民后裔已经安心从事他们世代相传的生产事业,尧舜上古时代淳朴敦厚的风尚,今天又看到了,因而臣服了。于是向朝廷上书,请求遴选都指挥使司前来供职,而那些都指挥使司以外的土人,圣上都量才授官,授予印信,颁赐朝服等物品。赏给布匹钱币,赏赐完毕才回返。按照地域远近宽窄分别设置卫所机构,派各族各部头人回去收集旧部人民,使他们自己人管理自己人。

其中,"遂上□朝□□□都司"作"于是向朝廷上书,请求遴选",是按照上下文的内容语气填补的。

第 5 段意思是,永乐十年(1412)冬天,皇上又命令内官亦失哈等运载衣服、器物等达到奴儿干地区。自海西女真人地区到奴儿干地方和海外苦夷(系指库页岛民族)等民族地区,不论男女都赏赐衣服、器用,发给谷米,宴会上有美酒佳肴,人人欢欣跳跃,没有一个不被感化的人。皇上又用金银等物选择地点修建寺庙,去感化那里的人民,使他们懂得尊敬服从。

第 6 段意思是,圣朝以相趋之瑞。永乐十一年(1413)秋,占卜得知奴儿干以西有满泾站,该站在左边,山高而秀丽。在此以前已建筑一座观音堂在那里,今天修造一座佛寺,雕塑佛像,更是"形势优雅,粲然可观"。奴儿干地区的男女老幼,远近众多的居民争先恐后来朝圣。而且天高地厚而常显威灵,保佑这一方永远没有灾害和疾病而得到安定啊。不久就有人说:"自古以来,从来没有听说过这般显灵的佛。伟大的皇明王朝的天下人民来归顺,首领们高兴,百姓们来归,我们子子孙孙,世世代代臣服于圣朝,永远不会变心。"

其中,"□圣□□相□之瑞"句作"圣朝以相趋之瑞"中的"朝以"、"趋"三字按照文章填补。"□□高□□□□□威灵"句作"且天高地厚而常显威灵"释读的"且天"、"地厚而常显","圣朝天□民□□□上忻下至"句作"皇明王朝的天下人民来归顺"释读的"下"、"来归顺",均按文意填补。

第 7 段意思是,由此看来,本朝州县以外,所有设置卫所地区的居民,有饭吃,有衣穿,欢欣感恩戴德,做到这一点是不容易的。尧舜时期那么好的治理,上天赐给的人民,也局限在九州之内。今天,我朝统一天下,太平 50 年,不需用兵,蛮夷戎狄都来朝贡归服。《中庸》说得好:"天所覆盖的,地所承载的,日月所照耀的,霜露所降落的,凡是有血气的人,没有一个不懂得尊君亲父的道理,所以称为与天相配。"正是说的我圣朝的功德无比伟大,最为诚挚而且永远诚挚下去,和天一样永远存在,这是无比的高尚,无比的兴盛啊!所以才镌刻下这块碑文(永宁寺碑文)记载这件大事,好让这件事万古千秋不致磨灭,说的就是这么一个道理。

其中,"我□□□□□□□□□"释读为"我朝统一天下,太平五十年",据文意填补。"我□朝"作"我圣朝",也据文意填补。

第 8 段,为立碑时间,以上为碑的正文。从第九段开始,碑上的记载不便于再译,现照录原文如下,有的地方略加诠释。

第 9 段,"钦差内臣:亦失哈、成□、张童儿、张安定",这 4 个人都是宦官。其中,"成□"释读为"成胜",是依据金毓黻存藏永宁寺碑文拓本照片(现藏于吉林省社会科学院图书馆)而考识的。《李朝世宗实录》作"昌胜",应为"成胜"音转。

第 10 段,"镇国将军都指挥同知:张旺"。镇国将军是官衔,都指挥同知是职衔。

第 11 段,"抚总正千户:王迷失帖、王木哈里"。抚总是官衔,正千户是职衔。王是少数民族冠以的汉姓,此类情况,以下还有。王木哈里,据明《三万卫选簿》记载曾任三万卫指挥金事,女真人。

第 12 段,"玄城卫指挥:失秃鲁苦、弟秃花、妻叭麻"。玄城卫设在今黑龙江省富锦附近。失秃鲁苦,据《明英宗实录》卷 14 记载又作"秃鲁花"。

第 13 段,"指挥:哈彻里、□蓝、王谨"。《明太宗实录》卷 85 记载,王谨曾任辽海卫指挥,扈从亦失哈于永乐九年(1411)巡抚奴儿干地区。

第 14 段,"弗提卫指挥佥事秃称哈、母小彦",弗提卫是松花江下游的一个大卫,今黑龙江省富锦西古城遗址即其卫治所。母小彦就是《明宣宗实录》卷 13 记载的"母佟氏"。

第 15 段,"男弗提卫千户纳蓝","纳蓝"即男"纳蓝",也是《明实录》所记载的"恼纳"。

第 16 段,"千户:吴者因帖木儿、宁诚、马兀良哈、朱诚、王五十六、□□、黄武、王□君、□……"吴者因帖木儿,《李朝实录》作"禹者颜帖木儿"。宁诚,据明《三万卫选簿》记载:汉族、安徽宿县人。马兀良哈,建州人。朱诚,辽东嵒州人。

第 17 段,"百户:高中、刘官永奴、孙□、□得试奴、李政、李敬、刘赛因不花、傅同、王里帖木、韩□、张甫、金卫、□原、高迁、叶胜、□□……赵锁古奴、王官音保、王阿哈纳、崔源、里三、□□□、□杕、康速合、阿卜哈、哈赤白、李道安、□道、阎威□"。"□得试奴",据《三万卫选簿》记载应为"王得试奴"。赵锁古奴曾于宣德三年(1428)扈从亦失哈巡抚奴儿干地区。王官音保,据《明宣宗实录》卷 103 记载又作"官音保",辽东自在州女真人,曾去奴儿干地进行招抚。崔源,曾多次招抚海西、奴儿干等地。阿卜哈,《明太宗实录》卷 66 记载作"阿不哈",均为同一人。哈赤白,据《三万卫选簿》记载哈赤白曾为三万卫百户,扈从亦失哈前往奴儿干地区。

第 18 段,"总旗李速古",《明宣宗实录》卷 36 记载作"速古",没有冠汉字"李",同为一人。此人不但参加经略奴儿干地区,还参与招谕图们江杨木答兀的活动。

第 19 段,"所镇抚:王溥、戴得贤、宋不花、王速不哈、李海赤、高歹都、李均美"。宋不花,据出土《宋国忠墓志》刻文,女真人,世居鞍山,钦驻定辽中卫,永乐十一年(1413)扈从亦失哈招谕奴儿干地区。王速不哈,女真人,弗提卫人,据《明宣宗实录》卷 76 作"速木哈",速木哈与王速不哈当同一人,王系冠汉姓。高歹都,女真人,属呕罕河卫,后移三万卫,永乐十一年从亦失哈经略奴儿干地区。李均美,女真人,三万卫人。据《三万卫选簿》记载为三万卫左所镇抚,曾参与经略明代东北疆域奴儿干地区。

第 20 段，"都事：席□"。

第 21 段，"医士：陈恭、郭奴"。

第 22 段，"□总吏：黄显、费□"。

第 23 段，"监造：千户金双顶"。

第 24 段，"撰碑记：行人铜台邢枢"。行人，官名。明代设行人司，行人官，掌传旨、册封等事。铜台，地名。邢枢，"德行文学"，所以才为"撰碑记"者。《异域周咨录》记载，邢枢 3 次往谕奴儿干地区。

第 25 段，"书丹：宁宪"。书丹，以朱笔在碑石上写字，以待镌刻。宁宪为汉族，书永宁寺碑汉字。

第 26 段，"书蒙古字，阿鲁不花"。阿鲁不花为蒙古族，书永宁寺碑蒙古字。

第 27 段，"书女真字，康安"。康安为女真族，书永宁寺碑女真字。

第 28 段，"钻字匠，罗泰安"。

第 29 段，"来降快乐城安乐州千户：王儿卜、木答兀、卜里哈"。快乐城、安乐州均设在辽宁开原。木答兀，《华夷译语》《女真译语》作"杨木答兀"。卜里哈，《明太宗实录》卷 72 记载为"不里哈"。

第 30 段，"卫镇抚：阿可里、阿剌卜"。

第 31 段，"百户：阿喇帖木、咬纳"。阿喇帖木，据《明太宗实录》卷 59 记载又作"阿里帖木"，曾居住开原城内为三万卫人，有条件去往奴儿干地区。咬纳，《明宣宗实录》卷 66 记载曾居住在"辽东安乐州"，也有条件去往奴儿干地区。

第 32 段，"所镇抚：赛因塔、把秃不花、付里住、火罗孙"。赛因塔，《明宣宗实录》卷 48、49 均有记载，居住在东宁卫，有条件经略奴儿干地区。把秃不花，《明太宗实录》卷 40 记载为"八秃卜花"。付里住，《明太宗实录》卷 62 记载，又称"弗里出"，原为敷答河千户所镇抚，后迁入东宁卫。火罗孙，据《明太宗实录》卷 62、64 记载，原居"忽儿海地"，后迁居东宁卫。

第 33 段，"自在州：□剌□哈、哈弗里的、阿里哥出"。"□剌□

·欧·亚·历·史·文·化·文·库·

哈",《明太宗实录》卷179记载为"把剌答哈",并记载原居木剌河卫,后迁入辽东自在州。哈弗里的,据明《三万卫选簿》所记载,安乐州千户"哈弗里替"即是《永宁寺记》的"哈弗里的"。阿里哥出,据《明宣宗实录》卷30记载,又称"王阿里哥出",是冠以汉姓"王",并记载居于辽东安乐州。

第34段,"百户:满秃□"。

第35段,"木匠作头:石不哥儿、金卯白、揭英"。

第36段,"妆塑匠:方善庆、宋福"。

第37段,"漆匠:李八回"。

第38段,"□匠:黄三儿、史信郎"。

第39段,"烧砖瓦窑匠:总旗熊闻、军人张猪弟"。

第40段,"泥水匠:王六十、张察罕帖木"。据《明仁宗实录》卷11记载为"察罕帖木",即是《永宁寺记》的"张察罕帖木",冠以汉姓张,是弗提卫人。弗提卫是松花江、乌苏里江的要冲重镇,是通往奴儿干地区要道。张察罕帖木扈从亦失哈经略明代东北疆域奴儿干地区,当是很自然的事情。

第41段,"奴儿干都指挥同知:康旺"。康旺,又作"东旺","本鞑靼人",即女真水达达人。永乐年间,因父亲有功,以父荫授予三万卫千户,后为东宁卫指挥使。因功卓显著,永乐七年(1409)被明朝任命为奴儿干都司第一任最高长官都指挥同知。

第42段,"都指挥金事:王肇□、佟答剌哈"。金毓黻存藏碑文拓片清晰可以识别为"王肇舟"。《明实录》作"王肇舟"。《八旗满洲氏族通谱》作"王肇州"。原为东宁人。守边有功,永乐七年被明廷任命为奴儿干都司都指挥金事。佟答剌哈,女真人,谙习少数民族风俗习惯,故永乐七年被任命为奴儿干都司都指挥金事。

第43段,"经历:刘兴"。经历设于永乐七年。刘兴,原系辽东开原三万卫左千户所。

第44段,"吏:刘妙胜"。据明《三万卫选簿》记载可知,刘氏家族先后参加奴儿干都司衙门政务,担负吏的职务。

最新著录《永宁寺记》汉文释文达到1040字,并考释了《永宁寺记》题名41人的身世及经略奴儿干地区历史事实。

4.1.1.3.2 《重建永宁寺记》

《重建永宁寺记》镌刻于明宣宗宣德八年(1433),比《永宁寺记》略高,为6尺2寸,也比《永宁寺记》宽,为3尺6寸7分。碑文也是竖刻,共30行,正书,每行44字。一行低一格。4、7、8、10、11、12、14、15、17行顶一格。22行至30行记载职官姓名,字体较小。《重建永宁寺记》仅用汉文一种文字。该碑正面横书额题为"重建永宁寺记"。

【碑文】

重建永宁寺记

惟天之高覆,四时行,万物生焉;地之厚载,二气合,万物育焉;圣人之至德,五常明,万姓归焉。故尧舜仁昭而□□□所化□,无为而治。后世□闻□者,恭惟我圣朝布德施惠,□而愈明,天下归服,隆盛久矣。是以蛮夷戎狄,闻风向化,而□贡者,络绎不绝。

惟奴儿干国远□□之表,道万余里,人有女直或野人、吉列迷、苦夷。非重译莫晓其言,非威武莫服其心,非乘舟难至其地,非

重建永宁寺碑

□林难处其居。风俗之异,弗能备举。洪武间,遣使至其国而未通。永乐中,上命内官亦失哈等,□锐驾大航,五至其国,抚谕□安,设奴儿干都司,其官僚抚恤,斯民归化,遂捕海青方物朝贡。上嘉其来,赐爵给赏,劳慰还之。朝廷尤虑未善,更命造寺,使柔化之。

十一年秋,择地满泾之左,创寺塑佛,曰"永宁寺"。国民仰观,忻然皆曰:"我地亘古以来,未□有此□□也!"

宣德初，复遣太监亦失哈部众，再至。以当念圣天子与天同体，明如日月，仁德之大，恩泽之渥，谕抚之□其民悦服。且整饰佛寺，大会而还。

七年，上命太监亦失哈同都指挥康政，率官军二千，巨船五十，再至。民皆如故，独永宁寺破毁，基址存焉。究□之，其□人吉列迷毁寺者，皆悚惧战栗，忧之以戮。而太监亦失哈等体皇上好生柔远之意，特加宽恕。斯民谙者，仍宴以酒，给以布物，愈□抚恤。于是人民老少，踊跃欢忻，咸啧啧之曰："天朝有仁德之君，乃有贤良之佐，我属无患矣！"时众议西郊□建原寺，敢不复治。遂委官重造，命工塑佛，不劳而毕。华丽典雅，优胜于先。国人无远近皆来顿首，谢曰："我等臣服，永无疑矣。"

以斯观之，此我圣朝聪明德傅，道高尧、舜，存心于天下，加惠于穷民，使八蛮四裔，多士万姓，无一饥寒者。其太监亦失哈、都指挥康政，尤能宽仁厚恕，政治普化，服安蛮夷，懿欤尚矣！伟欤懋哉，正谓圣主布德施惠，非求报于百姓也；郊望禘尝，非求报于鬼神也。山致其高，云雨起焉；水致其深，蛟龙生焉；君子致其道德，而福禄归焉。是故有阴德必有阳报，有隐行必有昭名，此之谓也。故为文记，万世不朽云。

大明宣德八年癸丑岁季春朔日立。

钦差、都知监、太监：亦失哈。

御马监左少监白金。

内官：范桂、潘昂、阮落、阮蓝、阮通。

给事中：□昂。

辽东都司都指挥：康政。指挥：高勖、崔源、高□、李□、杨龙、王□、王□……康福、徐监……金宝、金振、崔越、刘三、□□、□□、丁振、杨越、刘□、王□……王胜、王宣、高□、□□、马旺、黄督、马口……徐□、王达。

太医院医士：吕谦。

□□等卫指挥：蒋旺、□□、王□、杨春、陆兴。

海西□城等卫指挥:木塔兀哈、弗家奴、李希塔、木刀兀、李□马剌、□□木儿哈、周英、□□、金海……□□□、□英、□□。

通事:百户康安。

书丹:鄜人张犹。

吏:王□、□□□、□□、□成。

画匠:□升、孙义。

木匠:□成。

石匠:□□、余海。

泥水匠:□□。

铁匠:雷遇春。

奴儿干都指挥:康福、王肇舟、佟胜。

经历:孙□。

吏:刘观。

【释读】

"重建永宁寺记"为第1段题铭,因原永宁寺被捣毁而重新修建,捣毁原因不详。碑阴和碑侧没有镌刻其他文字。碑文考释体例与《永宁寺记》相同。

第2段,意思是"有天的高高覆盖,四季运行,万物在这里生长;有地的厚厚承载,阴阳二气相结合,万物在这里发育;圣人的最高道德,伦理五常'仁义礼智信'关系清楚,天下百姓归服。所以尧舜时代的仁政的光芒而在我圣朝所感化的这一地方,变成了无为而治的乐土。后代那些闻道的人,一定会推崇我伟大的皇明王朝实行德治而给予惠赠,使那些昭著的政绩更为昭著,天下的民众都来表示臣服,兴隆强盛已经很久了,因此那些周边少数民族闻风归向,接受感化而来朝见,来进贡的人络绎不绝。"

其中"□□□所化□"作"我圣朝所化焉"的"我圣朝"、"焉"字,按文意填补。"后世□闻□者"的"之"、"道",亦据文意填补。"□而愈明"作"昭"字,是考金毓黻存藏重建永宁寺碑拓本增补的。"而□贡者"作"朝贡者"的"朝"字,是据文意填补。

第 3 段,意思是"只有那奴儿干国,远在转译再三的语言区之外,相距 1 万多里路程,那里的人有女真或野人女真、吉列迷、苦夷等,不经过几次转译就无法听懂他们的语言,不用武力威慑就无法使他们心悦诚服,不坐船就很难到达那个地方,不靠近树林就难以安排他们的住处。风俗的不同,真是举不胜举。洪武年间,曾派人到达那个国度,但没有沟通往来。永乐年间,皇上命令内官亦失哈等,以强大的船队远航 5 次到达奴儿干国,招抚、劝告、慰劳、安抚他们,设立奴儿干都司都指挥使司,那里的长官僚佐抚恤百姓,那里的人民归化朝廷,于是捕捉海东青、健鹰等土特产到朝廷进贡。皇上嘉奖他们的到来,赐给他们官爵,赏给他们衣物,慰劳他们一番,送他们回去。朝廷还顾虑他们仍没有变好,进一步命令地方官前往建造佛寺,使神佛之力去软化他们。"

其中"远□□之表"作"远在转译再三语言区之外"的"转译再三"是依据《永宁寺记》的"道在三译之表"其意而填补的。"非□林难处其居",作"非依林难处其居"的"依"字,据文意填补;而"林"字,是考金毓黻拓本照片而增补的,此字为"林"字已经无疑。"□锐驾大航"作"以锐驾大航"的"以"字,是据文意填补。"抚谕□安",作"抚谕慰安"的"慰"字,是考金毓黻拓本照片而增补。野人女真包括鄂伦春、赫哲等民族的先世。

第 4 段,"永乐十一年秋天,选择了满泾站黑龙江右岸,创建佛寺,塑造佛像,命名'永宁寺'。国民们引颈观望,兴高采烈地说:'我们这个地方自古以来,不曾有过这样的壮举啊!'"其中"未□有此□□也",作"不曾有过这样的壮举啊"的"曾"、"壮举"等字,据文意填补。

第 5 段,"宣德初年,又派遣太监亦失哈率领部下再去奴儿干地区,应当想到伟大的皇帝与上天是同一体统,像太阳和月亮那样光明,用他的大仁大德和厚恩厚泽去教育和慰抚人民,因而人民心悦诚服,并且修缮和粉饰一番佛寺,大会当地头人与官员,胜利回京。"其中"□其民悦服"作"因而人民心悦诚服"的"而"字,据文意填补。

第 6 段,"宣德七年,皇上命太监亦失哈和都指挥康政,率领 2000 名官军,分乘 50 只大船,再一次到达奴儿干。居民同往年一样,唯独永宁寺被毁坏了,寺基遗址还保留在那里。追诘当地人民,那些参加毁寺的吉列迷野人,都被吓得浑身打哆嗦,日夜担心被处罚。而太监亦失哈等人,领会皇上爱护生民、怀柔远方居民的心意,特别加恩宽恕了毁寺者。对前来访问求见的人,仍然摆酒席招待,赏给他们布匹器物,更加注意安抚和爱恤他们。于是老老少少的人民都蜂拥而至,兴高采烈、叽叽喳喳地说:'天朝有大德的皇帝,才能有如此贤良的助手,我们这些人就没有什么忧患的了!'此时,大家商议在衙署的西郊再建原来的佛寺,谁敢不重新修治。于是委派官员重新修造,命令工匠塑造佛像,不觉得劳累就完成了。华丽和雅致的程度,比旧佛寺还要优美得多。奴儿干地区的人民不分远近,都来叩头作揖,深深感谢地说:'我们永远臣服天朝,永远不会对天朝产生疑心了。'"

其中"究□之,其□人吉列迷毁寺者"作"追诘当地人民,那些参加毁寺的吉列迷野人"的"诘"、"野"字,是依文意填补。"愈□抚恤"作"更加注意安抚和爱恤他们"的"加"字,"西郊□建原寺"作"西郊再建原寺"的"再"字,均以文意填补。

第7段,其意为"由此看来,这是我伟大的皇朝智慧高明,功德渊博,威望高过尧舜,关心到了整个天下,施加恩惠于贫苦人民,使得八面的蛮族和四方的居民,许许多多的人和千千万万的普通老百姓,没有一个吃不上饭和穿不上衣的。那位太监亦失哈、都指挥康政,尤其能够放宽仁慈、倍加体谅,开明的政治使得广大人民普遍受到感化,使蛮夷都安于服管的地位,美啊!高尚啊!伟大啊!兴旺啊!正是说的伟大的君主广泛实行德治和给予恩惠,并不是想要老百姓对他有什么报答;祭祀天地山川,并不是想从鬼神那里得到什么好的报应啊。山达到一定的高度,云雨就从它那里形成;水达到一定的深度,巨蛟长龙就会在那里产生;君子达到了一定的道德标准,福气和官运就来到他身边。正由于这个缘故,所以凡是积阴德的人必有阳报,在不被人注意时多做好事就一定能名声大噪,就是说的这个道理。也因为这个缘故,才写了这篇碑文记载这件事,世世代代不会磨灭,如此而已。"

第8段,"大明宣德八年癸丑岁季春朔日立"。

第 9 段,"钦差、都知监、太监:亦失哈"。钦差,是天子亲自派遣的官员,是一种临时性差使。都知监,是监督都指挥使的朝廷官员。太监,就是亦失哈的本来身份,即宦官。

第 10 段,"御马监左少监白金"。御马监为宦官十二太监之一。御马监左少监白金,是一个在皇宫马厩里管马匹的官。

第 11 段,"内官:范桂、潘昂、阮落、阮蓝、阮通"。

第 12 段,"给事中:□昂"。

第 13 段,"辽东都司都指挥:康政。指挥:高勖、崔源、高□、李□、杨龙、王□、王□……康福、徐监……金宝、金振、崔越、刘三、□□、□□、丁振、杨越、刘□、王□……王胜、王宣、高□、□□、马旺、黄督、马□……徐□、王达"。其中"康政",原为辽东东宁卫指挥使。宣德七年同太监亦失哈"率官军二千,巨船五十"前往奴儿干地区经略明代东北疆域。"康福",鞑靼人。据《明宣宗实录》卷 81 记载,康福为奴儿干都司指挥使康旺之子,旺辞疾,康福代为本都司指挥同知。"马旺",据《三万卫选簿》载,三万卫人,宣德八年参与经略明代东北疆域奴儿干地区活动。

第 14 段,"太医院医士:吕谦"。

第 15 段,"□□等卫指挥:蒋旺、□□、王□、杨春、陆兴"。"□□等卫"作"金吾等卫",据《明宣宗实录》卷 31 而增补。

第 16 段,"海西□城等卫指挥:木塔兀哈、弗家奴、李希塔、木刀兀、李□马剌、□□木儿哈、周英、□□、金海……□□□、□英、□□"。"海西□城等卫"作"海西玄城等卫"的"玄"字,是据《明宣宗实录》卷 30 记载"玄城等卫"而增补的。木塔兀哈,又称"木答兀哈",为玄城卫指挥佥事。弗家奴,又称"佛家奴",为弗提卫人。木刀兀可能是玄城卫人。"□□木儿哈"作"□帖木儿哈"的"帖"字,是据《明英宗实录》卷 76 载而增添,呕罕河卫人,似应有汉姓。"金海……□□□"作"金海……王□华"的"王"、"华"是细核金毓黻拓本照片,二字清晰可识而增补。

第 17 段,"通事:百户康安"。通事,翻译官。康安根据史籍记载为女真人,但身世不详。曾为《永宁寺记》书女真字。宣德八年《重建永宁寺记》仅用汉文一种文字。此时,康安担任通事,官职为百户。

第18段,"书丹:郓人张㭎"。书丹,凡刻碑,先用朱笔在石碑上抄写碑文,叫书丹。《永宁寺记》的书丹人是宁宪;而《重建永宁寺记》的书丹人是张㭎,郓州人即今山东东平县西。汉族,故为《重建永宁寺记》唯一一种文字汉文立碑书丹。

第19段,"吏:王□、□□□、□□、□成"。吏,文秘一类官员。

第20段,"画匠:□升、孙义"。

第21段,"木匠:□成"。

第22段,"石匠:□□、余海"。

第23段,"泥水匠:□□"。

第24段,"铁匠:雷遇春"。

第25段,"奴儿干都指挥:康福、王肇舟、佟胜"。据《明宣宗实录》卷80记载,佟胜为佟答剌哈之侄。佟答剌哈"永乐中在边多效劳勤,升奴儿干都司都指挥佥事"等职。病故后,其侄佟胜"袭都指挥佥事"。

第26段,"经历:孙□"。

第27段,"吏:刘观"。据《三万卫选簿》记载,刘观原系"三万卫右所试百户"。户名刘妙胜,在《永宁寺记》镌刻职衔为"吏";而《重建永宁寺记》中刘观也为吏职。"吏"为文秘一类官员。由选簿可知,刘氏家族刘妙胜、刘观先后参与奴儿干衙门文秘一类工作。

最新著录整理的《重建永宁寺记》汉文释文达到876字,并考释了题名10人的身世及经略奴儿干地区的历史事实。这些看似枯燥乏味而且费力的考释工作,对明代东北亚边疆问题的研究大有裨益。

碑文《永宁寺记》镌刻着永乐九年(1411)春明朝对奴儿干地区

明代永宁寺记碑和重建永宁寺记碑

"赐以衣服"的铭文,十年(1412)冬又镌刻有赏"奴儿干及海外苦夷诸民,赐男妇以衣服"的碑文,还镌刻"布帛"铭文,布帛是丝、麻、锦织物的总称。《重建永宁寺记》也有铭刻明朝政府"给以布物"于奴儿干地区的记载。这些铭刻文字很重要,虽然文字不多,但它说明了一个重要问题,明朝赏赐给少数民族头人的衣服已经运往奴儿干及苦夷(库页岛)地区,这是历史事实,也是贡赏制度的结果。碑记铭文所载"衣服",是贡赏制度所赐的"袭衣"一类衣服。这种和平交往,加深了东北亚地区各族人民的传统友谊,特别是加深了中国黑龙江下游与日本北海道各族人民的友谊,也展示了中国服饰文化远播东北亚地区的溢彩。

永宁寺碑的背面高与宽和正面相同,镌刻着女真文和蒙古文。关于永宁寺碑的背面碑文,钟民岩等在《明代奴儿干永宁寺碑校释》一文已进行了研究,这里仅作一简单介绍。碑的背面女真文自右至左,竖写15行,其中第1、2、3、5、6、8、10行顶二格。碑文的女真文内容是碑正面汉字碑记的摘译,所以内容较汉文碑记简略。碑的背面还刻有蒙古文,而是自左至右,略占碑阴的一半。蒙古文碑文的内容,也是汉字碑记的摘译。同样,内容较汉文碑记简略。不过碑阴的碑额是用蒙古文书记。碑阴额题蒙古文为 nüergan yong ning si,意为"奴儿干永宁寺"。

永宁寺碑的左右两侧,各刻有四体文字的佛教"六字真言"。四体文字的"六字真言"分为两行。每行又分为上下两段。左上段用汉文,左下段用蒙古文,右上段用藏文,右下段用女真文,碑侧四体字附释音。其中佛教"六字真言":"唵嘛呢叭咪吽",意思是"佛法无边"。其他三体文意思相同。说明明王朝的统治势力到达了这里,而且对其牢固地统治着。永宁寺碑镌刻着汉、蒙、藏、女真四体文字的历史事实,有力地驳斥了沙皇俄国及前苏联一些历史研究学者为其政治需要而胡诌的什么"中国北方的国界是以约四千公里的长城为标志",只有汉族才是中国人,其他少数民族不算中国人;黑龙江流域"不曾有受中国管辖的居民";黑龙江是俄国人"发现和开发"的;"俄国人是黑龙江的第一批发现者"等等一套谎言。永宁寺碑镌刻的四体文是一件历史见证,任何人也否认不了。

永宁寺碑四体文的镌刻,不仅说明了明王朝对黑龙江下游奴儿干地区进行了有效的管辖,也说明我国是一个统一的多民族国家,在缔造我们伟大祖国的长期发展过程中,各部族人民都作出了自己的应有贡献。永宁寺碑四体文字的镌刻说明了汉、蒙、藏、女真等各族人民对共同丰富中华民族大家庭的文化、语言都作出了自己的应有贡献,是各族人民文化交流的硕果。[1]

4.1.1.4　亦失哈等明代官员巡视奴儿干地区

明朝政府除了委派官员对奴儿干都司所辖地区进行管理外,还经常派遣官员到奴儿干地区进行巡视。太监亦失哈等人先后多次巡视奴儿干都司及其附近地区(包括库页岛)。

永乐九年(1411),亦失哈奉命第 1 次巡视奴儿干地区,此次巡视共率官军 1000 余人,巨船 25 艘。亦失哈等第 2 次巡视奴儿干地区是在永乐十年(1412)冬,他们带去了大批生活和生产物资作为赏赐品,此次渡海到达库页岛,安抚了岛上各族居民。一派"踊跃欢忻"、"倾心内化"的景象,铭刻在当地各族群众的心坎上,也铭刻在永宁寺碑上,可以看出明朝对东北和北部边疆各族所采取的是让"斯民归化"的招抚政策,并收到积极效果。为了对当地各部族群众进行思想统治,亦失哈受明廷之命,就在这次巡视的基础上,于永乐十一年(1413)秋,择地满泾之左,造寺塑佛,曰永宁寺,当地"国之老幼,远近济济争趋",既而曰:"吾子子孙孙,世世臣服,永无异意矣。"同时,亦失哈、康旺等还以钦差和奴儿干都司大员的身份,抵达"海外苦夷"岛上进行巡视,接见了"苦夷"(库页)部民。

第 3 次、第 4 次、第 5 次亦失哈奉使奴儿干地区的时间尚无确切考证。第 3 次可能是在永乐十八年至二十年(1420—1422)之间,第 4 次可能是永乐末年,第 5 次也应当是永乐年间的事情。

第 6 次亦失哈奉命大规模出使奴儿干地区是在宣德元年(1426),

[1]参见杨旸,袁闾琨,傅朗云编著:《明代奴儿干都司及其卫所研究》,中州书画社 1982 年版,第 52 - 68 页;杨旸主编:《明代东北疆域研究》,吉林人民出版社 2008 年版,第 76 - 99 页。

这也是宣德朝的第 1 次远征。明宣宗令辽东都司支给"差往奴儿干官军三千人,给行粮七石,总二万一千石"[1]。此次巡视是亦失哈代表新即位的皇帝——明宣宗朱瞻基前往奴儿干"宣谕镇抚"。

宣德年间,内官亦失哈还有 2 次欲出使,即宣德三年(1428)和宣德五年(1430),但因故没有成行。但也将这 2 次统一算入亦失哈巡视奴儿干的活动之中。

第 7 次是宣德三年(1428),次年明政府即令召亦失哈等还京,此次巡视实际上也没有去成。在此之前亦失哈曾做了一些出使的准备工作,先于松花江造船运粮,但由于所费巨大,造船不易,且又烦扰军民等原因,明宣宗命亦失哈等还京。可见,因为出使需要很长时间准备,如果宣德三年夏季出使奴儿干,重建永宁寺碑、建寺需费时很久,而在四年(1429)江水冻结前要返回京师,无论如何是完不成任务的。

第 8 次是宣德五年(1430),明宣宗"初命辽东造船松花江,将遣使往奴儿干之地招谕"。八月,敕令都指挥康旺、王肇舟、佟答剌哈仍往奴儿干都司抚恤军民。这虽然没有明令指出亦失哈也在其中,但两个月后敕令取消了这次出使奴儿干的活动。由于"虏寇犯边"及因松花江造船之役繁重,许多军士逃入女真地区而影响造船进度,导致后来此次出使因士兵逃亡等多种原因而终止。

亦失哈等第 9 次巡视奴儿干地区是宣德七年(1432),这次是宣德年间第 2 次大规模的出使活动。此次巡视活动率官军 2000 人,巨船 50 艘。此次随同亦失哈前往奴儿干地区的还有辽东都司都指挥金事康政。此次前往奴儿干地区滞留时间较长,亦失哈等人抵达奴儿干地区后,见"民皆如故",因"永宁寺破毁",但寺"基址存焉",亦失哈等对"吉列迷毁寺者"没有采取惩戒手段,而是贯彻实行明王朝对少数民族采取"好生柔远"的政策,特加宽恕。对于前来谒见的民众,仍然以酒席相宴,并给以布物,大加抚恤。男女老少,踊跃欢欣,皆啧啧称叹:"天朝有仁德之君,并有贤良辅佐,我们都没有忧患了!"于是亦失哈又

―――――――――――

[1]《明宣宗实录》卷31,宣德二年九月乙巳。

委官重造永宁寺,命工塑佛,其华丽典雅,超过此前所建。远近民众皆来叩谢臣服。亦失哈等于宣德八年(1433)黑龙江、松花江结冰前返回北京。返回京城后朝廷对有功人员大加赏赐。

从这些史料记载中,我们也可看出奴儿干都司的官员和士兵一般都是2年轮流一次的。

综上所述,内官亦失哈等奉命出使奴儿干成功的有7次,另外还有2次欲出使,但因故未能成功,成功与未成功的共计9次。

明政府派遣亦失哈多次出使的目的主要是通过对东北边疆少数部族群众的"招谕"、"招抚"、"抚谕"、"抚慰",授以官爵、印信,赐以衣服,赏以布钞等活动,大力推进了明政权对奴儿干地区统一的历史进程,加强了对该地区的有效管辖。

因此,亦失哈等人奉命出使奴儿干地区活动的性质,是代表明政府行使国家职能的行动,而不是个人孤立的行为,也就是说亦失哈出使及巡视奴儿干地区,其实质体现了行使明代国家主权。亦失哈等人招抚奴儿干地区有其重要历史意义。简言之,主要表现有以下几个方面:

其一,亦失哈等人的巡视活动,贯彻了明政权对边疆地区的羁縻政策,加强了东北边疆各部族群众间的团结和融合。这方面首先由永宁寺碑文记载得到了充分的证明。经亦失哈等人招抚,宣传明朝盛德,并赐以布物,愈加抚恤,各族群众远近者皆来顿首,表示臣服。从这里不难看出,亦失哈等人贯彻执行明朝对东北北部疆域,特别是奴儿干地区的少数民族所采取的羁縻"柔化斯民"的民族政策是较为成功的,促进了各民族融合。

其次,促进和加强了奴儿干地区各少数民族和汉族人民的经济往来。应该指出,明初以来,黑龙江下游地区各族人民的生产状况,同汉族地区人民的生产力发展水平相比,尚处于较为落后的状态。这一地区的生产资料和生活资料,如粮食、盐、布帛、铁器等有相当数量都来自中原汉族地区。亦失哈等人出使奴儿干地区,将内地汉族人民出产的大批布帛、谷米、器用等生活、生产物资输送给诸女真部落和库页岛上

·欧·亚·历·史·文·化·文·库·

等部族。而这些东北边疆少数民族群众,又将东北出产的方物土产,如貂皮、珍珠、马匹、猎鹰等物资供应给内地,这样既促进了各族间的经济交流,又促进了奴儿干地区各少数民族经济生活的发展和生产技术的提高。

第三,促进了奴儿干地区各少数民族与汉族人民相互间的文化交流及共同提高。由于亦失哈、康政等人招抚奴儿干地区,随从中有很多精工巧匠,比如修建永宁寺的平民泥水匠王六十、画匠孙义、妆塑匠方善庆、铁匠雷遇春、烧砖匠熊闰等,他们把精湛的技艺传到了奴儿干地区,有利于各族间的技术文化交流和东北边疆的开发。

第四,加强了明政权对奴儿干地区的统治,维护了明王朝的统一。亦失哈等人率领军队,携带大批赏赐给东北边疆各部族群众的物资,多次深入到奴儿干地区各卫所,进行"宣谕"和"招抚"活动,这些活动推动了明朝对东北地区统一的历史进程,加强了明政权对奴儿干地区的有效管辖,使奴儿干地区各少数民族倾心内附,尽臣民之责,忠于明朝政权,充分表现了地方和中央的隶属关系。[1]

4.1.2 明代卫所制度

自精奇里江(今称结雅河)与黑龙江交汇处,直至乌苏里江流域,明代设置的卫所众多,星罗棋布,有些卫所的地理位置十分重要,有的就设置在通往奴儿干都司的"海西东水陆城站"的沿线,这些卫所担负着运送奴儿干地区官员的往来以及贡品、赏赐物品的使命。现以黑龙江流域的中下游地区、乌苏里江及库页岛等地的卫所为例加以说明。

4.1.2.1 奴儿干都司属下黑龙江中游地区的卫所设立

关于明代黑龙江中游地区卫所设立的时间及所在位置等情况详见表4-2。

---

[1] 参见杨旸,袁闾琨,傅朗云编著:《明代奴儿干都司及其卫所研究》,中州书画社1982年版,第72-83页;杨旸主编:《明代东北疆域研究》,吉林人民出版社2008年版,第103-108页。

表 4-2　奴儿干都司黑龙江中游地区卫所设立情况表

序号	卫所名称	设置时间	所在位置	备考
1	弗河卫	正统后增置	黑龙江右侧嘉荫县东南结列河流域	
2	扎真卫	永乐十三年八月己酉	设在佛山附近札伊河流域	
3	可令河卫	永乐五年正月戊辰	设在茂峰东南的舒林河流域	
4	木鲁罕山卫	永乐四年十二月己亥	今黑龙江与松花江合流处附近的黑龙江北岸穆哩罕山区	
5	哈剌察卫	正统后增设	今苏鲁河西的黑龙江北岸	
6	蜀河卫	嘉靖年间增设	今黑龙江北岸苏鲁河流域	
7	巴忽鲁卫		黑龙江中游	
8	真河千户所		黑龙江中游地区瞻河流域	
9	兀的罕千户所	永乐四年二月甲申	黑龙江中游地区瞻河流域	
10	弗提卫	永乐七年五月乙酉	黑龙江省富锦县古城	
11	吉滩河卫	永乐十四年八月辛酉	今黑龙江省同江、富锦一带	又名希滩河卫
12	玄城卫	永乐十一年五月	黑龙江省富锦县附近	或在永乐十一年之前
13	脱伦卫	永乐四年闰七月甲戌	黑龙江省桦川县对岸图勒河流域	
14	五屯河卫	永乐十二年九月乙酉	黑龙江省桦川县对岸梧桐河一带	又作伍屯河卫
15	弗思木卫	永乐十年八月丙寅	黑龙江省桦川县东北宛里城	
16	兀者托温千户所	永乐二年十月癸未	今松花江下游左岸支流汤旺河流域	又名兀者屯河千户所
17	屯河卫	永乐三年八月壬辰	今松花江下游左岸支流汤旺河流域	

续表 4 - 2

序号	卫所名称	设置时间	所在位置	备考
18	呕罕河卫	永乐六年正月甲戌	今黑龙江省依兰地注入松花江的窝肯河流域	
19	撒力卫	永乐三年二月甲午	今黑龙江省依兰县对岸巴兰河流域	又称撒里卫
20	卜颜卫	永乐四年闰七月癸酉	今黑龙江省木兰县白杨木河口附近	
21	斡朵伦卫	永乐十一年十月丙寅	今依兰县城西牡丹江与松花江合流处西岸马大屯	
22	木忽刺河卫	永乐六年二月丙申	今流入牡丹江五合林河流域	
23	兀刺忽卫	永乐十二年九月乙酉	今黑龙江省通河县呼拉荤河畔祥顺山附近	
24	哈三千户所	永乐四年二月丁丑	今黑龙江省通河县附近	
25	木伦河卫	明初设置	今通河县白杨木河支流穆棱河流域	
26	安河卫	永乐三年八月壬辰	今牡丹江西五道河子	
27	木兴河卫	永乐六年三月丁丑	今黑龙江省松花江支流蚂蚁河流域	
28	忽儿海卫	永乐七年三月丁卯	今黑龙江省依兰县旧城	又称忽鲁哈卫
29	忽鲁爱卫	永乐十三年十月辛卯	今牡丹江流域	
30	法因河卫	永乐八年二月乙巳	今牡丹江支流嘎牙河流域	
31	甫儿河卫	永乐八年二月戊戌	今黑龙江省东宁县东乌赫林河流域	
32	阿速江卫	永乐四年二月庚寅	黑龙江省宁安市附近	
33	和屯卫	正统后增设	今黑龙江省依兰县城西	
34	嘉河卫	永乐四年二月甲申	今黑龙江省宾县东枷板河流域	
35	肥河卫	永乐四年九月辛巳	今黑龙江省宾县西蓥克图河流域	

序号	卫所名称	设置时间	所在位置	备考
36	剌鲁卫	永乐六年三月丁丑	今黑龙江省蜚克图附近	
37	纳怜河卫	永乐四年	今松花江支流拉林河流域	
38	兀失卫	正统后增置	今拉林河流域	
39	兀者卫	永乐元年十二月辛丑	今黑龙江省呼兰河流域	
40	兀者左卫	永乐二年二月丙戌	今呼兰河流域	
41	兀者右卫	永乐二年十月辛未	今呼兰河流域	
42	兀者后卫	永乐二年十月辛未	今呼兰河流域	
43	哈流温千户所		今呼兰河流域	
44	兀也吾卫	永乐四年二月癸酉	今吉林省蛟河县北拉发站	
45	兀也吾右卫		今蛟河县北拉发站	
46	吾者揆野木千户所	永乐三年八月丙子	富克锦城东北科勒木洪库屯	又称窝集奎玛所
47	兀者稳勉赤千户所	永乐三年三月丁酉	估计设在松花江流域	
48	亦马剌卫	永乐四年闰七月甲戌	今黑龙江省硕罗河西岸的野马山区	
49	木兰河卫	永乐五年正月戊辰	今黑龙江省木兰县附近白杨木河流域	
50	阿者迷河卫	永乐六年二月丙申	呼兰河上游额依集密河流域	
51	纳剌吉河卫	永乐五年二月丙戌	今呼兰河支流纳剌吉河流域	
52	益实卫	永乐六年三月丁卯	今呼兰河流域	
53	益实左卫	正统十二年十一月壬寅	海西地区益实卫地附近	

续表 4 - 2

序号	卫所名称	设置时间	所在位置	备考
54	撒叉河卫	永乐六年二月丙申	三岔河与松花江交汇处附近	
55	亦东河卫	永乐十五年二月丙戌	今长春地区伊通河流域	
56	亦迷河卫	永乐十五年二月丙戌	今长春地区饮马河流域	
57	秃都河卫	永乐六年二月甲戌	今吉林省蛟河县推屯河流域	
58	亦里察河卫	永乐五年二月丙戌	今吉林省一拉溪河流域	
59	甫门河卫	永乐五年正月己卯	今吉林市南佛尔们河流域	
60	马英山卫	永乐四年	今吉林市南马烟岭附近	
61	弗鲁纳河卫	嘉靖年间增设	在马英山卫南边库呼纳河流域	
62	亦罕河卫	永乐四年	吉林市东北汇入松花江的亦罕河流域	
63	弗郎罕卫	正统后增置	今吉林市北富尔哈古城	
64	可河卫	永乐十二年三月庚辰	吉林城北噶哈山地区	
65	哈兰城卫	永乐五年正月戊辰	今吉林省海兰江北岸海兰城古城	
66	虎儿文卫	永乐三年正月丁巳	今吉林省温水河流域	
67	爱和卫	永乐七年八月戊午	今图们江上源阿也苦河流域	
68	亦马忽山卫	永乐十四年八月癸亥	今吉林市西南尼玛瑚山区	
69	吉河卫	永乐四年三月癸卯	推断距辽东都司北境不远	详址待考
70	塔山卫	永乐四年二月己巳	初设呼兰河流域,后来部族南迁	

序号	卫所名称	设置时间	所在位置	备考
71	塔鲁木卫	永乐四年二月庚寅	初置忽剌温江东松花江下游地区,后迁入开原小清河一带	《华夷译语》作"塔木鲁卫"
72	渚东河卫	永乐十三年十月辛卯	今吉林省珲发河支流珠敦河流域	又作渚冬河卫
73	察剌秃山卫	永乐六年正月甲戌	今吉林省英额边门外察尔图山地区	又作察剌兀山卫
74	成讨温卫	正统八年四月丙午	松花江支流汤旺河流域	又作诚讨温卫,卫印已出土
75	实山卫	永乐六年正月甲戌	今吉林市附近	卫印已出土
76	禾屯吉卫	永乐七年九月己卯	今吉林省安图县古洞河流域	卫印已出土
77	塔山左卫	正统十一年十月丁巳	初置今倭肯河、呼兰河之间地区,后沿松花江流域南迁入开原小清河一带	卫印已出土
78	扎肥河卫	永乐七年三月丁卯	今黑龙江、松花江交汇处扎肥河畔原扎斐屯	又写札肥河卫
79	兀剌卫	永乐十年八月丙寅	黑龙江、松花江交汇处北岸	
80	兀剌河卫	正统后增置	兀剌卫地附近	
81	所力卫	正统后增置	今松花江口稍下羌突里街	又称搜里卫
82	可木卫	永乐十年八月丙寅	今黑龙江省同江县东额图附近科木地方	又称可木河卫
83	乞勒尼卫	永乐七年十月癸巳	介于今抚远县境与比腊河流域一带	
84	考郎兀卫	永乐五年三月己巳	今黑龙江与松花江交汇处东的额图古城	

资料来源:参见杨旸,袁闾琨,傅朗云编著:《明代奴儿干都司及其卫所研究》,中州书画社 1982 年版,第 303 - 307 页;杨旸主编:《明代东北疆域研究》,吉林人民出版社 2008 年版,第 259 - 263 页。

成讨温卫指挥使司之印　　　　实山卫指挥使司之印

其中,明政府在弗河至毕瞻河与黑龙江交汇处的黑龙江南北地区共设置了 9 个卫所,即上表中的 1—9,其中有 7 个卫(弗河卫、扎真卫、可令河卫、木鲁罕山卫、哈刺察卫、蜀河卫、巴忽鲁卫),2 个千户所(真河千户所、兀的罕千户所)。除了巴忽鲁卫、真河千户所设置时间不详外,弗河卫、哈刺察卫、蜀河卫为正统后增设的,其余均为永乐年间设置的。

松花江流域广大地区共设置了 68 个卫所,即上表中 10—77,其中有弗提卫等 63 个卫,除了和屯吉卫、弗朗罕卫是正统朝以后设置,成讨温卫正统八年(1443)设置、塔山左卫正统十一年(1446)设置、益实左卫正统十二年(1447)设置、弗鲁纳河卫嘉靖年间设置,以及兀也吾右卫、哈流温千户所设置时间不详外,其余均为永乐年间设置;5 个千户所,即兀者托温千户所、哈三千户所、哈流温千户所、吾者揆野木千户所、兀者稳勉赤千户所。上述卫所中有些卫所人员,如弗提卫指挥佥事秃称哈、母小彦、男纳蓝、弗家奴,指挥同知王速不哈等,玄城卫指挥失秃鲁苦、弟秃花、妻叺麻,指挥佥事木塔兀哈等,曾先后扈从内官(太监)亦失哈经略奴儿干地区,为明代东北边疆稳定及行政建置作出了一定的贡献。

松花江与黑龙江交汇处至乌苏里江和黑龙江交汇处设立扎肥河卫等 7 个卫所,即上表的 78—84;除了兀剌河卫、所力卫是正统后设置的,其余均为永乐年间设置的。

综上可见,明政府在黑龙江中游地区共设置了 84 个卫所,其中 77 个卫、7 个千户所;以上卫所中永乐年间设置的有 69 个,正统后增置的

有 10 个,嘉靖年间设置 1 个,此外,还有 2 卫 2
所设置时间不详。[1]

塔山左卫之印

4.1.2.2　奴儿干都司属下黑龙江下游地区的卫所设立

从黑龙江、乌苏里江交汇处起,到黑龙江
入海口为黑龙江下游地区,包括乌第河、库页
岛等地区在内。奴儿干都司管辖着黑龙江下
游包括库页岛的诸民族。诸部族少数民族首领,不畏波涛之险、路途之
远,多次前往京师觐见入贡。

4.1.2.2.1　伯力附近地区卫所的设立

黑龙江与乌苏里江交汇处的伯力附近地区设立的卫所有:

古鲁卫,又称古鲁河卫。永乐十年(1412)八月或永乐二十年
(1422)十二月设于古鲁河流域。古鲁河,《康熙皇舆全览图》作“枯噜
河”,《盛京吉林黑龙江等处标注战迹舆图》作“库噜河”,《大清一统舆
图》记作“库鲁河”。古鲁、枯噜、库噜、库鲁,均为同一地的满语译音,
意为“高阜”。河在宁古塔东北 189 里,东南流入黑龙江,即黑龙江左
岸支流古鲁河,亦今库尔河流域,古鲁卫当设在此河流域。今在俄罗斯
境内。明王朝为了加强对古鲁卫地区的统治力量,仅永乐二十年
(1422)一次就任命了 35 人为“千户等职”,任命女真人头目为指挥等
职,以只古你为卫指挥。明朝对古鲁卫辖治的这种隶属关系,直到万历
五年(1577)十二月在《满文老档》中还有记载。另外,明朝在古鲁卫地
还设有古鲁千户所。

喜申卫。永乐八年(1410)十一月,“乞烈迷头目千塔奴等来朝,设
喜申卫,以千塔奴为指挥金事”。喜申卫置于希禅屯,即今黑龙江与乌
苏里江汇合处哈巴罗夫斯克(伯力)附近锡占河畔。“海西东水陆城
站”的“奴合温站”也设在喜申卫址。喜申卫建置与“乞烈迷”有关。乞

---

〔1〕详见杨旸,袁闾琨,傅朗云编著:《明代奴儿干都司及其卫所研究》,中州书画社 1982 年
版,第 110 – 152 页;杨旸主编:《明代东北疆域研究》,吉林人民出版社 2008 年版,第 131 – 162 页。

烈迷,唐代称为"郡利部",金代称为"吉里迷"或"济喇敏",元代称为"帖列迷"或"乞烈迷",明代称为"吉列迷"。吉列迷人居住地域广阔,分布在黑龙江下游,与分布在黑龙江中游抚远等地的赫哲等部为邻杂居。因此,乞烈迷建卫伯力附近是完全有可能的。

亦儿古里卫。永乐四年(1406)八月,兀兰等处女真野人头目乞剌尼、纽邻等来朝,置兀兰、亦儿古里、札木哈、脱木河、福山五卫。兀兰是兀剌的别译。兀剌,女真语"江"之意。兀剌一带居民居草舍,捕鱼为食,"暑用鱼皮,寒用狗皮",他们的村落大都邻近江边。亦儿古里卫设于"宁古塔东北",库鲁河东、黑龙江下游"江边"附近的伊尔库鲁地方,伊尔库鲁即今俄罗斯耶拉布加;那么,亦儿古里卫即设在今黑龙江下游俄罗斯哈巴罗夫斯克北耶拉布加地方。明朝对亦儿古里卫行使有效管辖直到明世宗嘉靖四十四年(1565)《满文老档》还有记载。

4.1.2.2.2 敦敦河流域卫所的设立

马失卫。《明会典》、《吉林通志》记载的均是嘉靖年间的增置。《明实录》失载。马失是穆苏的别译。马失卫设在穆苏屯,《满洲源流考》、《吉林通志》均记载穆苏屯与"敦敦窝集相近"。窝集,满语音译,意为"丛林"。《盛京通志》记载在宁古塔"城东北一千九百五十七里","西北流入混同江",即今俄罗斯境内的辛达斯克附近。今地详址仍待考证。

哈儿分卫。永乐十二年(1414)九月设立。哈儿分,又作哈里宾,此地金代属胡里改路管辖。哈儿分,在元代作合里宾,又称哈州城,是元代经营黑龙江下游地区的重要据点。元代在哈儿分设"兀者野人乞列迷等处诸军万户府",又是元代重要站赤之一,从"辽阳路庆云(今辽宁开原西北庆云堡)至哈里宾",共设28个驿站,每驿给牛30头,车7辆,可见哈儿分是黑龙江下游要冲之地,是元代经略黑龙江下游的重要场所。明朝继承了元代辖治,在其基础上设卫,卫址在今黑龙江下游右岸阿纽依河口附近。哈儿分卫与"奴儿干等处"有关联,均在黑龙江下游。这里又是明代"海西东水陆城站"的"哈儿分站"。奴儿干与哈儿分之地的女真野人在同一通道上进贡,因此往往相偕赴京。明朝政府对哈儿分卫行使有效管辖,直到明穆宗隆庆三年(1569)《满文老档》中还有记载,这时哈儿分卫已设立了近160多年。

镇真河卫。正统后增设。镇真河卫是敦敦河卫的别译。镇真、敦敦均为满语音译,意为"小蝶"。镇真河卫设在黑龙江下游右岸今阿纽依河流域。

盖干卫。嘉靖年间设置。盖干卫是格根卫的别译。格根也作"盖青",盖青是赫哲的音变,可知这里属于赫哲人居住区。卫址当在黑龙江下游今阿纽依河口对岸原格根屯。

者帖列山卫。永乐六年(1408)设于女真野人地区。卫址在黑龙江下游右岸敦敦河口即今阿纽依河口附近的原绰拉题屯。明王朝为加强对者帖列山卫的辖治,各个时期都委派不少官员强化管理卫所事务,仅就《明实录》记载,宣德朝就委派近10名官员前往该卫就任,治理该卫事宜。直至万历九年(1581),据《满文老档》记载,明廷还委派官员对该卫进行统治。清初在这里设立"绰拉剔噶珊",设官镇守,征收赋税,完全继承了明代在这一地域的统辖权。清咸丰五年(1855)夏天,沙俄侵略者马克曾率领"考察队"非法闯入黑龙江,到达过这一带,在其《黑龙江旅行记》中记载了中国军民对他进行了严格审查,这也证明中国军民维护了国家领土主权的尊严。

撒儿忽卫。永乐四年(1406)十一月设于女真野人地区。撒儿忽在《辽东志》所记载之"海西东水陆城站"的"撒鲁温站"的萨尔布湖附近。元代曾在萨尔布地方设立撒鲁温站赤。明朝在元代站赤的基础上设立驿站,即"海西东水陆城站"的"撒鲁温站"。撒儿忽卫应置于黑龙江下游南岸巴勒尔河西萨尔布湖畔的萨尔布屯,即今黑龙江下游右侧宏加里河口的萨尔布湖,湖口有屯名萨尔布屯,撒儿忽卫当设在其地。其地理位置已记载于明清时期的图籍中。清继明后,继续对该地进行有效管辖。

卜鲁兀卫。永乐八年(1410)十二月设立。卫址当设在黑龙江下游右岸的必尔古河,即今黑龙江下游右岸宏格力河流域。

扎童卫、罕答河卫,也均设在撒儿忽卫、卜鲁兀卫附近,卫地相望,

·欧·亚·历·史·文·化·文·库·

地域相邻。卜鲁兀卫地在清初已形成了"阿枪人"（赫哲人一支）的村落叫作乌扎拉村。17世纪50年代这里发生过一次中国军民反击沙俄武装侵略的"乌扎拉村之战"，在清代抗俄斗争史上留下了光辉的一页。

4.1.2.2.3　格林河地区卫所的设立

继续沿着黑龙江东北行，到格林河口。格林河史书又记载为吉林河或格楞河、割林河，是黑龙江左岸一大支流之一。明代在格林河流域设立的卫所有：

葛林卫。永乐七年（1409）三月设于女真野人处。卫址在格林河（今俄罗斯格林河）流域。"海西东水陆城站"中的"忽林站"即设在格林河口之忽林屯。葛林卫设置后，明王朝为了加强对东北边疆地区葛林卫辖地的管理，任命过许多官吏管理卫事，治绩优异者还可以获得提升，如景泰年间曾提升该卫都指挥同知答鲁哈为指挥使。正德元年（1506）又提升卫指挥同知塔哈住为指挥使。直到万历二十七年（1599），《满文老档》还有关于明朝政府对葛林卫委派官员的记载，这时距葛林卫建置已经有190年的历史了。

忽石门卫。永乐七年（1409）三月，葛林河等处女真野人头目秃木里等110人来朝，明政府于其地设置忽石门卫等11卫。忽石门卫当设于今黑龙江下游左岸格林河口的忽林屯。"海西东水陆城站"的"忽林站"亦设在忽石门卫地。忽石门卫是明朝在黑龙江下游设置的重要卫所之一。据《明实录》记载，明王朝对这个卫的统治是极强的，卫所的活动也比较频繁。如明中央政权曾先后委派过约40名各级官吏到忽石门卫治理卫事，其中以兀笼哈治绩最为突出，因此几次得以晋升。天顺六年（1462）正月，升兀笼哈官职一级。成化三年（1467），又升兀笼哈一级。明政府对忽石门卫官吏管理以及其"升级"、"袭职"，直到万历二十年（1592）史书还有记载。

友帖卫。永乐六年（1408）三月，暖暖河等处女真野人头目普速等120人来朝，明政府置友帖等9卫。友帖卫所与"暖暖河"位置相关联。"暖暖河"，清代舆图中多记作"敦敦河"，是今黑龙江下游右侧一大支流阿纽依河。此河流域正是"女真野人"的分布地区,是女真赫哲部的中心。友帖卫地距离敦敦河即阿纽依河不会太远,当设在黑龙江下游右岸由忒河(今俄罗斯马奇托瓦亚河)口附近的由忒屯。友帖卫是黑龙江下游诸卫所中向明王朝进京朝贡次数较多的一个卫,每次的贡品都很丰富,朝贡人数也很庞大。如万历十六年(1588)十一月,一次到达北京朝贡的人数竟达183人之多。又如万历十九年(1591)三月,一次所贡马匹多达592匹。直到万历三十二年(1604)十月,友帖卫还向明朝补贡万历二十七年(1599)、二十八年(1600)2年所欠贡马共计352匹。从建卫到万历三十二年(1604),友帖卫建置已有194年的历史,而朝贡活动几乎贯穿了有明一代,大大促进了卫所内各民族的交往。

阿资卫,也称为阿者卫。永乐五年(1407)正月设立。其地在黑龙江下游右岸原阿济屯。阿资卫直到万历四年(1576)三月还进京贡马。

福山卫。有的史书又记载为福三卫。永乐三年(1405)八月,古儿伐里女真野人头目买罕等来朝,明廷命买罕等为福山卫指挥、千百户、镇抚等官,赐袭衣及钞币。福山卫设立,买罕即福山卫的头目。福山卫设在古儿伐里地方,即福山卫地与"古儿伐里"地名有关联,当设在黑龙江下游北岸绰洛河以西的斐森屯。"斐森"满语"人口稠密"之意。正统朝以后,明王朝在福山卫附近又增置一个弗山卫。

4.1.2.2.4　奇集湖附近的卫所设立

黑龙江下游右侧奇集湖附近的卫所设立有:

扎岭卫。《明史》、《明会典》等书均作"札岭山卫"。永乐七年(1409)三月设立。扎岭卫设置于扎里屯,即今黑龙江下游右岸奇集湖、札依湖水域的札依地方即俄罗斯沙费斯克(索非斯克)之地。明朝政府对扎岭卫的辖治直到万历九年(1581)四月《满文老档》还有记载。清继明后,在这里设有噶珊,称为"扎里噶珊",或写为"渣里噶珊"。

甫里河卫。永乐五年(1407)正月设立。卫址在黑龙江下游注入奇集湖的胡伊河流域。

钦真卫。永乐六年(1408)二月设立。卫址在奇集湖畔的奇集屯,今俄罗斯称为马林斯克。奇集湖水域面积很大,其地理位置很重要,东逾山岭 20 余里,是库页(鞑靼)海峡。据《盛京通志》卷 27 记载,奇集屯在吉林城东北 3770 里。"海西东水陆城站"的"哈刺马古站"设在钦真卫地对面的哈兰屯。奇集是满语,意为"海参"。钦真卫地"女直野人"在设卫前就向明朝贡献方物,建卫后缴纳贡赋更是络绎不绝。清初在钦真卫址设立"奇集噶珊"。后来,沙俄殖民者强占了这片领土,肆意改名为"马林斯克哨所"。

克默而河卫。永乐六年(1408)二月,与钦真卫等卫同时设立,设置在今黑龙江下游奇集湖东南的克默而河流域。明朝为了加强对克默而河卫的辖治,嘉靖十八年(1539),向该卫遣官赐"谕祭",贯彻"柔化"政策,表明了明朝统治者的意图。直至万历三十七年(1609),《满文老档》中还有关于该卫向明廷请求"袭职"的记载,这时克默而河卫建置已有 200 多年的历史了。

4.1.2.2.5 亨滚河流域卫所的设立

自奇集湖往东北行,进入亨滚河地区。亨滚河又名兴滚河或恨滚河,即今俄罗斯阿姆贡河,是黑龙江北岸一大支流。明王朝在这一地区设立的卫所有:

弗朵秃河卫,又称作弗朵河卫。永乐六年(1408)二月,"女直野人"来朝,置弗朵秃河卫,卫址当在今黑龙江下游付答哈河口附近。

敷答河千户所。永乐七年(1409)四月设立。据《满洲源流考》、箭内亘《满洲历史地理》等书均认为,敷答河千户所和明"海西东水陆城站"的弗朵河站及弗朵秃河卫同设在一地,即黑龙江下游左侧付答哈河口附近之地。敷答河千户所镇抚弗里出,永宁寺碑题名为"付里住",原居敷答河千户所,永乐七年六月迁居东宁卫。据《明宣宗实录》记载,弗里出原居地敷答河千户所距奴儿干地区较近,必然熟悉奴儿干地区风土人情,迁居东宁卫后,明朝又派遣其随同内官亦失哈等前往奴儿干,经营明代东北疆域,这是很自然的事情。

哈儿蛮卫。《明太宗实录》记载,永乐十年(1412)八月,"奴儿干等处女直野人"来朝贡方物,于是同时设立哈儿蛮等 11 个卫。这 11 个卫中,满泾、塔亭卫均在黑龙江江口附近。囊哈儿卫设在库页岛境内。而古鲁、兀刺等卫也设在黑龙江中游。哈儿蛮卫当设在今俄罗斯境内波波瓦河流域附近。为了加强治理卫所事务,明王朝先后派遣许多官员前往以治理卫事。天顺六年(1461)还提升哈儿蛮卫指挥佥事为本卫指挥同知。有些官员还主动向明朝中央政府申请提职,如成化年间哈儿蛮卫指挥阿力奏称:"奴婢祖父在时,每年进贡马匹、貂鼠皮,至今不曾有违。奴婢成化十四年(1478)得的职事。今可怜见讨升都指挥佥事,奏得圣皇帝知道。"[1]由于明政府对东北边疆少数民族实现"羁縻"政策,一般都会从其所请,以拉拢少数民族上层精英为其效忠。

者屯卫。者屯是满语,意为"哨箭"。据《明会典》记载,正统后增设。者屯,位于阿克齐河之东、巴尔喀河之间,阿克齐河在黑龙江下游,巴尔喀河在吉林城东北3880里,者屯卫设在上述两河之间的占屯。清继明后,在这里设立噶珊称作"瞻噶珊"。

满泾卫。永乐十年(1412)八月设立。据《永宁寺记》碑文镌刻:"(永乐)十一年(1413)秋,卜奴儿干西,有站满泾,站之左,山高而秀丽。先是,已建观音堂于其上,今造寺塑佛,形势优雅,粲然可观,国之老幼,远近济济争趋。"该文清楚地指明"满泾站"在奴儿干之西。史籍记载"满泾"即"莽阿臣"之同名的省译。可知满泾卫设置在黑龙江下游亨滚河即今阿姆贡河北岸的原莽阿臣屯。满泾卫与"海西东水陆城站"的满泾站当设在一地,其站又是"海西东水陆城站"的终点站。莽阿臣屯,亦称莽阿禅屯。莽阿禅,满语意为"精致钥弓"。清初在这里设置满泾噶珊。明廷对满泾卫极为重视,不时加强对其官吏的管理,有政绩者还可以得到提升。正德二年(1507)满泾卫指挥使纳赤就被提升一级。里答哈、苦因哥父子都曾做过满泾卫指挥使。

奴儿干卫。据明人严从简所撰《异域周咨录》记载,早在永乐元年(1403)明王朝就派遣官员前往奴儿干,"到吉列迷诸部招抚之",羁縻

---

〔1〕罗福成辑:《女真译语二编》,载李兴盛,齐书深,赵桂荣主编:《陈沏集》,黑龙江人民出版社2001年版,第1460页。

政策取得了良好效果。永乐二年(1404)二月,"忽剌温等处女直野人头目把剌答哈来朝,置奴儿干卫",明廷任命把剌答哈、阿剌孙等4人为指挥同知,古胪寺为千户所镇抚,并颁给印信。这是明王朝在黑龙江下游建置卫所的开始。奴儿干卫设在黑龙江下游特林地方(今俄罗斯蒂尔)。清继明后,继续进行统治。

依木河卫。永乐五年(1407)正月设立。《满洲源流考》记载,依木河卫是伊穆河的音讹。伊穆河在宁古塔城东北3148里,源出扬古岱山,东北流入兴滚河。伊穆河今名伊姆河,扬古岱山今名查亚特因山,兴滚河多作亨滚河,卫是以河流而得名。依木河卫设在黑龙江下游左侧亨滚河支流的伊穆河流域,即今阿姆贡河支流伊姆河流域。朵多等人都曾担任过依木河卫的重要官职。自从建卫直至万历二十一年(1593)仍保持与明政府的隶属关系(该卫本年还向明王朝请求袭职),此时依木河卫已经建置有186年了。

亦文山卫。永乐五年(1407)正月设立。《盛京通志》《大清一统志》记载称亦文山为"九文山",在宁古塔城东北3269里。亦文山卫设在黑龙江下游亨滚河北的九文山地。女真人斡栾哥、满秃等人都曾先后担任过该卫"指挥"职务,治理卫事,并卓有成效。由于他们积极出力报效朝廷,所以明朝政府于正统十三年(1448)对亦文山卫头人重加赏赐。

朵儿必河卫。《明太宗实录》记载,永乐五年(1407)正月,朵儿必河、恨骨河等处女真野人头目官夫答兰、张秃等81人来朝贡,明政府于其地置朵儿必河卫,并命官夫答兰等为指挥、千百户、镇抚,赐诰印、冠带、袭衣及钞币。可知,朵儿必河卫与朵儿必河有关联。朵儿必河与恨骨河相关联。二河地区女真人共同来朝,可知此两条河必相距不远。恨骨河在清代舆图中作"兴滚河"或"亨滚河",即今黑龙江下游左侧阿姆贡河,距其河不远为朵儿必河。朵儿必河为噶勒毕河的异译,"噶勒毕"是满语"耳聪"之意,噶勒毕河今称"噶尔毕河",其河在宁古塔城东北3467里,源出鄂锡克塔山,东北流入额密勒河。卫是以河流得名。朵儿必河卫应当设在黑龙江下游左侧亨滚河支流额密勒河的支流噶勒毕河流域,即今阿姆贡河支流尼密连河支流噶尔毕河流域。朵儿必河卫是明朝政权在黑龙江下游设立的一个比较重要的卫所。为加强对该卫的管理,明王朝先后任命约 40 名官员,治理卫事。其中女真人额升哈因治绩优异,正统十一年(1446)因父死"代职",4 年后就"袭职"。天顺五年(1461),又被提升为该卫指挥同知。自从建卫开始直到万历二十一年(1593)仍保持着与明朝的隶属关系,此时朵儿必河卫已经建置有 186 年了。

4.1.2.2.6 黑龙江江口地区卫所的设立

沿着黑龙江再往下行,最后到达黑龙江江口。明政权在广阔的黑龙江江口地区设置的卫所有:

兀的河卫。《明太宗实录》记载,永乐五年(1407)正月设立。明初,东北边疆地区各族踊跃归附,他们不远万里来京朝贡。兀的河流域的北山女真使鹿、使马部等纷纷来京朝贡并请求明廷授予印信,于是明朝令设置卫所。兀的河流域即明初北山女真地区。在与兀的河卫同时设立的 12 个卫中,有些是设在黑龙江下游和海边地区,如依木河卫、亦文山卫、甫里河卫等。兀的河在吉林城东北 3990 里;卫是以河流命名的。兀的河即今流入鄂霍次克海的乌第河,兀的河卫设在兀的河(今俄罗斯乌第河)流域。

明王朝还在乌第河流域设立兀的河千户所。同一地区设 1 卫 1 所,说明明政权对这一地区的重视。明朝经常委派官员治理兀的河卫所一切事宜。明初对东北边疆兀的河等卫所实行的"柔化斯民"政策,取得了很好的成效。宣德元年(1426),兀的河等卫头目卜郎乞等 120 人,来朝贡马匹等方物,并得到明王朝的赏赐。有的人在得到明朝允许下,迁到靠近内地地区居住,如景泰三年(1452),兀的河等卫指挥兀山等 28 人来归,"奏愿居自效命",明朝政府"命仍原职",仍隶辽东金州等卫居住,并给房屋、器皿等物。此举加强了民族团结,促进了民族间交汇和融合。

督罕河卫。督罕河卫是"督罕提吉儿"女真野人来朝贡才设立的卫所。《明太宗实录》记载,永乐九年(1411)二月,督罕提吉儿女真野人头目马吉你等来朝,置督罕河卫。明政府命马吉你为指挥,余为千百户、镇抚,赐诰印、冠带、袭衣及钞币。督罕河卫和"督罕提吉儿"相关联,"督罕提吉儿"即今"土吉儿河"的古名,土吉尔河在宁古塔东北3000余里,东北流入海。督罕河卫应设在今"北边海滨"的流入今鄂霍次克海的土吉尔河流域。

督罕河卫、兀的河卫、兀的河千户所,都是明王朝设在鄂霍次克海沿岸一带的卫所,当时那里是明代东北疆域的边陲。设立卫所后,明朝加强吏治,对其进行着有效的辖治。其中督罕河卫头目马吉你任卫指挥长达 35 年之久,正统十年(1445)马吉你病故,由其子你笼哈"袭职"。由于明朝实行"羁縻"政策有效,督罕河卫指挥、千户等曾于永乐十年(1412)十月上奏,愿居辽东开原,皇帝批准后,"循例给赏"。此举进一步促进了民族交流和融合。

野木河卫。《明太宗实录》记载,永乐五年(1404)二月,女真野人头目可成哥等来朝,明廷置哥吉河、野木河、纳剌吉河、亦里察河、答剌河等 5 卫,并命可成哥等 92 人为指挥、千百户等官,赐诰印、冠带、袭衣及钞币。野木河卫当设于今黑龙江江口北侧岳米河流域。女真人孛罗答、乃哈等人都曾先后担任过野木河卫指挥佥事等官职。

塔亭卫。《明太宗实录》记载,永乐十年(1412)八月与满泾卫同时设立。卫址在今黑龙江江口南岸原塔克题音屯。自建卫开始,直到万历二十一年(1593)仍保持与明朝的隶属关系,此时塔亭卫已经建置有180 多年的历史了。

哥吉河卫。《明太宗实录》记载,永乐五年(1404)二月与野木河卫等卫同时设立。哥吉河卫与哥吉河相关联,在黑龙江下游地区,即今黑龙江下游右岸科奇河流域。哥吉河卫也是明朝在黑龙江江口附近设置比较早且又比较重要的卫之一。据不完全统计,《明实录》中有关记载哥吉河卫的史实记载,多到 30 余条,这充分说明明政权对这一地域建置的重视。

4.1.2.2.7　库页岛地区卫所的设立

囊哈儿卫。《明太宗实录》记载,永乐十年(1412)八月,奴儿干、乞列迷、伏里其、兀剌、囊加儿、古鲁、失都哈、兀失奚等处女真野人头目准土奴、塔失等 178 人来朝贡方物,明政府置只儿蛮、兀剌、顺民、囊哈儿、古鲁、满泾、哈儿蛮、塔亭、也孙伦、可木、弗思木 11 卫,并命准土奴等为指挥、千百户,赐诰印、冠带、袭衣及钞币。其中,古鲁、满泾、哈儿蛮、塔亭

明朝政府在库页岛西北部设立的"囊哈儿卫指挥使司"铜印

等卫均置于黑龙江下游。乞列迷有囊家儿、福里期、兀剌、纳衣 4 种,元代称吉烈灭或吉烈迷,明代称吉里迷,也称吉列迷,清代称为费雅喀;俄国十月革命前称为基里亚克,今俄罗斯称为尼夫赫,分布于黑龙江下游和库页岛境内。作为"乞列迷四种"之一的囊家儿,分布在奴儿干之海东的库页岛境内。囊哈儿卫即应设在今黑龙江江口对岸,库页岛西北部郎格里地方,是明朝政权直辖的奴儿干都司所属在库页岛上的军政机关。囊哈儿卫之来历,可能因为那里盛产硕鼠而得名的,也可能是由头人"囊哈奴"而命名的。

囊哈儿卫设置后,明王朝对其进行了有效管辖,委派官员,颁赐印信。"囊哈儿卫指挥使司印"现已出土,发现于今黑龙江省依兰县,可能是囊哈儿卫头人往返经过此地时遗失的。囊哈儿卫印是 9 字铜印,印体端方,这是以出土文物来证实明政权曾在库页岛上建立地方权力机构的历史见证。

波罗河卫。正统后增置。近人考证置于库页岛中部的波罗河流域。这个卫虽然地处遥远的东北海疆,但是该卫总是以时向明朝缴纳贡赋,屡尽义务。宣德三年(1428),该卫指挥佥事阿同哥入朝贡献"方物"。正统元年(1436),波罗河卫又来朝贡献"方物",并得到朝廷"赐宴"。直到万历十一年(1583)还有该卫向明王朝请求"袭职"的记载。

兀列河卫。《明太宗实录》记载,永乐八年(1410)十二月与朵儿必河等 5 卫同时设立。近人考证该卫置于库页岛东北部、东流入海的奴列河流域。

综上可见,从黑龙江下游伯力附近开始,到黑龙江江口附近地区包括库页岛在内,明政府共设置了41个卫所:38个卫,3个千户所。其中在黑龙江设置了35个卫,3个千户所,在库页岛设置了3个卫。在这些卫所中,永乐年间建置的有36个卫所,正统年间建置的有镇真河卫、者屯卫、波罗河卫3个卫,马失卫、盖干卫2个卫是嘉靖年间设置的。从这些卫所建置时间来看,黑龙江下游及库页岛等广大地区,在永乐年间就已经完全纳入了明朝的版图内。[1]

表4-3 奴儿干都司黑龙江下游地区(包括库页岛在内)设立卫所情况表

序号	卫所名称	设置时间	所在位置	备考
1	喜申卫	永乐八年十一月壬午	今哈巴罗夫斯克附近锡占河畔	
2	古鲁卫	永乐十年八月丙寅	今哈巴罗夫斯克附近库尔河流域	又称古鲁河卫,《明实录》记载永乐二十年设卫
3	古鲁千户所		古鲁卫地附近	
4	亦儿古里卫	永乐四年八月戊子	可能设在哈巴罗夫斯克北临近黑龙江畔耶拉布加地方	
5	马失卫	嘉靖年间增置	今黑龙江下游辛达斯克附近	
6	哈儿分卫	永乐十二年九月乙酉	今黑龙江下游阿纽依河口附近	
7	镇真河卫	正统后增置	今黑龙江下游阿纽依河流域	
8	盖干卫	嘉靖年间增置	今黑龙江下游阿纽依河口对岸原格根屯	
9	者帖列山卫	永乐六年三月丁卯	今黑龙江下游阿纽依河口附近原绰拉题屯	又称者帖列卫

〔1〕参见杨旸,袁闾琨,傅朗云编著:《明代奴儿干都司及其卫所研究》,中州书画社1982年版,第152-183页;杨旸主编:《明代东北疆域研究》,吉林人民出版社2008年版,第167-185页。

序号	卫所名称	设置时间	所在位置	备考
10	撒儿忽卫	永乐四年十一月乙卯	今黑龙江下游右侧宏加里河口萨尔布湖附近	
11	卜鲁兀卫	永乐八年十二月丙午	今黑龙江下游右岸宏格力河流域	
12	扎童卫	永乐四年十一月乙卯	今宏加里河流域	
13	罕答河卫	永乐四年十一月乙卯	今宏加里河流域	
14	葛林卫	永乐七年三月丁卯	今黑龙江下游格林河流域	
15	忽石门卫	永乐七年三月丁卯	今黑龙江下游格林河口之忽林屯	
16	友帖卫	永乐六年三月丁卯	今黑龙江下游由忒河口由忒屯	
17	阿资卫	永乐五年正月戊辰	今黑龙江下游右岸原阿济屯	又名阿者卫
18	福山卫	永乐三年八月甲申	今黑龙江下游左岸绰络河之西斐森屯	又名福三卫
19	弗山卫	正统后增置	今黑龙江下游福山卫地附近	
20	扎岭卫	永乐七年三月丁卯	今黑龙江下游右岸沙费斯克即索菲斯克	又写札岭山卫
21	甫里河卫	永乐五年正月戊辰	今黑龙江下游注入奇集湖的胡伊河流域	
22	钦真卫	永乐六年二月丙申	今黑龙江下游的马林斯克	
23	克默而河卫	永乐六年二月丙申	今黑龙江下游奇集湖东南克默而河流域	又称克默河卫
24	弗朵秃河卫	永乐六年二月丙申	今黑龙江下游左岸付答哈河口附近	又作弗朵河卫
25	敷答河千户所	永乐七年四月癸巳	今黑龙江下游左岸付答哈河口附近	

续表 4 - 3

序号	卫所名称	设置时间	所在位置	备考
26	哈儿蛮卫	永乐十年八月丙寅	暂定黑龙江下游波波瓦河口附近	
27	者屯卫	正统后增置	设在阿克齐河、巴尔咯河之间的占屯	
28	满泾卫	永乐十年八月丙寅	今阿姆贡河北岸原莽阿臣屯	
29	奴儿干卫	永乐二年二月癸酉	今黑龙江下游蒂尔	
30	依木河卫	永乐五年正月戊辰	今阿姆贡河支流伊姆河流域	
31	亦文山卫	永乐五年正月戊辰	今黑龙江下游亨滚河北九文山地	
32	朵儿必河卫	永乐五年正月丁丑	今阿姆贡河支流尼密连河支流噶尔毕河流域	《明实录》记载永乐八年设立
33	兀的河卫	永乐五年正月戊辰	流入鄂霍次克海乌第河流域	
34	兀的河千户卫		流入鄂霍次克海乌第河流域	
35	督罕河卫	永乐九年二月甲辰	北边海滨的鄂霍次克海土吉尔河流域	
36	野木河卫	永乐五年二月丙戌	今黑龙江江口北侧岳米河流域	
37	塔亭卫	永乐十年八月丙寅	今黑龙江江口南岸原塔克题音屯	
38	哥吉河卫	永乐五年二月丙戌	今黑龙江江口右岸科奇河流域	
39	囊哈儿卫	永乐十年八月丙寅	库页岛西北部郎格里地方	卫印已出土
40	兀列河卫	永乐八年十二月丙午	库页岛的奴列河流域	
41	波罗河卫	正统后增置	库页岛中部波罗河流域	

　　资料来源:杨旸,袁闾琨,傅朗云编著:《明代奴儿干都司及其卫所研究》,中州书画社 1982 年版,第 307 - 309 页;杨旸主编:《明代东北疆域研究》,吉林人民出版社 2008 年版,第 264 - 266 页。

4.1.2.3 乌苏里江流域及以东滨海地区与图们江流域卫所的设立

乌苏里江流域及其以东滨海地区与图们江流域等地区自古以来就是中国固有的领土。明王朝继承元代疆域,在这一地区建置卫所的年代是比较早的。早在奴儿干都司设立以前,就已设置了一批卫所。明政权在上述这些地区共设置了 33 个卫所,并对其进行了有效辖制,委派官吏镇守,以时征缴贡赋。

4.1.2.3.1 乌苏里江流域及以东滨海地区卫所的设立

明初,居住在乌苏里江流域的主要是女真人,到了明代中期,明朝管辖下的女真人逐渐形成海西、建州、野人女真三部,其中建州女真主要居住在牡丹江、乌苏里江和绥芬河流域。明朝后期,居住在乌苏里江及以东滨海地区的主要是瓦尔喀部,后归服后金。

忽鲁木卫。万历《明会典》记载为正统后增设。《吉林通志》、《盛京通志》均认为忽鲁木卫是"和尔迈卫"的音讹,"和尔迈"满语意为"衣襟",在吉林城东北 1900 里。卫是以山得名。忽鲁木卫即设在邻近乌苏里江西岸比拉雅河流域的和尔迈山地带。《满文老档》记载,自建卫开始直至嘉靖三十二年(1553),该卫始终保持与明政府的隶属关系,还有向明王朝请求"袭职"的记载。

亦速里河卫,又称乌苏里河卫。《明太宗实录》记载,永乐五年(1407)三月设立。《吉林通志》、《满洲源流考》等书均认为亦速里河即乌苏里河之讹,乌苏里河即乌苏里江。乌苏里,满语汉译为"天王",所谓天王,是东北地区一些少数民族对中原王朝历代皇帝的称呼,乌苏里河即天王之河的意思。亦速里河卫即是乌苏里河卫,设在今乌苏里江流域。亦速里河卫设立后,明朝政府先后委派许多官吏治理卫事。其中一位叫忽失虎的官员,任职将近 40 年之久,直到正统十一年(1446)因老疾,明政权才任命其子阿的哈"袭职"。直到万历七年(1579),史籍中还有关于该卫官员向明政府要求"袭职"的记载,反映了亦速里河卫此时仍与明政权保持隶属关系,这时亦速里河卫建卫已有 170 多年的历史了。

·欧·亚·历·史·文·化·文库·

伏里其卫。《明太宗实录》记载,永乐七年(1409)四月设立。近人已考订伏里其卫设在流入乌苏里江的和罗河,即今霍尔河河口附近。伏里其卫指挥金事纳亦答,因治卫有功,于天顺五年(1461)升为"指探同知"。由伏里其卫再往南行,便是阿古河卫。

阿古河卫。永乐五年(1407)正月设立。《明太宗实录》记载,阿古河卫是与木兰河等卫同时设置的12卫之一。在与阿古河卫同时设立的共12卫和2个所中,有些在今吉林省东部与俄罗斯滨海地区,如喜乐温河卫、木阳河卫、合兰城卫等,有些则在黑龙江下游和海边,如依木河卫、阿资河卫、亦文山卫、兀的河卫等。阿古河卫应置于注入乌苏里江的阿古河流域。永乐时期,乌苏里江流域各族踊跃来京,贡献鲸睛诸物。明朝政府对阿古河卫治理很严格,不但要求当地少数民族以时交纳赋税,而且要求其必须遵守明廷法纪,成化十四年(1478),阿古河卫女真野人兀丁哥等6人违反明朝政令,被"命斩"。

失儿兀赤卫。《明太宗实录》记载,永乐十二年(1414)十二月,女真野人头目完答、只鲁兀等43人来朝,设失儿兀赤卫,命完答等为指挥金事、千百户、镇抚,赐诰印、冠带、袭衣及钞币。失儿兀赤卫在宁古塔东之实尔固辰地。卫是以同名屯名而得名的,此屯当即明代失儿兀赤卫所在。失儿兀赤卫即设在今乌苏里江右岸,伊曼河以北的原实尔固辰屯。

失里绵卫。《明太宗实录》记载,永乐三年(1405)正月设立。卫址应在今绥芬河与乌苏里江流域一带。据《满文老档》记载,失里绵卫自从建卫直到嘉靖四十五年(1566),仍保持与明政权的隶属关系,还有向明王朝请求"袭职"的记载。

麦兰河卫。《明太宗实录》记载,永乐四年(1406)十一月,麦兰河等处女真野人头目砍木里、速同哥、我里哥、黄脱因等112人来朝贡马,明政府赐其钞币,并设立麦兰河卫。麦兰河卫应与麦兰河相关联。麦兰河,《满洲源流考》记载,是穆伦河音讹。穆伦河在宁古塔城东400里,出穆伦窝集,东流入乌苏里江。穆伦河,今叫穆棱河,麦兰河卫当设在此地。女真札童哈散哈等人均担任过麦兰河卫官吏。

亦麻河卫。《明太宗实录》记载永乐八年（1410）二月设立。卫是以同名河流而命名的。亦麻河即尼满河，亦麻、尼满是同一满语的不同译音，意为"山羊"，蒙古语也是意为"山羊"。尼满河河口有个尼满屯，明代亦麻河卫当设置于此地。亦麻河卫是一个大卫，也是一个重要的卫，在明代东北疆域的乌苏里江流域占有比较重要的地位。各少数民族有义务戍守边疆，以时朝贡。清继明后，继续对该地进行有效管辖。这里盛产人参，当地居民必须定期向清政府"按额交上等好参"。

恨克卫。据《柳边纪略》记载，恨克卫是嘉靖、万历年间设立的。《满洲源流考》称"兴凯卫"。恨克卫应设置于兴凯湖畔。兴凯湖，今为中俄界湖。《金史》记载兴凯湖为"北琴海"，后来从北琴海一名演变为琴海，又有人将琴海读作"青海"，进而将青海读作"凯湖"。如上所述，兴凯源于青海一名，清初流人著作里多写作青海湖，或简称青海。

莫温河卫。《明太宗实录》记载，永乐六年（1408）正月甲戌与秃都河卫等同时设立。《盛京通志》、《满洲源流考》、《吉林通志》记载，莫温河卫是们河卫的音讹，蒙古语意为"黑也"。莫温河卫就设在流入兴凯湖西南的们河（今俄罗斯仍称们河）流域。"莫温河卫指挥使司印"现已出土，印背镌刻"永乐二年六月[1]礼部造"。莫温河卫是建置时间比较长的一个卫，《满文老档》记载，该卫自从建卫开始直到万历二十一年（1593），还向明王朝请求"袭职"，仍保持与明代的隶属关系，此时距该卫建置已有180多年的历史了。

亦鲁河卫。正统后增置，当设在今兴凯湖南伊鲁河流域。

兀也卫。正统后设立。《满洲源流考》、《吉林通志》等书均认为兀也河即瑚葉河之音讹，即是瑚葉河之别译。瑚葉，满语意为"射貂之窑"。卫是以同名河流命名。兀也卫设在瑚葉河，即今俄罗斯刀毕河流域。

勿儿秃河卫。正统后设立。《满洲源流考》记载，勿儿秃河即法勒图河之音讹。卫以河流命名。勿儿秃河卫设在法勒图河，即今乌拉河

---

〔1〕应为"永乐六年二月"之铸造误排。

流域。

速平江卫。《明太宗实录》记载,永乐四年(1406)二月与苏温河卫同时设立。据《满洲源流考》记载速平江是率宾江的别译,亦即金史中的苏滨水,明史中的恤品江,清代为绥芬河。"绥芬"满语意为"锥子"。卫是以同名河流而得名的。明代速平江卫设在今黑龙江省绥芬河流域。今天这条河上游在我国境内,下游在俄罗斯境内。

刺山卫。正统后设立。卫以山得名。刺山卫设在兴凯湖南面的原拉拉山附近。

勒伏卫。据万历《明会典》记载也是正统后设置的。清人称为勒富卫。《满洲源流考》、《吉林通志》等书均认为"勒伏河"是"勒富河"之音讹,即"勒伏"是"勒富"之同名异译,满语意为"熊"。卫以河命名。勒伏河卫即设在今兴凯湖南的勒富河流域。

曹廷杰考察双城卫遗址时所绘制的"傅尔根古城"和"朱尔根古城"图录

双城卫。《明太宗实录》记载,永乐四年(1406)闰七月,忽剌温三角等处女真野人头目吉里吉纳、者哥难等来朝,明政府遂置双城、撒剌儿、亦马剌、脱伦、卜颜5卫,并以吉里吉纳等为指挥、千百户等官。双城卫,是以绥芬河流域古城"东西二城而得名",两城相距4里多路。著名的东北历史地理学者曹廷杰于光绪十一年(1885)对东北边疆进行考察时,曾绘制二城地图,即《双城子图》,东城为"傅尔丹城",西城为"朱尔根城";图旁还附有简要说明。现吉林省档案处珍藏的吉林省历史档案吉林将军衙门《东三省地舆全图》亦同样绘制东城为"傅尔丹城",西城为"朱尔根城"。双城卫置于绥芬河流域的双城子,即今俄罗斯乌苏里斯克城。双城卫直到嘉靖三十三年(1554)还向北京朝贡。

使坊河卫。《明太宗实录》记载,永乐八年(1410)二月,女真野人头目那溪等来朝,明政府设甫儿河、使坊河、亦麻河3卫,并命那溪等19人为指挥等官,赐诰印、冠带、袭衣及钞币。据《吉林通志》、《满洲源流考》记载,使坊河即绥芬河支流舒潘河,在宁古塔城东南流入绥芬河。使坊、舒潘,实为同一地名的译音,满语意为"绉文"。卫因河而得名,使坊河卫设在舒潘河流域,即今俄罗斯称舒范河流域。这个卫自从建卫直到嘉靖四十四年(1565)还向明王朝请求"袭职",保持与明朝的隶属关系。

木阳河卫。《明太宗实录》记载,永乐五年(1407)正月与喜乐温河等卫同时设立。喜乐温卫置于颜楚河流域的波谢特湾附近地区,木阳河卫距喜乐温卫地不甚远,在绥芬河支流穆霞河流域,今俄罗斯改名为格尔兹纳亚河。两卫地相望,域相邻。

牙鲁卫。《明太宗实录》记载,永乐六年(1408)三月与友帖卫等共9个卫同时设立,设在临近海边的雅兰河,即今塔乌黑河流域。

失里卫,又称薛列河卫。《明太宗实录》记载,永乐六年(1408)二月与童宽山等12个卫同时设立。卫以河得名,失里卫设在锡林河流域,即今苏祖河流域。与牙鲁卫相距不远。

喜乐温河卫,又称希剌温卫或喜剌乌卫。《明太宗实录》记载,永乐五年(1407)正月,女真野人头目土成哈等来朝贡,明政府置喜乐温河、木阳河、哈兰城、可令河、兀的河、阿古河、撒只剌河、依木河、亦文山、木兰河、阿资河、甫里河12个卫,得的河、奥石河2个千户所,同时命土成哈等225人为各卫所指挥、千百户等。喜乐温河卫设在今图们江江口以北,颜楚河流域的波谢特湾附近。波谢特湾即摩阔崴湾,在彦杵河海口内,东南距海口约20里,西北距珲春120里,其南数里有二石山,生于海口内,水中平列如门,来往船只都由此出入。

4.1.2.3.2 斡兰河流域等地区卫所设立

斡兰河卫。永乐六年(1408)二月设立。斡兰是额勒之别译,满语意为"肚带"。卫是以同名河流命名的。斡兰河卫设在锡霍特山以东,克默而河南面,东流入日本海的斡兰河(额勒河)流域。斡兰河又称雾迷大沟,因其"大雾弥漫的河谷而得名",今俄罗斯地图称其为萨马尔基河。斡兰河卫虽处边远滨海地区,但明朝政府仍对其进行有效管辖。自建卫开始直到万历二十一年(1593),该卫还向明王朝请求"袭职",

保持与明朝的隶属关系,此时距明政权对斡兰河卫建卫管理已经有189年历史了。

鱼失千户所,又称奥失千户所。永乐五年(1407)正月设立,卫址在今锡霍特山以东,东流入海,即今称纳塔河流域。鱼失千户所的设立,说明东北疆域直到东边滨海沿岸,皆在明王朝的版图之内。清承明后,继续对这里进行管辖。

综上所述,明朝在乌苏里江流域及其以东滨海地区、斡兰河流域等地区设置了24个千户所,其中23个卫,1个千户所。以上卫所方位表明,北起斡兰河,南至摩阔崴湾,临近图们江江口,西到绥芬河流域,东抵日本海的广大地域都在明代版图之内。其中除了忽鲁木卫、亦鲁河卫、兀也卫、勿儿秃河卫、剌山卫、勒伏卫是正统年间增置和恨克卫是在嘉靖、万历年间建置的外,其余均在永乐年间设立。

4.1.2.3.3 图们江流域的卫所设立

童宽山卫。《明太宗实录》记载,永乐六年(1408)二月,与薛列河等卫同时设立。童宽山卫又称童宽卫。《满洲源流考》记载童宽山卫是通肯山卫之音讹。卫以山得名,童宽山卫即设在今吉林省珲春市东北约250里的通肯山。阿哈里等人曾担任该卫重要官职。《明实录》正统十二年(1447)十一月乙巳条记载,阿哈里继承父职任指挥佥事,因有"抚谕诸夷"之功,明王朝特颁奖赐,于成化四年(1468)二月戊戌"特升"一级,说明明王朝对明代东北疆域的通肯山卫行使有效的官吏任命权。

古鲁浑山卫。《明太宗实录》记载,永乐五年(1407)二月,与随满河等5卫同时设置。《吉林通志》、《满洲源流考》等书均记载古鲁浑山即乌尔珲山。古鲁浑是乌尔珲的别译,乌尔珲山在珲春东南、图们江北,古鲁浑山卫当设在其地。

卜忽秃河卫。《明太宗实录》记载,永乐十二年(1414)三月,女真野人头目亦能哥、斡罗失等来朝,明政府遂设卜忽秃河、阿儿温河、可河3卫,命亦能哥为指挥、千百户,赐诰印、冠带、袭衣及钞币。卜忽秃河即是布尔噶图河、布尔哈图河。卜忽秃河卫置于布尔哈图河流城,即今吉林省延边朝鲜族自治州境内布尔哈通河流域。

建州卫。明初经营东北地区建立较早、影响较大的一个重要卫所。《明太宗实录》记载,永乐元年(1403)十一月,女真野人头目阿哈出等来朝,设建州卫军民指挥使司,以阿哈出为指挥使,余为千百户、所镇抚,赐诰印、冠带、袭衣及钞币。建州卫与兀者卫是奴儿干都司属下建置最早的2个卫,均设置于永乐元年,如果从月份算起,建州卫还设立在兀者卫之前(这里不包括建于洪武年间的大宁都司,后来并入奴儿干都司的兀良哈三卫),并与清入关前历史有着密切关系。因此建州卫历来为国内外学者所关注。

关于建州卫始置地点是研究明清史很注意的问题。几十年来中外学者发表了不少专论进行研究和探讨。有的认为建州卫最初设在今珲春以东之地,有的认为在今绥芬河下游的双城子,有的认为在今绥芬河流域的东宁古城,有的认为建州卫初置于今吉林、依兰、海龙山城镇等,还有的认为设在延吉城子山山城等等。众说纷纭,莫衷一是,实有进一步探讨的必要。

据《李朝太祖实录》太祖四年(明洪武二十八年,1395)十二月"癸卯条"记载:"如女直,即斡朵里豆漫猛哥帖木儿、火儿阿豆漫古论阿哈出。"阿哈出即是建州卫指挥使阿哈出。《龙飞御天歌》卷7第52章记载得更详细:"如女真,则斡朵里豆漫夹温猛哥帖木儿、火儿阿豆漫古论阿哈出,托温豆漫高卜儿阏(斡朵里,地名,在海西江之东,火儿阿江之西;火儿阿,亦地名,在二江合流之东,盖因江名地也;托温,亦地名,在二江合流之下,两江皆自西北流,三城相次沿江。夹温,姓也,猛哥帖木儿,名也;古论,姓,阿哈出,名也;高,姓也,卜儿阏,名也)。"[1]

可知,"古论"其姓即"金"。"豆漫"是官名,满语"万户"的意思。"火儿阿"即胡里改,江名,火儿阿江即胡里改江,今牡丹江。"火儿阿豆漫古论阿哈出",这句话是说,胡里改江的万户官金阿哈出。火儿阿

---

〔1〕《龙飞御天歌》卷752章。参见薛虹:《明代初期建州女真的迁徙》,载于《东北师大学报》(哲学社会科学版)1978年第3期,第25-26页。

万户是元代水达达路五万户府,这说明建州卫女真人当然包括阿哈出本人,先是居住在火儿阿江(今牡丹江)下游的。

明初洪武中,阿哈出率领部人南迁。南迁到什么地方而建置建州卫呢?据《李朝太宗实录》卷21,太宗十一年(明永乐九年,1411)四月"丙辰条"记载:"凤州即开元,金于虚出所居,于虚出即帝三后之父也。"阿哈出,在《李朝太宗实录》中作"于虚出"。《李朝世宗实录》卷24,世宗六年(永乐二十二年,1424)四月"辛未条"记载,建州卫人说:"吾等在前于建州卫奉州古城内居住二十余年。"中国文献记载建州卫置于开原的史料也颇多。马文升《抚安东夷记》记载:"建州女直先处开原者叛入毛怜自相攻杀。"严从简《殊域周咨录》卷24记载:"永乐末,建州夷人前居开原者叛入毛怜自相攻杀。"《辽东志》卷7"韩斌传"记载:"建州虏营,昔居房州去边月余程。"

这些记载都明确指出建州卫的初治地址在开原、奉州、开元、凤州、房州等地,而房州、奉州,即凤州的异译。"凤州即开元",故欲考建州卫的最初设治地点必先考开元。正如孟森先生在《建州卫地址变迁考》一文中指出:"明人纪述言建州始设卫之地,就予所见,只有马文升之《抚安东夷记》,《记》仅言建州女直先处开元……以故欲考建州,当先考开元。"[1]

开元有开元和旧开原(东开原)之别,明初改开元为开原,一直沿用至今。在朝鲜历史文献中,开元城被称为"巨阳城"、"开阳城"或"东开原"。建州卫设在旧开原。即巨阳城、开阳城、东开原,均为同一地址。

对"旧开原",也就是对开元城所在地其说尚不一。金毓黻《东北通史》卷6认为:"元之开元路,初置于石墩寨(石墩寨在今吉林市东南100里的松花江沿岸),继续移于黄龙府故地即今农安";日本学者池内宏在《元代地名开元之沿革》一文认为在"依兰";徐中舒《明初建州女

〔1〕孟森:《建州卫地址变迁考》,载孟森:《明清史论著集刊正续编》,河北教育出版社2000年版,第25页。

真居地迁徙考》一文认为在"双城子";孟森《建州卫地址变迁考》一文认为在"珲春以东";郭毅生《明代建州卫新探》一文认为在"东宁大城子";此外还有阿城白城、宁古塔东北 50 里的刻印城(今牡丹江和海林河汇流处之南)、宁古塔东北后山城等说。

根据中国和朝鲜历史古籍记载,首先应该肯定"旧开原"是在朝鲜东北部,不会在吉林市附近,更不会在长春北面的农安一带。

《明太宗实录》卷 83,永乐十年(1412)六月辛酉条记载:"李显忠塔温新附人民缺食,乞赈贷之。"李显忠为建州卫官员,"塔温新附"于建州卫,可知塔温与建州卫相关联。塔温即图们江南今韩国稳城的古名。因"塔温新附"于建州卫的人们缺粮食,所以作为建州卫官吏的李显忠为之奏请赈济,此事证明建州卫在朝鲜东北面的图们江江北一带。

永乐八年(1410)春,建州卫与毛怜卫擅自出兵围击图们江江南庆源,后来朝鲜方面派军复攻毛怜卫地。据孟森考订"其时毛怜卫地在图们江北"。如果此时建州卫设在吉林市、农安等地,想与远在千里之外的毛怜卫合兵进击庆源,这是不可能的事,是不易之举。次年,《明太宗实录》卷 79,永乐九年(1411)九月辛酉条记载:"命建州卫指挥金事猛哥不花等十八人为毛怜等卫指挥使、千百户等官,赐之钞币。盖从建州卫都指挥李显忠所举也。"李显忠即是建州卫指挥使阿哈出长子释家奴的赐名,猛哥不花为其弟弟。毛怜卫设在图们江江北,而建州卫首领又兼管毛怜卫,也证明建州卫也在图们江江北一带。

据《明太宗实录》卷 55,永乐六年(1408)三月辛酉条记载:"忽的河、法胡河、卓儿河、海剌河等处女直野人头目哈剌(杨哈剌)等来朝,遂并其地入建州卫。"忽的河、法胡河、卓儿河、海剌河皆为噶哈里河支流的活儿河、卜儿哈兔河、达儿花川、海兰河的同名异译,均在今延边地区。这一地区河流能"遂并其地入建州卫",当与建州卫治不会太远。《明太宗实录》卷 47,永乐四年(1406)十一月乙丑条记载:"木楞古野人头目锁鲁阿等四十人来朝,命为建州卫指挥、千百户等官。"木楞古即穆棱河的音转。穆棱河流域的女真人去建州卫任职,可知二地必定相距不远。

又据《明太宗实录》卷108，永乐十五年（1417）十二月戊申条记载："建州卫指挥李显忠奏，颜春地区月儿速哥愿率家属归附居建州，从之。"颜春即今珲春以东滨海的颜楚河之地，其地距建州卫旧开原地方不远。若在长春北面农安等地，地隔数千里，往归谈何容易。《明实录》中大量史实，足以佐证建州卫初设在朝鲜东北部的图们江江北、珲春附近。

关于建州卫初置治所于朝鲜东北部，《李朝实录》记载更是不乏其例。明永乐初年置建州卫前后，曾多次派使者奉敕谕，经朝鲜到东开原（旧开原）、毛怜等地招谕女真各部。朝鲜方面说，太宗六年（明永乐四年，1406）八月庚戌条记载："（皇）帝于（朝鲜）东隅置建州卫是扼我（指朝鲜）咽喉，掣我右臂也。"又据《李朝世宗实录》卷27，世宗七年（明仁宗洪熙元年，1425）三月甲戌条记载："本国（朝鲜）北图们江界间延等处建州卫都司李满住、指挥童修甫答等，托以乞粮，各率管下百余人或二百人，连续出来，留连不还。"这些记载都说明，建州卫距图们江不远。建州卫地初设于旧开原（巨阳城、开元城），其地在图们江江北、珲春附近，这是无疑的。

建州卫是个大卫。明王朝对建州卫极为重视。建州卫朝贡，一般是"一年一贡"，以宣德、正统两朝为例，宣德朝的10年间，进京朝贡19次，正统朝的14年间朝贡14次。建州卫还设有"经历司"和"僧纲司"，这些都是其他卫所少见的。

为了加强对该卫的管理，明朝政府还派遣李钦、武忠、赵胜等官员去往建州卫巡视，可见明王朝对建州卫的管理是很严格的。另外，据《明实录》记载作的不完全统计，先后委任该卫官吏多达400余人。其中治卫成绩显著的官员有阿哈出、李满住等。

女真人阿哈出，做了建州卫第一任指挥使。他领奉明廷颁赐的"诰印"，穿着明朝皇帝赏给的"冠带、袭衣"，是明朝政府的地方官员，他又是明成祖朱棣一个妃子的父亲，所以是一个很有势力的人物，赐名李思诚，被委派到建州卫地行使统治权力。永乐八年（1410），其子释家奴，赐名为李显忠，继承其父职务，为建州卫指挥使。后来，阿哈出之孙李满住也做了建州卫指挥使等职。李满住于正统十二年（1447）由都督金事升为建州卫都督同知。

永乐二十一年（1423），建州卫西迁到婆猪江一带。婆猪江即鸭绿江支流佟家江，"朝鲜谐'婆猪'之音为'蒲州'，女真则谐'佟家'之音为'东果'，为'栋鄂'，为'东古'"[1]。李满住迁徙到婆猪江的具体地址，据《李朝世宗实录》卷25，世宗六年（永乐二十二年，1424）七月乙亥条记载："到鸭绿（江）相距一日程瓮村等处。"瓮村，据《新增东国舆地胜览》卷55，"江界都护府山川条"记载："瓮村里，属建州卫，距满浦二百七十里。"《李朝文宗实录》卷9，文宗元年（明景泰二年，1451）八月甲戌条又记载，李满住"还居兀剌山城瓮村"。兀剌山即五女山，在鸭绿江和婆猪江之北。女真人喜居山城，作为屯兵之地，一旦敌人来攻，则凭山城防敌。李满住在这里定居14年，在此期间屡与朝鲜发生战争，朝鲜军曾两度大举侵犯婆猪江。李满住多次向明朝中央请求内迁，于正统三年（1438）获准迁至今辽宁苏子河上游居住。据《明英宗实录》卷43，正统三年六月戊辰条记载："旧住婆猪江，屡被朝鲜国军马抢杀，不得安稳，今移住灶突山东浑江上（浑江上游苏子河），仍旧与朝廷效力，不敢有违。"灶突山位于苏子河上游南岸，在兴京老城的西南。灶突山，清代舆图作"呼兰哈达"，意即三座山峰。清王朝的"龙兴之地"——兴京就在这里。这里也是建州卫迁徙的最后卫址。

建州左卫。关于建州左卫设立的时间，据《明史》卷90记载，永乐十年（1412）设置。《明实录》记载建州左卫是从建州卫析置的，但未记载设置时间。《明太宗实录》永乐十一年（1413）十月甲戌条记载，猛哥帖木儿来朝时，其官职仍是建州卫指挥使，尚无左卫字样。直到永乐十四年（1416）二月壬午条，始有关于"建州左卫指挥猛哥帖木儿"一事的记载，以后，"建州左卫"不断见于记载。实际有关建州左卫猛哥帖木儿记事年月早在此时之前。

---

〔1〕孟森：《建州卫地址变迁考》，载孟森：《明清史论著集刊正续编》，河北教育出版社2000年版，第33页。

关于建州左卫的卫址问题,还是首先从建州女真斡朵里部的迁徙说起。建州左卫居民先世如同建州卫居民的先世一样,元代居住牡丹江下游。元初,蒙古军队占有松花江下游地区,设立斡朵怜、胡里改、桃温、脱斡怜、孛苦江等5个万户府,镇守北边。这5个万户府归辽阳等处行中书省所属的合兰府水达达路。清先世祖猛哥帖木儿即居住在斡朵怜。清修《明史》以及其他清代有关著述,对建州女真均多作隐讳。直到《清皇室四谱列帝谱》才不再避讳,明确指出清太祖努尔哈赤的先世猛哥帖木儿是"建州夷","初居三姓对岸的斡朵里"。三姓即今黑龙江省依兰。

在元末明初的战乱中,居住在牡丹江下游依兰地区的女真部落开始向牡丹江上游迁徙。阿哈出率领的胡里改部受命于明王朝,于绥芬河流域设立建州卫。其中猛哥帖木儿的斡朵怜溯牡丹江而上继续南迁,"置建州左卫于朝鲜镜城阿木河"。阿木河即斡木河。又据《东国舆地胜览》卷50记载:"本高句丽旧地,胡言斡木河(原注:亦云吾音会),本朝太宗朝,斡朵里猛哥帖木儿乘虚入居。"《李朝实录》也有记载:朝鲜"东北面吾音会猛哥帖木儿"的史实。吾音会即阿木河,今会宁。可见,建州左卫始设之地为图们江南的朝鲜会宁。明王朝把建州左卫设置在图们江南的阿木河流域,说明当年这一地区为明王朝领属。

后来建州左卫又迁入江北的原因,据《李朝实录》太宗十一年(永乐九年,1411)四月丙申条记载:"东北面吾音会猛哥帖木儿徙于开元路,……猛哥帖木儿尝侵庆源,畏其见伐,徙于凤州,凤州即开元。金于虚出所居。"于虚出即阿哈出。开元即建州卫阿哈出所在之地,前面已述建州卫初设于图们江北、珲春附近。此后一直到永乐二十一年(1423),猛哥帖木儿复率部人迁居阿木河。

猛哥帖木儿受明王朝委派,做了建州左卫第一任指挥之职。猛哥帖木儿虽然一度同朝鲜国王李成桂联系密切,但他始终忠于职守,受命于明王朝。即使迁居会宁,仍和明王朝保持密切关系,根据《明实录》记载,建州左卫设置于会宁后进京朝贡情况如表4-4。

表 4 - 4 《明实录》记载建州左卫置所会宁后进京朝贡表

时　　间	进京朝贡者	居住地
永乐二十二年十二月甲子	建州左卫猛哥帖木儿	建州左卫会宁
洪熙元年十二月丁亥	建州左卫猛哥帖木儿	建州左卫会宁
宣德元年十二月乙丑	建州左卫佟教化	建州左卫会宁
宣德三年正月癸卯	建州左卫达达忽	建州左卫会宁
宣德六年十二月庚戌	建州左卫佟塔察儿	建州左卫会宁
宣德七年二月丁酉	建州左卫凡察	建州左卫会宁
宣德八年二月丁亥	建州左卫猛哥帖木儿	建州左卫会宁

由表 4 - 4 可以看出：一是，建州左卫初置于会宁，即今图们江南岸吾音会，也就是阿木河。二是，建州左卫治所在会宁时，猛哥帖木儿还亲自进京朝贡 3 次，又派遣卫人佟教化、达达忽等多次进京朝贡。这说明建州左卫头人猛哥帖木儿是始终忠于大明王朝的。

当猛哥帖木儿居住在斡木河时，杨木塔兀率领家小军丁“男妇共五百余名”，也迁到斡木河与猛哥帖木儿部人共居一处。后来，杨木塔兀伙同兀狄哈人叛乱。明廷派遣辽东都指挥使裴俊领兵前去收编，凡察和猛哥帖木儿之子阿古（阿谷或权豆）也随同前往，猛哥帖木儿迎裴俊于斡木河住地。其后，杨木塔兀又纠集兀狄哈部 800 余人袭击了裴俊和猛哥帖木儿住地；猛哥帖木儿父子因保护裴俊而战死，凡察遁脱，裴俊突围到宁北镜（今富宁）。裴俊又在建州卫指挥李满住的配合下夺回被兀狄哈抢掠去的朝鲜人男女老小 64 口，护送回朝鲜。

猛哥帖木儿战死后，其弟凡察执掌建州左卫事。凡察为摆脱困境，于正统五年（1440）六月，分别由董山（猛哥帖木儿次子，亦名童仑）和凡察本人带领部下 300 余户离开会宁，来到苏子河畔同建州卫指挥李满住所部 1000 余户汇合。建州左卫和建州卫的女真人共处一地，标志着满洲主体的建州女真部初步形成。

关于建州左卫部人与建州卫部人同住一事。明廷作了如下安排："敕辽东总兵官曹义等安插尔等于三土河及婆猪江迤西冬古河两界

·欧·亚·历·史·文·化·文·库·

间,同李满住居处。尔等若果粮食艰难,即将带回男妇口数,从实报与总兵镇守官,给粮按济。"引文中的三土河,即今吉林省辉南和柳河县境内的三统河;冬古河即佟家江的支流董鄂河。

后来,董山和他的叔父凡察争建州左卫印。为解决其矛盾,明廷于正统七年(1442)二月,又从建州左卫分出建州右卫,置卫于三土河一带。另赐建州右卫印于凡察,因董山是猛哥帖木儿的嫡长子,故仍掌建州左卫印。从此建州卫、建州左卫、建州右卫最后形成,这就是历史上所称的"建州三卫"[1]。

毛怜卫。永乐三年(1405)十二月设立。《明太宗实录》卷39,永乐三年十二月甲戌条记载:"毛怜等处野人头目把儿逊等六十四人来朝,命设毛怜卫,以把儿逊等为指挥、千百户等官,并赐诰印、冠带、袭衣及钞币有差。"

关于毛怜卫的地址,日本人箭内亘等指出,即今黑龙江省穆棱河流域。毛怜,满语意为"马"。毛怜卫名称的起源,中央民族学院的《中国历史地图集》东北地区说明书第四编和日本人和田清《明初的满洲经略》均认为毛怜因居住于穆棱河流域而得名。但明洪武、永乐年间已经南迁,设卫之时其部人已迁居图们江一带。考《明实录》记载的毛怜卫头人把儿逊,其人也屡见于《李朝实录》的初年记载中。《李朝太宗实录》卷7,太宗四年(明永乐二年,1404)四月癸酉条记载,称把儿逊为"波乙所"。日本人和田清《明初的满洲经略》一文中也作"波乙所"。池内宏在《鲜初之东北境和女真的关系》一文中又称把儿逊为八乙速或八儿速。八儿速在《龙飞御天歌》卷7第53章是这样记载的,"兀良哈土门括儿牙八儿速"。"土门,地名,在豆漫江之北,南距庆源六十里",土门即今图们江,括儿牙为姓氏的一种,可知八儿速是居住"土门"地方。宣德六年(1431),遣内官昌盛、尹凤、张童儿、张定安等经朝鲜东北到毛怜等处采捕海东青。《李朝世宗实录》卷53,世宗十三

---

〔1〕参见杨旸,袁闾琨,傅朗云编著:《明代奴儿干都司及其卫所研究》,中州书画社1982年版,第184-219页;杨旸主编:《明代东北疆域研究》,吉林人民出版社2008年版,第186-204页。

年(宣德六年,1431)八月己亥条记载:"上谓安崇善曰:毛怜卫在何处? 对曰:臣未知之。上曰:其问于投化人以启即召崔于夫加崔毛多好等问 之。答曰:毛怜卫在古庆源、斡木河之间,前此波乙所(把儿逊)为其卫 主,波乙所子阿里,阿里子都乙好袭职为指挥。其地离新庆源三日程 也。上曰:然则毛怜卫与我国不远矣。"新庆源即今图们江南朝鲜庆源 城,其北三日程,约当珲春、图们市以北之地。

毛怜卫另一个头人阿古车,《李朝太宗实录》卷19,太宗十年(永乐 八年,1410)三月乙亥条也记载"居处豆门",豆门即土门、图们。可知 毛怜卫置于图们江一带。再从《李朝太宗实录》另一条记载也可得到 证实,"吉州道察理使赵涓至豆门,诱杀毛怜卫指挥把儿逊、阿古车、着 和,千户下乙主等四人",也可足证毛怜卫置于"豆门"地方。《李朝实 录》中关于此类史料不乏其例。

另外,从明代驿站建置也可佐证毛怜卫治所。《辽东志》卷9,明代 "纳丹府东北陆路"的路线是由潭州(今敦化)东北行到古州(今宁安县 城),古州的下一站为开元(旧开原)。旧开原的下一站即"纳丹府东北 陆路"的终点站毛怜站,并注明毛怜在"旧开原南"。旧开原为今绥芬 河流域,其南当为今图们江北珲春县境。综合上述材料,可充分看出毛 怜卫初置时,是在朝鲜东北面,今图们江下游江北地域一带。毛怜卫虽 建置在图们江下游江北,但其邻近江南地域也都是毛怜卫管辖范围内。

毛怜卫印,1933年在今吉林省延边朝 鲜族自治州和龙县出土。印为铜铸方形, 边长3寸,厚8分,印文为篆文:"毛怜卫指 挥使司之印。"印背镌刻"礼部造永乐三年 十二月□日"。礼部造印年月即"永乐三年 (1405)十二月",与《明实录》记载建卫时 间完全相符。文物与文献结合,相得益彰。 毛怜卫印的出土,正是明政府在东北边疆 建立军政地方权力机构的历史见证。

毛怜卫指挥使司之印

毛怜卫首领女真人把儿逊于永乐三年(1405)做了毛怜卫第一任

·欧·亚·历·史·文·化·文·库·

指挥官职,永乐八年(1410)为朝鲜所杀害。永乐九年(1411),明廷任命建州卫指挥释家奴(赐名李显忠)之弟猛哥不花为毛怜卫指挥使,猛哥不花以屡从征蒙古有功,升为"右军都督府佥事"。永乐后期,毛怜卫迁至"鸭绿江西,佟家江地面",以后渐成建州卫的一部。

温下卫、岐山卫,此2卫设在毛怜卫"麾下",不再赘述。

综上所述,明代东北疆域的图们江流域共设置了9个卫。除了建州右卫是在正统年间设立的外,其余均是永乐年间建置的。[1]

表4-5　奴儿干都司乌苏里江与图们江流域等地区卫所设立情况表

序号	卫所名称	设置时间	所在位置	备考
1	忽鲁木卫	正统后增置	今乌苏里江西岸比拉雅河流域的和尔迈山地带	
2	亦速里河卫	永乐五年三月己巳	今乌苏里江流域	又称乌苏里河卫
3	伏里其卫	永乐七年四月癸巳	今乌苏里江支流霍尔河口附近	
4	阿古河卫	永乐五年正月戊辰	今乌苏里江支流阿古河流域	
5	失儿兀赤卫	永乐十二年十二月壬申	今乌苏里江右岸、伊曼河以北的原实尔固辰屯	
6	失里绵卫	永乐三年正月丁巳	今绥芬河与乌苏里江流域一带	
7	麦兰河卫	永乐四年	今穆棱河流域	
8	亦麻河卫	永乐八年二月戊戌	今乌苏里江右岸支流伊满河口伊曼斯克	
9	恨克卫	嘉靖、万历年间	今兴凯湖畔	
10	莫温河卫	永乐六年正月甲戌	今兴凯湖西南们河流域	卫印已出土
11	亦鲁河卫	正统后增置	今兴凯湖南伊鲁河流域	
12	兀也卫	正统后继置	今俄罗斯刀毕河流域	
13	勿儿秃河卫	正统后继置	今乌拉河流域	
14	速平江卫	永乐四年二月庚寅	今绥芬河流域	

[1]参见杨旸主编:《明代东北疆域研究》,吉林人民出版社2008年版,第205-206页。

序号	卫所名称	设置时间	所在位置	备考
15	剌山卫	正统后设立	兴凯湖南面原拉拉山附近	
16	勒伏卫	正统后设置	今兴凯湖南的勒富河流域	
17	双城卫	永乐四年闰七月甲戌	今俄罗斯乌苏里斯克	
18	使坊河卫	永乐八年二月戊戌	今绥芬河支流舒范河流域	
19	木阳河卫	永乐五年正月丁卯	今绥芬河支流俄罗斯格尔兹纳亚河	
20	牙鲁卫	永乐六年三月丁卯	临近滨海的塔乌黑河流域	
21	失里卫	永乐六年二月丙申	临近滨海的苏祖河流域	又称薛列河卫
22	喜乐温河卫	永乐五年正月丁卯	今图们江口、颜楚河流域的波谢特湾附近	又称希刺温卫或喜刺乌卫
23	斡兰河卫	永乐六年二月丙申	注入日本海的萨马尔基河流域	
24	鱼失千户所	永乐五年正月壬辰	注入日本海的纳塔河流域	又称奥失千户所
25	童宽山卫	永乐六年二月丙申	今吉林省珲春市东北通肯山地	又称童宽卫
26	古鲁浑山卫	永乐五年二月癸丑	今珲春东南、图们江北古鲁浑山地	
27	卜忽秃河卫	永乐十二年三月庚辰	今吉林省延边朝鲜族自治州布尔哈通河流域	
28	建州卫	永乐元年十一月辛丑	始置于图们江北、珲春附近。永乐二十一年西迁婆猪江，即佟家江一带。正统三年又迁至辽宁苏子河上游	
29	建州左卫	永乐十年	始置于图们江南阿木河会宁。后迁江北建州卫地。到永乐二十一年又迁回会宁。正统五年最后迁入苏子河建州卫地	

·欧·亚·历·史·文·化·文·库·

续表 4 - 5

序号	卫所名称	设置时间	所在位置	备考
30	建州右卫	正统七年二月甲辰	今吉林省辉南和柳河县境内三统河流域	
31	毛怜卫	永乐三年十二月甲戌	初置于图们江下游江北地域。据史料记载邻近江南地域也是毛怜卫辖治范围内	卫印已出土
32	温下卫		毛怜卫统属	
33	岐山卫		毛怜卫统属	

资料来源:杨旸,袁闾琨,傅朗云编著:《明代奴儿干都司及其卫所研究》,中州书画社 1982 年版,第 309 - 311 页;杨旸主编:《明代东北疆域研究》,吉林人民出版社 2008 年版,第 267 - 268 页。

4.1.3　明清时期噶珊制度

噶珊是满语 gašan,"乡村"、"屯落"、"村寨"之意。噶珊一词,各族发音也不一致,如兴安岭一带的鄂伦春人叫做 gasin,库页岛的奥罗奇人则叫作 gasa。噶珊在汉文历史文献中,多记作噶山、噶尚、噶栅、嘎山、嘎栅、嘎善、嘎三、哈沙等等多种音译形式,汉字译音虽不统一,但所指意思完全一样。

4.1.3.1　明代噶珊制度

满族先世女真人从明代开始由"无市井城廓,逐水草为居"的渔猎生活方式逐步向定居过渡,在他们的居住地逐渐形成了同一氏族或不同氏族成员组成的地域组织,女真语称之谓"噶珊"(噶栅或嘎栅),汉语译为"寨",即村、屯之意。明代女真人的噶珊大体分为三种形态。

第一种形态是在某种程度上保留了血缘关系形态的噶珊。这种形态的噶珊主要是体现在黑龙江流域的"野人女真"之中,由于他们长期在比较封闭的环境中从事渔猎生活,仍然保持着比较完整的氏族组织,这种形态的噶珊一般是由单一血缘的男性成员及其家庭组成,是血缘关系与地缘关系高度统一的噶珊。第二种形态是以某一氏族为中心,而又附入若干外来成分所组成的地缘噶珊。这种形态的噶珊主要体现在"海西女真"之中,由于这种形态的噶珊中氏族势力强盛的一支很容易取得支配地位,很容易形成异姓氏族依附于同姓氏族的关系。第三种形态是不同的血缘氏族所组成的地缘噶珊。这种形态的噶珊主要体现在建州女真之中,由于建州女真多次南迁,形成了多重血缘成分的噶珊,不同的血缘氏族各有自己的特殊利益,但在抵御外来势力的侵扰时利益是一致的。

噶珊的酋长是噶珊达。噶珊达的对内职能包括社会日常生活的管理,组织狩猎或捕鱼,负责产品分配,调节内部纠纷以及主持宗教、祭祀活动等等。

噶珊达不仅负有管理职能,还兼有惩罚的权力。如果遇到噶珊内的人有"窃人之财"、"与人私情"、"欺孤灭寡"等不正当的行为,待到春秋祭祀时当众询问,如果事已证实,则向祖坟(或祖宗板子)罚跪,由噶珊达用柳条对犯有不正当行为的人进行抽打。

噶珊达的对外职能,主要是联合周围的噶珊,共同抵御外部的掳掠和侵害。由于社会生产力的逐步提高和私有财产的出现,噶珊之间、部落之间频繁出现掳掠人口、牲畜和其他财产的现象,"自相侵掠,抢夺人畜,其被耗者,亦必报复"[1]。为了防止掳掠或取得掳掠的成功,噶珊达需协调联合周围的大小噶珊,互相救援、互相配合,以使本噶珊的利益不受损害。

噶珊达虽然负有对内管理职能和对外协调等职能,但还没有攫取到对社会中的生产资料与产品的特殊占有权,噶珊内的成员"鸿猎资生",仍自主地支配自己的劳动所得。噶珊达积聚财力尚少,经济上不具备强制的手段,为维持生计噶珊达也要从事渔猎生产。噶珊的出现,使女真族由依血缘关系为基础而结合的氏族组织逐渐过渡到依地域关系而结合的地缘团体,这是满族先世由渔猎经济向农牧业经济过渡的开始,也是女真社会的一大进步。

随着女真社会的不断发展,人丁数量逐步增加,地缘团体首

---

[1]《朝鲜世宗实录》卷88。参见杨锡春:《满族先人最早的村屯——噶栅》,载杨锡春:《满族风俗考》,黑龙江人民出版社1988年版,第8页。

领——噶珊达的作用开始削弱。而血缘关系为主的族寨首领——族长(穆昆达)的权力逐渐增强。这种族寨是八旗制度建立之前的大家庭聚居的群体,它既是血缘组织,又是生产和狩猎的组织。他们"凡出兵校猎,不计人之多寡,各随族党屯寨而行"[1]。穆昆达是每个聚居的家庭拥护的族长。穆昆达不是世袭,也不由官方任命,而是由各家庭共同推举德高望重的人来担任。穆昆达在家庭中享有很大的权力,凡是遇到家祭、族祭、抄家谱、婚丧嫁娶、家庭纠纷等大事,都要请穆昆达来裁决或处理。每年的七月十五日(阴历或农历),在祠堂或祖坟前主持全族的祭祖活动,是穆昆达的主要责任。通过一年一度的祭祖活动,加深族人的血缘整体观念,增强家族的凝聚力。对外,穆昆达有保护本族寨利益的权力。此俗一直沿袭到建国初期,建国之初,黑龙江省宁安市黄旗村、大牡丹村、卜家村、额府村都还有穆昆达存在,只是不公开活动而已。[2]

4.1.3.2　清代噶珊制度

对黑龙江下游及乌苏里江以东未编旗设佐的各族部民(也称为边民),清朝统治者采用的既非八旗制度,也不同于内地的州县制度,而是利用噶珊(满语 gašan,村屯之意)组织进行管理的噶珊制度。各族群众按期向清政府缴纳貂皮贡赋,这是清政府对这一广大地区实施有效管辖的生动体现。

噶珊成为一级地方行政机构,是将没有编入八旗旗佐的东北各族边民编入户籍,以村屯或氏族为单位,"各设姓长、乡长,分户管辖,盖与编户无异云"[3],这即为噶珊组织。它与旗佐制一样,是清政府在东北地区设置的一级地方行政机构。噶珊组织具有双重性质,既是村屯、氏族组织,又是清朝的地方行政机构。

噶珊制度利用当地原有的哈拉与噶珊两级组织,作为地方基层政

〔1〕《清实录》第1册《满洲实录》卷3,中华书局1986年版,第46页。
〔2〕杨锡春:《满族先人最早的村屯——噶栅》,载杨锡春:《满族风俗考》,黑龙江人民出版社1988年版,第7-9页。
〔3〕《清朝文献通考》(二)卷271《舆地三》,第7279页。

权,负责管理当地各族边民。哈拉即"姓",满语与赫哲语称 hala,使鹿鄂伦春称 Kalā,毕拉尔、玛涅格尔称 Kala,涅吉达尔、奥伦奇叫 Khala,费雅喀人则称 Kal。[1] 一般说来,同一哈拉的人属于同一血缘组织集团。随着姓内族众的繁衍,不断分离出一些新的支派,从支派中又分离出一些更小的、经常进行相对独立活动的近亲集团——穆昆(mukūn,族)。姓与族的首领则分别称为哈喇达(哈拉达)、穆昆达。

每个噶珊的居民,可能属于同姓,也可能不同姓,而主要是以地域关系组合在一起。小的噶珊只有几户、十几户人家,一般为一二十家,大的噶珊也有多达三四十乃至七八十户居民的。较大的噶珊又常常由若干个法拉哈(Falga)即街道、里弄组成。同一法拉哈之人多属于同一穆昆,所以法拉哈常被视作"在一条街上的家的集团",穆昆与法拉哈经常连用为 mukūn falga,即"宗族"。噶珊与法拉哈的首领分别称为噶珊达与法拉哈达。哈拉与噶珊是黑龙江及乌苏里江流域广大地区各族固有的社会单位与聚落形态。哈拉之人原本具有血缘关系,但"随着时间的推移,各氏族有了很大的发展,他们分散到邻近各村,同其他各氏族杂居,因而土著居民按氏族的划分自然而然就转化为按乡区来划分"。[2] 这样地域关系逐渐占有了主导地位,许多哈拉组织也不再是纯血缘集团,而成了地域集团——噶珊的上一级组织。

当赫哲等族部分内迁被编为满洲八旗时,清政府即充分考虑了其原有的地域与血缘组织,"率族众来投者,遂编其穆昆达为世袭佐领,阿喇哈穆昆达(副族长)为世袭骁骑校。率所属来投者,遂编其嘎山达为世袭佐领,法拉哈达为世袭骁骑校"[3]。对于仍留居原地的各族,则就其原有哈拉、噶珊组织"设姓长、乡长,子弟以统之"[4],其上"辖以三姓副都统,统以吉林将军"。清政府利用各族固有的哈拉、噶珊组

〔1〕〔俄〕施连克:《黑龙江地区的异族人》,转引自《书香》第 15 卷 16 号,布村一夫:《满洲史研究》,东京 1936 年版,第 30 页。

〔2〕〔俄〕施连克:《黑龙江地区的异族人》,第 56 页。

〔3〕〔清〕萨英额:《吉林外纪》卷 3,吉林文史出版社 1986 年版,第 36 页。

〔4〕〔清〕石荣暲:《库页岛志略》卷 1,载任国绪主编:《宦海伏波大事记》(《黑水丛书》4),黑龙江人民出版社 1994 年版,第 804 页。

织,"各设姓长、乡长,分户管辖,盖与编户无异"[1]。施连克也认为:清代的"中国政府未费吹灰之力,就把这一纯属家族的原则变为地区性的乡区的原则,从而用于达到其行政目的的手段"[2]。清政府利用当地设置的噶珊制度,一方面是隶籍其民,岁征贡貂;另一方面,"有警则声气相通,安常则渔猎得所,殆寓边防之深意焉"[3]。

姓长(哈喇达)、乡长(噶珊达)是噶珊组织的行政长官,由当地各族上层人物充任。一般由选举产生,经清政府承认,由宁古塔章京或出征将帅直接任命。姓长、乡长负有治理地方、督促居民按时纳贡、处理刑事纠纷等职责。同时,他们也享有一定特权,如可进京娶亲、多得赏赐等。乡长、姓长既是当地各族上层人物,又是清廷拥有实权的地方官吏。入关前,清政府正是通过噶珊组织对未编旗设佐的东北边疆各族边民进行管理,依靠其收取貂皮贡赋。这种氏族与村寨相结合的基层行政组织的建立,是清政权在东北边民中进行编户,以确立统治的结果。

黑龙江中下游、乌苏里江流域噶珊可以说是星罗棋布,据《康熙皇舆全览图》记载,今黑龙江下游地区就有71个噶珊,《吉林通志》著录的更多。现参考《清代东北噶珊考》一文简单将黑龙江下游部分噶珊列成表4-6。

表4-6仅列出黑龙江下游清代噶珊的一部分,但可以看出一个重要问题,清代噶珊地址,有许多是明代卫所的旧址,说明清代噶珊和明代卫所有联系。清代的噶珊制度,是明代卫所制度的继承和发展,二者有许多共同之处,但它们也有不同的地方。其一,卫所制度是军政合一的地方权力机构,而噶珊制度完全是地方行政权力机构。其二,奴儿干都司不隶属于明五军都督府,而是隶属于明王朝的职方清吏司管理,是直属明朝中央政府的,实际上具体事务是由辽东都司兼管。而清代

---

[1]《清朝文献通考》卷271《舆地三》,第7279页。

[2]〔俄〕施连克:《黑龙江地区的异族人》,第30页。

[3]〔清〕长顺修,李桂林纂:《吉林通志》卷17《舆地志五·疆域三》,吉林文史出版社1986年版,第328页。

噶珊是直接先由宁古塔将军统管,后统属于吉林将军。

表4-6　黑龙江下游赫哲噶珊分布表

噶珊名称	居住名族	位　　置	备　注
伯力	赫哲	乌苏里江与黑龙江交汇处,今俄罗斯境内哈巴罗夫斯克	
喜站	赫哲	伯力东锡占河畔	明代喜申卫旧址
达齐林	赫哲	黑龙江左岸,库尔河口右侧,今俄境帖尔马纳	
卓尔必	赫哲	黑龙江左岸,今俄境锡卡契对岸	
伊尔库鲁	赫哲	黑龙江右岸,今俄境耶拉布加	明亦儿古里卫旧址
乌克素米	赫哲	黑龙江右岸,今俄境萨腊普耳斯科耶	
穆苏	赫哲	黑龙江右岸,今俄境辛达附近	
噶三	赫哲	黑龙江右岸,敦敦河口左侧	
敦敦	赫哲	黑龙江右岸,敦敦河口右侧,今俄境阿纽依河口	明镇真河卫旧址
德勒科	赫哲	黑龙江左岸,敦敦河口对面	
赫恨	赫哲	黑龙江左岸,今俄境特罗依次科耶对岸	
绰拉剔	赫哲	黑龙江右岸,今俄境阿纽依河口附近	帖列山卫旧址
奴垒必儿忒	赫哲	黑龙江左岸,今俄境博隆湖口附近	
萨尔布	赫哲	黑龙江右岸,今俄境宏加里河附近	明撒儿忽卫旧址
乌扎拉	赫哲	黑龙江左岸,今俄境乌扎拉山脚下	
格根	赫哲	黑龙江左岸,今俄境格林河口附近	明葛林河卫旧址
宏格力	赫哲	黑龙江右岸,今俄境宏格力河口附近	
傅达力	赫哲	黑龙江左岸,今俄境付答哈河口附近	明弗朵河卫旧址
莽阿禅	赫哲	黑龙江左岸,今俄境亨滚河口北岸	明满泾卫旧址

资料来源:丛佩远、赵鸣岐:《清代东北噶珊考》,载《学术研究丛刊》1982年第4期。参见杨旸主编:《明清东北亚丝绸之路与虾夷锦研究》,辽海出版社2001年版,第180-181页。

表4-6仅列出黑龙江下游清代噶珊的一部分,但可以看出一个重要问题,清代噶珊地址,有许多是明代卫所的旧址,说明清代噶珊和明代卫所有联系。清代的噶珊制度,是明代卫所制度的继承和发展,二者有许多共同之处,但它们也有不同的地方。其一,卫所制度是军政合一的地方权力机构,而噶珊制度完全是地方行政权力机构。其二,奴儿干都司不隶属于明五军都督府,而是隶属于明王朝的职方清吏司管理,是直属明朝中央政府的,实际上具体事务是由辽东都司兼管。而清代噶珊是直接先由宁古塔将军统管,后统属于吉林将军。

噶珊与噶珊制度一经建立之后,所有姓长和乡长,都由清政府任"官给顶戴文凭"[1],还发给"满文凭证",予以职务权力的政治保证。姓长、乡长除了组织渔猎生产、处理区域内各种纠纷和维护清政府地方秩序外,还有一个重要任务就是"征收贡品",按时向清政府缴纳,不可懈怠。所以说,由于噶珊与噶珊制度的建立,才有当地少数民族向清政府缴税贡貂之举,有了贡貂才能有回赏,即形成了赏乌林制度。有了赏乌林制度,才有内地丝绸诸物源源不断地携带、运往黑龙江下游等地区。而东北亚丝绸之路的功能又促进了赏乌林制度的巩固和发展。

4.1.4 清代东北三将军体制

入关后,清政府为加强对东北边疆各部族的管理,从中央到地方建立起一整套行政机构。在中央特设理藩院,领有黑龙江流域内的哲里木盟的科尔沁、札赉特、杜尔伯特、郭尔罗斯等4部科尔沁十旗,兼辖的还有游牧内属各部,如黑龙江布特哈等;此外,还负责管理少数民族首领朝觐、贡物、宴赍、廪饩、封爵和俸禄等事务。理藩院作为盟旗的上级机关,代表中央行使统辖权,管理有关蒙古事务,使蒙古各部通过理藩院听命于皇帝。科尔沁蒙古各部被置于清朝中央政府的统一管理之下,必须秉承中央政府政令及皇帝旨意,中央政府在当地行使管理职权。

---

〔1〕〔清〕曹廷杰:《西伯利东偏纪要》,载李兴盛,齐书深,赵桂荣主编:《陈浏集》(《黑水丛书》8),黑龙江人民出版社2001年版,第1313页。

清政府管理东北边疆少数民族事务的地方军政机构主要为八旗驻防衙门,在地方则设有驻防将军、副都统等,分管各地少数民族军政事务。

4.1.4.1 将军

顺治元年(1644),清朝定都北京后,以盛京为留都,总辖东北,后相继设立盛京将军、宁古塔将军、黑龙江将军,以军府建置统治东北地区,分地管辖。"清制各省皆设八旗官兵驻防,以将军、副都统领之。虽所司繁简略异,而职任无殊。唯盛京、吉林、黑龙江俱以肇邦重地,俾之作镇,统治军民,绥徕边境。其政务较繁,而委任特为隆重。核其职掌,盖即前代留守之比,与各省将军但膺阃寄者不同。"[1]

盛京将军。顺治元年(1644),清政府以正黄旗内大臣何洛会出任盛京总管(正二品),统兵镇守盛京等处,所辖疆域"东至兴京边二百八十余里吉林界,西至山海关八百余里直隶临榆县界,南至宁海南境七百三十余里海界,北至开原边境二百六十余里,东南至镇江城五百四十余里朝鲜界,西南至海八百余里,东北至威远堡二百三十余里吉林界,西北至九官台边门四百五十余里蒙古界"[2] 顺治三年(1646),改称奉天昂邦章京(正一品,"总管"之意)。康熙元年(1662)改称镇守辽东等处将军,四年(1665)改称镇守奉天等处将军。[3] 乾隆十二年(1747),又改为镇守盛京等处将军[4],但习惯上仍称为奉天将军,职掌"镇抚留都,安辑旗民,董率文武。凡军师卒戍,田庄粮糈之籍,疆域之广轮,关梁之要隘,咸周知其数,以时简稽而修饬之"[5],下设奉天、锦州、熊岳 3 个副都统辖区,各设协领、佐领、城守尉等,以管理各处驻防八旗及少数民族事务。

---

〔1〕万福麟监修,张伯英总纂:《黑龙江志稿》卷 43,黑龙江人民出版社 1992 年版,第 1776 页。

〔2〕〔清〕阿桂等纂修:《盛京通志》卷 24《疆域形胜》,辽海出版社 1997 年版,第 392 页。

〔3〕《清圣祖实录》卷 15,康熙四年六月己未。

〔4〕王树楠,吴廷燮,金毓黻等纂:《奉天通志》卷 124《职官三·清》,东北文史丛书编辑委员会 1983 年版,第 2824 页。

〔5〕清高宗敕撰:《清朝通典》(三)卷 36《职官十四》,商务印书馆 1935 年版,第 2215 页。

此外,盛京作为清朝陪都,清廷在这里设立盛京五部侍郎、奉天府,盛京将军节制奉天府尹,会商盛京五部,形成一套独特的地方管理体制。从对中央隶属关系上看,实行盛京将军与盛京五部侍郎双重管理体系;从地方管理实体来看,实行盛京将军与奉天府尹双轨领导体系,分别统辖旗人、民人。盛京五部衙门所司与盛京将军、奉天府尹之职权范围多有交叉,有时须会同盛京将军及奉天府尹共同协商处理一些政务。[1] 盛京五部侍郎为户、礼、兵、刑、工,户部掌财赋,礼部掌朝祭礼仪,兵部掌盛京地区各边门稽查及驿站传递,刑部掌审旗人及边外蒙古事件以及旗、民交涉之案,工部掌营缮工程事务。各部俱设满缺侍郎1人,品秩视同京师,直接隶属中央,负责皇室在盛京地区的有关事宜,可直接向皇帝奏事。东北边疆诸部族移驻盛京各地前后、调往京师及新疆等地时,盛京户部、工部等承担了大量安置、赈济等工作。

宁古塔(吉林)将军。顺治十年(1653),宁古塔梅勒章京升为宁古塔昂邦章京,与奉天昂邦章京同为镇守东北地区的最高军政官员。康熙元年(1662),宁古塔昂邦章京改称为"镇守宁古塔等处地方将军",简称宁古塔将军。所辖疆域"西南至盛京八百二十余里,又西南至京师二千三百余里,东至海三千余里,西至威远堡门五百九十五里开原县界,南至长白山一千三百余里,南为朝鲜界,北至拉哈福阿里库六百余里蒙古界"。[2] 其职掌是"镇守吉林乌拉等处地方,缮固镇戍,绥和军民,秩祀山川,辑宁边境"。[3] 将军衙门初驻宁古塔旧城(后金天聪八年,公元1634年建,今黑龙江省海林市旧街);康熙五年(1666),移驻新建成的宁古塔新城(今黑龙江省宁安市)。康熙十五年(1676),"宁古塔将军移驻吉林,吉林副都统移驻宁古塔"。[4] 康熙二十二年(1683),统辖地区缩小为松花江以东及乌苏里江、绥芬河、牡丹江、图们江等流域,黑龙江下游及包括库页岛等诸岛在内的地区,其余划归

---

〔1〕马汝珩,马大正主编:《清代的边疆政策》,中国社会科学出版社1994年版,第315-316页。

〔2〕〔清〕阿桂等纂修:《盛京通志》卷24《疆域形胜》,辽海出版社1997年版,第401页。

〔3〕清高宗敕撰:《清朝通典》(三)卷36《职官十四》,商务印书馆1935年版,第2215页。

〔4〕〔清〕萨英额:《吉林外纪》卷3《建置沿革》,吉林文史出版社1986年版,第38页。

黑龙江将军辖区。乾隆二十二年（1757），宁古塔将军改称"镇守吉林等处地方将军"。

黑龙江将军。黑龙江将军也称瑷珲将军，设置于康熙二十二年（1683），全称为"镇守黑龙江等处地方将军"（简称黑龙江将军），辖区"西南至盛京一千八百余里，又西南至京师三千三百余里，东至额尔伯克依河二千二百余里宁古塔界，西至喀尔喀九百余里车臣汗界，南至松花江五百里宁古塔界，北至外兴安岭三千三百余里俄罗斯界"。[1]将军衙门驻地几经迁移。康熙二十二年（1683），初驻于黑龙江左岸的黑龙江城（旧瑷珲城）；二十三年（1684），南迁到黑龙江右岸的新瑷珲城（今黑河市瑷珲镇）；二十九年（1690），又迁至墨尔根城（今嫩江县城）；三十八年（1699）最后移驻齐齐哈尔城。

4.1.4.2　副都统

副都统，正二品官。驻守地区设有将军者，由将军兼辖；无将军兼辖者，则独当一面。作为将军之下的重要武职旗官，多专城驻防。在副都统以下，"置协领、参领、佐领、防御等官，各视兵数多寡定额有差，以掌巡防讥查之事"[2]，其防务既可奏报中央兵部，也可直接向皇帝奏事。副都统署因各驻防区域大小不同，统领旗兵额数不同，机构建置也各有差异。在将军辖区内，划分有副都统辖区，设置副都统衙门，管理各处驻防事务、八旗事务及少数民族事务。

盛京将军辖区内副都统。盛京将军辖区下设奉天、锦州、熊岳城3个副都统。奉天副都统，康熙元年（1662）设；锦州及熊岳城副都统，均为雍正五年（1727）设。

吉林将军辖区内副都统。吉林将军以下，分设吉林、宁古塔、三姓、伯都讷、阿勒楚喀5个副都统辖区。

吉林副都统：设于康熙十年（1671），从宁古塔调来副都统一员，驻于吉林乌喇，仍沿称为宁古塔副都统。十五年（1676），"以宁古塔将军

---

〔1〕〔清〕阿桂等纂修：《盛京通志》卷24《疆域形胜》，辽海出版社1997年版，第402页。

〔2〕〔清〕长顺修，李桂林纂：《吉林通志》卷60《职官志三·国朝》，吉林文史出版社1986年版，第953页。

移驻吉林,增设吉林副都统一人"。[1]三十一年(1692),吉林副都统调为伯都讷副都统,从康熙三十一年至雍正三年(1692—1725)期间曾一度撤销,雍正三年(1725)复设吉林副都统。

宁古塔副都统:顺治九年(1652),始设梅勒章京,隶于奉天昂邦章京,是为宁古塔副都统的前身;十年(1653),升格为宁古塔昂邦章京后,仍设梅勒章京作为昂邦章京的助手。康熙元年(1662),在宁古塔昂邦章京改为宁古塔将军的同时,梅勒章京也改称副都统;十五年(1676),宁古塔将军迁驻吉林乌喇后,"留副都统一人驻宁古塔"[2],宁古塔副都统衙门正式设置,管辖黑龙江下游及乌苏里江以东广大地区。

三姓副都统:康熙五十三年(1714),在三姓地方(今依兰县)设置协领一员,置协领衙门,归宁古塔副都统管辖。雍正九年(1731),"添设三姓地方副都统一员、佐领六员、防御四员、笔帖式二员、披甲八百名"。[3] 关于三姓副都统衙门设立时间,学界观点不统一,或认为雍正七年(1729)[4],或认为雍正九年(1731)[5],或认为雍正十年(1732)[6]。笔者同意第三种观点,即雍正十年(1732)正式设立三姓副都统,并建立三姓副都统衙门,管辖黑龙江下游、松花江与乌苏里江流域以及滨海和库页岛等地区赫哲、鄂伦春、费雅喀及库页等族。

三姓副都统衙门下设副都统1人,协领2人,辖下各旗额设官员以乾隆八年(1743)为例[7],详表4-7。

---

[1]《清朝文献通考》卷182《兵考四》,第6431页。

[2]《清朝文献通考》卷182《兵考四》,第6431页。

[3]《清世宗实录》卷112,雍正九年十一月辛巳。

[4]《依兰县文物志》编写组编纂:《依兰县文物志》,北方文物杂志社1988年版,第7页。

[5]王锺翰主编《中国民族史》认为是1731年(雍正九年)将当地协领(三姓)衙门升格为副都统衙门,中国社会科学出版社1994年版,第772页。

[6]刘敏:《试析清代至民国时期赫哲族人口锐减的原因》,载于《黑龙江社会科学》2006年第5期,第150页。该文认为是雍正十年(1732),由于扩大三姓建制,设三姓副都统衙门。《三姓副都统衙门满文档案译编》一书译编说明亦称雍正十年改设(三姓)副都统衙门。

[7]现藏于辽宁省档案馆的《三姓副都统衙门档案》,只存乾隆朝至光绪朝档案,康熙五十三年至雍正十三年(1714—1735)的档案缺失。

表 4 - 7 三姓地方额设官员数目情况表

旗 分	佐 领	世管佐领	公中佐领	防 御	骁骑校
正黄旗	3	1	2	2	3
镶黄旗	3	1	2	2	3
正白旗	3	1	2	2	3
镶白旗	2		2	2	2
正红旗	3	1	2	2	3
镶红旗	2		2	2	2
正蓝旗	2		2	2	2
镶蓝旗	2		2	2	2
合 计	20	4	16	16	20

资料来源:据辽宁省档案馆等编译《清代三姓副都统衙门满汉文档案选编》,《三姓副都统崇提为报三姓地方额设官员事咨吉林将军衙门》乾隆八年闰四月十二日,辽沈书社1984年版,第341页有关资料所制。

伯都讷副都统:设于康熙三十一年(1692)[1],管理伯都讷、长春、永吉等地八旗事务,兼理锡伯、卦尔察、喀尔喀、巴尔虎等佐领及境内蒙旗事务。[2]

阿勒楚喀副都统:雍正三年(1725),清政府始设阿勒楚喀协领。乾隆九年(1744)在拉林设置拉林副都统。十年(1745)将原阿勒楚喀协领也移驻于拉林,称"拉林阿勒楚喀副都统"。[3]二十一年(1756),正式设置阿勒楚喀副都统,拉林和阿勒楚喀各设副都统衙门,实行分治。三十四年(1769),"将拉林副都统员缺裁汰,选一贤能协领,驻劄该处,令阿勒楚喀副都统兼管"。[4]

黑龙江将军辖区内副都统、总管。黑龙江将军辖区先后设有齐齐哈尔、黑龙江城、墨尔根、布特哈等副都统(或副都统衔总管)及其衙

---

〔1〕定宜庄认为:"设于康熙三十四年(1695)……招抚兵源是于此地设副都统的主要用意之一……除此之外,设驻防于此还有削弱蒙古的用意",载定宜庄:《清代八旗驻防研究》,辽宁民族出版社2003年版,第80页。

〔2〕田志和、潘景隆:《吉林建置沿革概述》,吉林人民出版社1990年版,第77页。

〔3〕《清高宗实录》卷240,乾隆十年五月癸酉。

〔4〕《清高宗实录》卷827,乾隆三十四年正月辛丑。

门。黑龙江地方管理体制的建设与充实,在雅克萨战争后有了进一步发展。"镇以重臣,屯以劲旅,以齐齐哈尔为省会,而墨尔根、黑龙江、呼伦贝尔、布特哈、呼兰五城隶之"[1] 其中,除齐齐哈尔副都统外,其他诸城副都统(总管)均为独立职掌本辖区军政事务的专城大员,分守各地,以佐将军之治。

齐齐哈尔副都统:设于康熙三十七年(1698)[2]。三十八年(1699),黑龙江将军衙门移治于齐齐哈尔城后,副都统衙门与将军衙门合署办公,其地位相当于将军的副职,除统率本城驻防官兵、主管本城军政事务外,还可以与将军联衔奏事,参与整个黑龙江将军辖区少数民族事务管理。

黑龙江副都统:始于康熙二十二年(1683)设置的黑龙江左、右两翼副都统,初驻于旧瑷珲城。二十四年(1685),"令温代、纳秦驻防黑龙江,副都统博定筑城"[3],后又随黑龙江将军移驻新瑷珲城。三十二年(1693),一员副都统移驻墨尔根城;一员副都统留驻原地,遂成为专城大员,并于瑷珲城设置衙门,此即黑龙江城副都统衙门。[4]

墨尔根副都统:康熙二十九年(1690),移黑龙江将军及副都统一员驻墨尔根,但因与黑龙江将军合署办公而无专设衙门。三十八年(1699),"复以墨尔根地瘠不可容众,奏移卜魁"[5] 该副都统与将军南迁齐齐哈尔后,墨尔根城置城守尉管理。四十九年(1710),复设墨尔根副都统,并正式设立衙门。[6]

布特哈总管:布特哈总管衙门又称索伦总管衙门、黑龙江打牲处。

〔1〕〔清〕西清:《黑龙江外记》卷1,黑龙江人民出版社1984年版,第1页。

〔2〕〔清〕西清:《黑龙江外记》卷3,黑龙江人民出版社1984年版,第30页。

〔3〕《清圣祖实录》卷122,康熙二十四年九月甲申。

〔4〕另一说认为雍正八年(1730)设副都统,载《黑龙江志稿》卷1《地理志·沿革》,第32页。

〔5〕〔清〕方式济:《龙沙纪略·方隅》,载杨宾等撰:《龙江三纪》,黑龙江人民出版社1985年版,第183页。

〔6〕关于墨尔根副都统设立时间有分歧:一说认为是始于康熙二十九年(1690);一说认为"墨尔根康熙三十二年(1693)设",见西清:《黑龙江外记》卷3,黑龙江人民出版社1984年版,第30页;一说认为康熙四十九年(1710)设副都统,见万福麟监修,张伯英总纂:《黑龙江志稿》卷1《地理志·沿革》,黑龙江人民出版社1992年版,第32页。

布特哈总管在康雍年间一般均称作"索伦总管",偶尔也称为"打牲总管"。[1]乾隆年间还多以"打牲处总管"、"达呼尔总管"、"黑龙江打牲处总管"等称之。康熙二十二年(1683),已设有索伦总管。康熙三十年(1691),设布特哈总管,总管衙门设在嫩江西岸宜卧奇屯。光绪八年(1882),布特哈总管不再辖鄂伦春事务。二十年(1894),升布特哈总管为副都统,移驻博尔多[2]。

呼伦贝尔副都统衔总管:雍正十年(1732),清廷为加强呼伦贝尔边防,设索伦、巴尔虎总管、副总管等官,隶属于理藩院。乾隆八年(1743),出现"呼伦贝尔副都统"[3]称谓,同时将呼伦贝尔副都统从理藩院划归黑龙江将军管辖。呼伦贝尔总管和布特哈总管,其地位与副都统相当,上统于黑龙江将军,下设索伦、巴尔虎总管2员,新巴尔虎总管2员,厄鲁特总管1员。

兴安城副都统衔总管:简称兴安城总管,光绪八年(1882)设置,由黑龙江将军文绪奏请于太平湾建城立署,"太平湾地方宏广,又近驿路,堪以建署,名曰兴安城",设"加副都统衔总管一员专司掌印,鄂伦春总管一员副之"。[4]光绪二十年(1894)裁撤。

4.1.4.3 协领

在盛京将军辖区内,奉天副都统下辖盛京协领,锦州副都统下辖广宁协领,熊岳城副都统下辖旅顺协领。吉林将军辖区有专城协领(从三品)5人[5],设置协领衙署,这5个协领都专城办事,如城守尉、防守尉之制,但防务俱由兼辖衙门报部。[6]协领下均设有佐领、防御、

〔1〕《清圣祖实录》卷210,康熙四十一年十月乙酉。

〔2〕〔清〕屠寄:《黑龙江舆图说·布特哈图说》,载李兴盛,马秀娟主编:《程德全守江奏稿》,黑龙江人民出版社1999年版,第2336页。

〔3〕《清高宗实录》卷177,乾隆七年十月甲辰。

〔4〕中国第一历史档案馆满文部,黑龙江省社会科学院历史研究所合编:《清代黑龙江历史档案选编(光绪朝八年—十五年)》,黑龙江人民出版社1986年版,第34－35页。

〔5〕计吉林将军兼辖之打牲乌拉城(今吉林省吉林市北)、五常堡(今黑龙江省五常市东北)各1人,三姓副都统兼辖之富克锦城(今黑龙江省富锦市)1人,阿勒楚喀副都统兼辖之拉林城、双城堡(今黑龙江省双城市)各1人。

〔6〕张德泽:《清代国家机关考略》,学苑出版社2001年版,第238－239页。

骁骑校及笔帖式等。

此外,在吉林将军辖区内,宁古塔副都统下辖珲春协领。康熙五十三年(1714),"设珲春协领"[1],全称为"珲春库雅喇地方协领",并设置协领衙门,隶属于宁古塔副都统。珲春协领管辖"西北至吉林一千一百里,东至海二百八十里,西至图们江二十里,外为朝鲜界,南至海一百一十里,北至佛斯亨山一百二十里图们江界,东南至海一百三十里,西南至海一百二十里,东北至喀尔岱窝集一百里海界,西北至噶哈哩河一百一十里"[2]。咸丰九年(1859),因边务事繁,将协领奏加副都统衔[3]。光绪七年(1881),升为副都统衙门,直属吉林将军统辖。十年(1884),珲春副都统奏加帮办边务衔。宣统元年(1909),衙门被裁撤。

4.1.4.4 城守尉、防守尉

将军、副都统及城守尉是八旗驻防的三级领导系统。在副都统下设城守尉、防守尉,以统兵驻防各城。盛京将军辖区内,奉天副都统下设兴京、东京、开原城守尉,盖平、牛庄设防守尉;锦州副都统下设锦州、义州城守尉;熊岳城副都统下设熊岳城、凤凰城、复州、岫岩城守尉,金州设防守尉。

黑龙江将军辖区内,齐齐哈尔副都统下辖呼兰城守尉,乾隆元年(1736)设,驻于呼兰城(今黑龙江省呼兰)。雍正十二年(1734),黑龙江将军那苏图奏请"补放城守尉一员,副总管二员,令其统理,执掌关防"[4]。

综上可见,入关后清政府为有效管理东北边疆少数民族,设置了一系列完备的并行之有效的各级管理机构。在中央设立理藩院、礼部、鸿胪寺等管理机构,负责宴请、招待各族首领、贡使及联姻边民,一方面体现了"清沿明制"的显著特点;另一方面,理藩院的设置则体现了清

---

〔1〕〔清〕赵尔巽等:《清史稿》卷 130《志一百五·兵一》记载:"(康熙)五十三年,设三姓、珲春协领一",中华书局 1977 年版,第 3866 页;魏声和《吉林地志》亦载珲春地方"康熙五十三年始设协领",吉林文史出版社 1986 年版,第 25 页。

〔2〕〔清〕阿桂等纂修:《盛京通志》卷 24《疆域形胜》,辽海出版社 1997 年版,第 402 页。

〔3〕李澍田、潘景隆主编:《珲春副都统衙门档案选编》中认为是同治元年(1862),奏加副都统衔,吉林文史出版社 1991 年版前言。

〔4〕《清世宗实录》卷 150,雍正十二年十二月甲辰。

政府对少数民族事务的重视,尤其是制定并颁行了《理藩院则例》等少数民族管理法规,从制度上对布特哈等打牲游牧内属各部进行统辖。在地方上,将东北地区视为"龙兴之地"而设置特殊的行政区划及管理机构。首先,设立将军、副都统、协领、城守尉等军府体制并长期沿用,特别是宁古塔(吉林)将军、黑龙江将军等东北三将军的相继设立,标志着军府体制的基本形成。在将军之下设副都统分辖各地区,其中宁古塔、三姓、珲春等副都统为专管少数民族事务而特设。副都统之下设城守尉、专城协领若干,在协领下设佐领、防御、骁骑校等,从而把东北少数民族纳入编旗设佐的驻防八旗体系中,形成一个以军事管理为主的体制,既与内地督抚制和府州县制的格局不同,也与东北其他地区特别是辽沈地区不同。清政府把东北边疆少数民族作为一个特殊群体来对待,通过设置特殊的管理机构对其进行管理,充分体现了军政管理的特征。清政府对东北各部族设置的管理机构较为积极有效,在一定时期内(直到第二次鸦片战争前),东北与其他地区相比,几乎没有发生过大的动乱和民族纷争,更没有出现民族间大规模的冲突与战争,成为清朝可靠而稳定的大后方,保证了东北的相对长期稳定。

清政府把东北作为一个特殊地区来对待,通过设置系列的管理机构加以管理,以理藩院兼辖和将军直辖两级体制进行管理,从而加强了对各少数民族的统一管理与控驭能力,把东北少数民族管理纳入到清政府的统治轨道上来,维护了版图统一和民族团结。[1]

4.2 边民姓长制度

清代东北边疆,特别是在吉林将军辖区的黑龙江中下游、乌苏里江流域及库页岛等边疆地区分散居住着没有固定族称只是以血缘姓氏相区别的,被统称为"边民"的赫哲、费雅喀、鄂伦春、奇勒尔、恰克拉、库页等少数民族(在《三姓副都统衙门档案》中,对居住在黑龙江下

---

〔1〕参见陈鹏:《清代黑龙江流域少数民族管理机构》,载于《黑龙江民族丛刊》2007 年第 3 期,第 127 – 131 页。

游、乌苏里江两岸的少数民族统称为赫哲费雅喀人,对居住在库页岛上的少数民族则统称为库页费雅喀人)。由于这些主要从事渔猎生产的边民尚处于原始氏族部落阶段,氏族、部落组织在其观念中具有重要意义,因而清政府在逐步统一该地区后,采取"因俗而治"的政策,对当地各部族不编佐领,而是保留其原有的氏族、部落组织,设置具有民族统辖特色的行政管理制度——"边民姓长"制度,以各氏族、部落首领为"哈喇达"(halada 姓长)、"噶珊达"(gašanda 乡长),通过他们统辖各自氏族、部落民众。从而使当地部族原有的氏族部落血缘组织,转变为地域性的行政管理组织,成为具有少数民族特色的行政统辖区域,实现了清政府对这一地区进行有效统治的目的。

4.2.1 边民社会关系及编户前状况

从表面上看,黑龙江流域、乌苏里江流域各族边民,存在着噶珊(地域)与氏族(血缘)两套组织形式。然而实际上受不同经济类型及其他一些相关因素的影响,各族边民社会组织及内部关系也存在着一定差异。

在黑龙江中游、松花江下游和乌苏里江流域的局部地区,氏族制度趋于解体,血缘关系趋于松弛,噶珊发展成为以地域关系为纽带,维系着不同氏族成员的社会组织。在噶珊内部,诸氏族和氏族下的各宗族,各设哈喇达(姓长)或穆昆达(族长),表明血缘关系仍在社会生活中起着重要作用。但不管这些血缘组织的管理者(他们被族人尊称为"马法",意即"长老")在同族血亲中享有多高的威望,显然已不能取代由同噶珊居民共同推举出的噶珊达(村长、屯长)的作用。顺治、康熙年间,上述地区大批居民主要不是随同姓长、族长,而是在噶珊达的带领下举族内迁的事实,便充分证实了这一点。

与之相对照,在黑龙江下游、乌苏里江流域大部分渔猎民中血缘氏族关系仍占主导地位,从结构上看,噶珊也基本上由同姓氏族构成。[1] 这是因为氏族制度的前提是"生产的极不发达",社会生产的原

---

[1]除了某些地方的噶珊,因为仍沿袭原始氏族社会中普遍流行的收养外族成员的风俗,而吸收了一些外来成分(如努业勒氏的集纳林噶珊,曾接受了舒穆禄氏的一支)外,在混同江、黑龙江下游噶珊组织中,一般没有诸姓杂居的现象。

始落后要求氏族成员"共同生活在纯粹由他们居住的同一地区中"[1]。在这种情况下,噶珊内社会关系只能继续以血缘关系来主宰。由于地域关系与血缘关系紧密纽结在一起,致使当地噶珊组织具有与前者不同的性质。不同层次的社会集团反映着亲疏程度不同的血亲关系。在此基础上,形成宗族—氏族—部落这样一套较完整的血缘组织,并分别处于穆昆达、哈喇达、国伦达(部长)管理下,这套互为补充的血缘组织,正是东北边疆渔猎民内部社会关系的缩影。因此,这类噶珊被视为血缘组织的分支。另外,此类噶珊内人户一般较少,通常在一二十户之间,少者仅三四户。血缘关系的排外性,限制了噶珊组织的发展壮大。

清政府在逐渐统一该地区后,在边民原有氏族、部落组织的基础上建立基层政权进行管理,对其"各设姓长、乡长,分户管辖"[2],清初主要由宁古塔副都统直接对边民进行管理。康熙五十三年(1714),在三姓(今黑龙江依兰)设协领衙门,雍正十年(1732)改设三姓副都统衙门,起初专辖库页岛居民事务,如规定:"居住海岛之库页费雅喀人贡貂,则由三姓副都统衙门派出官兵,前往约定之奇集噶珊收其贡貂并颁赏乌林。如不前来约定之地,则令官兵寻入海岛,唤其前来,征收貂皮并颁赏乌林。"[3]从乾隆四十五年(1780)起,清政府以三姓副都统衙门管理整个黑龙江流域未编旗设佐的边民,并建立起一套既不同于八旗制度,也有所别于民户州县制的边民姓长制度。

所谓边民姓长制度或噶珊制度是利用当地原有的哈拉(hala,满语姓)与噶珊两级组织,作为地方基层政权,负责管理当地各族居民。哈拉与噶珊是黑龙江及乌苏里江地区各族固有的社会组织单位与聚落形态。随着边民姓长制的实行,地域关系逐渐取代血缘关系并占主导地位,许多哈拉也不再是纯血缘集团,而成了地域集团——噶珊的上

---

〔1〕〔德〕恩格斯:《家庭、私有制和国家的起源》,载《马克思恩格斯选集》第4卷,人民出版社1995年第2版,第168页。

〔2〕清高宗敕撰:《清朝文献通考》(二)卷271《舆地三》,商务印书馆1936年版,第7279页。

〔3〕《大学士傅恒等奏请裁定赫哲、库页费雅喀人贡貂及颁赏乌林办法折》,见辽宁省档案馆、辽宁社会科学院历史研究所、沈阳故宫博物馆译编:《三姓副都统衙门满文档案译编》,辽沈书社1984年版,第461页。

·欧·亚·历·史·文·化·文·库·

级组织。可见,清政府在对边民编户管辖的过程中,充分考虑了其原有地域及血缘组织,对未内迁编旗而仍留居原地的各族,则就其原来哈拉、噶珊组织"设姓长、乡长、子弟以统之"[1],每个噶珊的居民可能是同姓,也可能是不同姓。由于各族人口分布密度不均,各噶珊管辖人口的差别悬殊,小的噶珊只有几户人家,大的噶珊多达七八十户人家,一般为一二十户。同族的若干个噶珊设置一个"噶珊达",其上辖于三姓副都统,统于吉林将军。

4.2.2　编户经过及户籍管理

东北边疆特别是黑龙江流域各族居住分散,加之沙俄的不断侵扰,清朝对边民的编户经历了一个很长的过程。顺治初年,清政府开始进一步对边民实行招抚编户,每年"每户纳貂皮一张"[2],实行编户贡貂以加强统治。同时,加强对尚未归附者的招抚工作。

顺治朝前后,在黑龙江以北、乌苏里江以东的山隅海角、密林深处,还有少数未被招抚的少数民族部民。为招抚这些边民,以虎尔哈部首领库力甘和瓦尔喀部首领赍达库为代表的少数民族首领,曾作出过突出贡献。顺治年间,库力甘曾多次奉旨往赴黑龙江下游招徕未附边民。顺治十年(1653),宁古塔总管沙尔虎达派出赫哲葛依克勒姓头目库力甘等 12 人,招抚了副使哈喇十姓 432 户[3]居民,贡貂皮 217 张。十六年(1659),前往招抚东海费雅喀,"温屯村以内九村人民,皆愿归顺"[4]。马克思指出:"捐税体现着表现在经济上的国家存在。"[5]这些事实表明他们都已成了清政府的属民,清朝官书《皇清职贡图》也明确地把黑龙江下游及库页岛的向清朝进贡的各部落列在清政府的管

---

〔1〕〔清〕石荣暲:《库页岛志略》卷 1,载任国绪主编:《宦海伏波大事记》(《黑水丛书》4),黑龙江人民出版社 1994 年版,第 804 页。

〔2〕〔清〕长顺修、李桂林纂:《吉林通志》(上)卷 28《食货志一·户口》,吉林文史出版社 1986 年版,第 500 页。

〔3〕其中副使哈喇等九姓共 426 户,赵儿果乐姓 6 户。见中国第一历史档案馆编:《清代中俄关系档案史料选编》第一编上册,中华书局 1981 年版,第 2,7-8 页。

〔4〕《清世祖实录》卷 124,顺治十六年三月辛丑。

〔5〕〔德〕马克思:《道德化的批判和批判化的道德》,载《马克思恩格斯选集》卷 1,人民出版社 1972 年版,第 181 页。

辖之下。边民一经编户入籍，就必须按期贡貂，因故欠缺不能按期缴纳者，必须补贡，建立起法定的贡赋制度。

为招抚乌苏里江以东未归附之人，清廷委任赉达库为"库雅喇总管"，总领其事。顺治十三年（1656），他奉宁古塔昂邦章京沙尔虎达之命，率噶珊达 16 人，白身人（无职衔平民）164 人，由珲春出发分赴阿库里、尼满、厄勒、约索等处，招回边民 397 户，壮丁 860 人。[1]

康雍年间，清政府多次派遣官兵深入黑龙江流域边疆地区，继续完成了对各族居民的编户。据清朝官方文献统计，到康熙十五年（1676），边民正式编户的"赫哲费雅喀贡貂之人一千二百零九户"。[2]

康熙二十八年（1689）《尼布楚条约》签订后，清政府加紧了招抚编户的进程，并把重点放在黑龙江下游地区。康熙时期，有明确记载的招抚编户活动有 3 次：第一次是康熙二十九年（1690），第二次是康熙四十九年（1710），第三次是康熙五十一年（1712）。

对库页岛居民的编户是在雍正十年（1732）完成的。此年，三姓副都统派兵渡海入库页岛，"招服居住于海岛上特门赫图舍等处库页费雅喀人一百四十六户，令其贡貂"，"自雍正十二年至乾隆二年（1734—1737）增加二户，共计一百四十八户"。[3]

乾隆十五年（1750），清政府决定对东北边疆各族进贡的貂皮数目实行限额，最终标志着编户完成。该年大学士领侍卫内大臣忠勇公傅恒在奏疏中回顾对边民编户的过程时说："奴才等查得，康熙十五年（1676）赫哲费雅喀贡貂之人一千二百零九户，自十五年至六十一年（1676—1722）陆续增加七百零一户，共计一千九百十户。自雍正元年至乾隆十五年（1723—1750），又增加三百四十户。现有赫哲费雅喀人

〔1〕中国第一历史档案馆藏：《军机处满文月折档》（简称《月折》）卷 28—32，乾隆七年二月二十二日宁古塔将军奏。参见刘小萌：《关于清代"新满洲"的几个问题》，载于《满族研究》1987 年第 3 期，第 30 页。

〔2〕《大学士傅恒等奏请裁定赫哲、库页费雅喀人贡貂及颁赏乌林办法折》，见辽宁省档案馆，辽宁社会科学院历史研究所，沈阳故宫博物馆译编：《三姓副都统衙门满文档案译编》，辽沈书社 1984 年版，第 460 页。

〔3〕辽宁省档案馆，辽宁社会科学院历史研究所，沈阳故宫博物馆译编：《三姓副都统衙门满文档案译编》附录，辽沈书社 1984 年版，第 460 页。

二千二百五十户。"此外还有库页费雅喀人 148 户。傅恒建议："请将现今纳貂皮贡之赫哲费雅喀二千二百五十户及库页费雅喀一百四十八户永为定额,嗣后不准增加。如有减丁,其缺由彼之子弟替补,照纳贡貂。"他认为:"所有赫哲费雅喀人等贡貂,皇上重重颁赏者,虽系仁抚远民之至恩,然此等人贡貂时如不规定户数,随其意愿准其进贡,则必视皇上隆恩为定例,陆续增加,天长日久,反致不知皇上隆恩矣!"[1] 这个建议经乾隆帝钦准后成为定例,这是清政府既要保证貂皮贡赋,又要限定不断增加的对贡貂者回赏而采取的措施。因此,三姓副都统管辖下的边民后来虽然不断增加,而贡貂 2398 户数目始终不变。"边民计以户,三姓所属赫哲、费雅喀、勒尔库叶、鄂伦春、恰克拉五十六姓、二千三百九十八户"[2],成为长期稳定不变的定额制,这是根据清朝"滋生人丁,永不加赋"政策而实行的贡貂税收制度。

在籍人户都要遵照规定向清政府交纳赋税,清朝对东北各族边民征收的赋税亦是因其地土产,征纳貂皮,故将贡貂边民称为"贡貂户"。管辖边民的三姓副都统衙门每年都要呈报贡貂清册,记载贡貂者的姓氏、村落、姓名、身份等。一式三份,一份呈送吉林将军,一份呈报户部,一份留存。现存《三姓副都统衙门档案》中,这样的档册从乾隆至咸丰年间沿袭不断,这也是三姓所属边民的户籍册,从中我们可以了解他们的大致分布、社会结构和基层政权设置等情况。

4.2.3　四种社会阶层

在乾隆十五年(1750)编户定额时,除赫哲外各部族大都没有固定族称,而只以姓氏相区别,共分为 56 姓,即 56 个部落。《三姓副都统衙门满文档案》中记载有 56 姓之名,但实际上肯定多于 56 姓。

清朝以边民原有的血缘、姓氏为主,并结合其居住的地域村屯,分设姓长、乡长和穿袍人,建立起一套地方基层组织。

---

[1]辽宁省档案馆,辽宁社会科学院历史研究所,沈阳故宫博物馆译编:《三姓副都统衙门满文档案译编》附录,辽沈书社 1984 年版,第 460 – 461 页。
[2]〔清〕长顺修,李桂林纂:《吉林通志》(上)卷 28《食货志一·户口》,吉林文史出版社 1986 年版,第 500 页。

姓长（满语 halada，哈喇达）是乡长（gašanda，噶珊达）的上一级官员，一个姓长可以管辖一个至几个乡长。其上辖于三姓副都统，统于吉林将军。姓长、乡长进行乡村管理及纳贡等事务，清政府则通过他们管辖各部落边民。

子弟（满语 jusedeote，朱色豆特），地位在普通居民之上，满文档案中称为子弟。他们多是姓长、乡长长子以外的其他子弟，虽无官职，但享有一定的社会地位，并且有可能成为姓长和乡长的继承人。他们协助姓长、乡长征收、进献贡貂，办理公务，因每年贡貂时赏赐缎袍一套，故亦称穿袍人。

白人，亦称白丁，是除姓长、乡长、子弟以外的普通边民。

姓长、乡长、子弟、白人这四种群体构成东北边疆特别是黑龙江流域下游地区社会中四种等级。在乾隆十五年（1750）编户定额时对四种等级的设置限定了数额，先后设姓长 22 名、乡长 188 名、子弟 107 名、白人 2081 名，共 2398 名，这个数目同所编户数一样成为定额而稳定不变。这些 56 姓边民分居于 252 个噶珊，即村屯之中。《三姓副都统衙门满文档案》中记载有 56 姓之名，但其中奇勒尔、鄂伦春、费雅喀、库页、恰喀拉，显然为族名，其中所含之姓已无从可考，所以 56 姓只是举其大数，实际肯定多于 56 姓。

姓长、乡长之设，视其原有情况而定，所以并非所有乡长之上均设有姓长。根据现有资料，姓、乡两级均具备的只有 22 姓 129 乡，其余只有乡长，没有姓长。

清代前期，黑龙江下游及乌苏里江以东地区的噶珊，《康熙皇舆全览图》标注了 71 个，同治年间所绘制的《大清一统舆图》标注了 79 个。而《三姓副都统衙门满文档案》中记载了 169 个噶珊的名称。由于同一噶珊内有时居住着不同的集团（如奇赫辰、都古兰等 10 多个噶珊），原有同一噶珊的成员有时又分成两个以上各自独立的部分（如锡喇、改金等 40 多个噶珊），所以从乾隆至道光中叶，向三姓副都统衙门贡貂的共 252 个单位，其中设乡长的有 188 个，其余 64 处由子弟或白人代行管理职责。

·欧·亚·历·史·文·化·文·库·

以赫哲人为例,据《三姓副都统衙门满文档案译编》道光五年(1825),"三姓地方赏过赫哲费雅喀、库页费雅喀人等乌林数目及关领乌林数目册"记载,赫哲分为"三姓"、"七姓"、"八姓"3支,共1263户。"三姓赫哲"即葛依克勒、额叶尔古、富斯哈喇三姓,分布在松花江流域的19个村寨中,有278户,其中姓长1名、乡长16名、弟子13名、白人248名。"七姓赫哲"即必勒达奇哩、贺齐克哩、乌扎拉、扎克苏噜、必喇勒、哲勒图哩、图勒都笳噜七姓,分布在奇集以上的黑龙江下游两岸59个村寨中,有783户,其中姓长4名、乡长53名、弟子38名、白人688名。"八姓赫哲"即乌定克、瑚定克、霍勉、揣果尔、卓勒霍啰、图墨里尔、嘎齐拉、舒穆鲁八姓(其中舒穆鲁姓在编旗时奉命迁往宁古塔,故实存七姓),分布在乌苏里江两岸19个村寨中,有202户,其中姓长1名、乡长13名、子弟13名、白人175名。[1] 从清政府关于贡貂户的档案记载来看,赫哲人大致是以每200户左右设一"哈喇达"(姓长),每15户左右设一"噶珊达"(乡长),每噶珊有1名"穿袍人"(子弟),或不设"穿袍人"。白人,当为一户之长。这表明各族边民是以户为单位向朝廷纳税,朝廷也按户对姓长、乡长等地方官员和贡貂人进行赏赐。

4.2.4 姓长、乡长与子弟的产生、任命与职责

姓长、乡长的产生,一是经选举产生,主要选那些德高望重的人来担当,一般是就原有姓长、乡长予以任命,可以世袭。有时三姓副都统也对姓长、乡长加以调整,派遣官员亲赴其地,物色新的合适人选,然后得到清政府的承认。二是由姓长、乡长的子孙承袭,但需经清政府批准,予以任命,才能生效。姓长、乡长一经任命后便固定下来,死后一般由长子继承。只有在长子早夭时,才改任次子。

姓长、乡长一般是在编户过程中由清政府任命的,如顺治十年(1653)的一份档案记载,清政府对赫哲边民任命了2名总头目(姓长),17名头目(乡长)。其中有的因原头目病故、年迈有病或"违误贡

---

〔1〕参见辽宁省档案馆,辽宁社会科学院历史研究所,沈阳故宫博物馆译编:《三姓副都统衙门满文档案译编》,辽沈书社1984年版,第59-62页。

貂"而"改任贡好貂者",有的是原未设头目而重新认命的。姓长、乡长的任命比较庄重,首任姓长、乡长均需履行严格的报批手续,最初经由宁古塔昂邦章京派官员调查核实,"并详问印务文书",提名呈报礼部,经礼部题奏,最后由皇帝钦准。[1] 乾隆十二年(1747)、十三年(1748)间,德楞行署官员赴库页岛南部,召集海边之夷人,从中物色人选。在西海岸的伊道意、考托和东海岸的道开任命了 3 名哈喇达,在各地任命为噶珊达者更多,一般是"从夷人中有才能者选为噶珊达"。[2]

子弟(穿袍人)多在姓长、乡长长子之外的其他子弟中挑选,并由他们担任。

清政府为使姓长、乡长在职务和职权上有所凭证,"充乡长、姓长官给顶戴文凭"[3],此外还发给他们"满文札付",作为贡貂时证明其身份地位的依据。作为噶珊头目的姓长、乡长,既是少数民族部落首领,又是握有清政府委任凭证的地方官吏,职权范围较广。首先,要为朝廷办理贡貂。因清政府对未内迁编旗的边民实行"贡貂赏乌林"的政策以加强统治,"各设姓长、乡长,分户管辖,盖与编户无异云"[4]。可见,清政府利用噶珊制度,一方面是隶籍其民;另一方面是岁征贡貂,姓长、乡长每年要按期代表本部落亲率所属边民按期向清政府交纳贡赋,即"岁时贡貂皮"[5],并接受赏赐。缺额要督促并保证补交。其次,负责戍卫边防,有警要通报副都统衙门,即"有警则声气相通,安常则渔猎得所,殆寓防边之深意焉"[6]。再次,负有管理本噶珊人口、处理噶珊内部不法诸事件、调解民事纠纷之职责。"其一姓一乡各有长,有

〔1〕中国第一历史档案馆藏:《礼部尚书臣郎丘等题奏为放进贡貂皮各屯头目事》,《礼科史书》顺治十年三月初六。转引自杨余练,关克笑:《清廷对吉林边疆少数民族地区的统治》,载于《历史研究》1982 年第 6 期,第 68 页。

〔2〕〔日〕间宫林藏:《东鞑纪行》,商务印书馆 1974 年版,第 27 页。

〔3〕〔清〕曹廷杰:《西伯利东偏纪要》,载李兴盛,齐书深,赵桂荣主编:《陈浏集》(《黑水丛书》8),黑龙江人民出版社 2001 年版,第 1313 页。

〔4〕〔清〕清高宗敕撰:《清朝文献通考》(二)卷 271《舆地三》,第 7279 页。

〔5〕〔清〕曹廷杰:《东北边防辑要》卷上《库页岛沿革形胜考》,载李兴盛,齐书深,赵桂荣主编:《陈浏集》,黑龙江人民出版社 2001 年版,第 1234 页。

〔6〕〔清〕长顺修,李桂林纂:《吉林通志》(上)卷 17《舆地志五·疆域三》,吉林文史出版社 1986 年版,第 328 页。

不法不平诸事,则投姓长、乡长,集干证公议处置"。[1] 乾隆七年(1742),居住在魁玛噶珊的赫哲费雅喀人"霍集珲"(意为女婿)伊特谢努,杀死赫哲费雅喀人戴柱及乡长阿喀图斯等人,命案发生后,当时前往该处收纳贡貂之章京即呈报吉林将军和三姓副都统,经奏准,由吉林将军派出宁古塔协领福顺及三姓协领赫保等80余名官兵捉拿人犯伊特谢努,同时吉林将军还派人赴库页岛之达里喀噶珊接取库页费雅喀人舒隆武噜姓长齐查伊、陶姓姓长雅尔齐,以便讯明情由,断案处理。[2] 乡长阿喀图斯被害后,三姓防御吉布球告知齐查伊和雅尔齐,要重新补放新任乡长。显然,姓长、乡长实际上是清政府在东北边疆地区认命的地方基层官员,他们上受副都统和将军管辖,对下负责处理姓、乡内各项事务。清政府也通过姓长、乡长来管理东北边疆各族边民等。

姓长、乡长在办理官府公务时要依照清政府法律规定,而在处理本地事务时,则要依据当地各族边民在长期历史过程中形成的"习惯法"来作为处理民事纠纷的准则。"杀人者死,余则视事之大小定布帛服物之多寡,令理屈者出之,名曰纳威勒,至十头为止。小事纳一头二头,大事则纳十头,约值银数两至百两以内。公议云然,两造心服,姓长、乡长始以杖叩地,遂成铁案。"[3] 如乾隆十四年(1749),清政府派往黑龙江下游奇集地方交换鹿角的披甲额尔达色与一赫哲女子乌纳发生奸情,被人发觉。姑娘含羞自缢而死。事发后,乡长音珠克与霍集珲都旺色,带领姑娘家长到清军驻地。"循赫哲之例",处罚赔偿"熊一头、网二张、锅三口、狗一只、大斧子一柄",同时回给该兵丁貂皮5张,并由三姓副都统富僧阿将额尔达色"解往宁古塔副都统衙门转解将军衙门"[4],了结了此案。

[1]〔清〕曹廷杰:《西伯利东偏纪要》,载李兴盛,齐书深,赵桂荣主编:《陈浏集》,第1314页。

[2]辽宁省档案馆,辽宁社会科学院历史研究所,沈阳故宫博物馆译编:《三姓副都统衙门满文档案译编》,辽沈书社1984年版,第409-413页。

[3]〔清〕曹廷杰:《西伯利东偏纪要》,载李兴盛,齐书深,赵桂荣主编:《陈浏集》,第1314页。

[4]辽宁省档案馆,辽宁社会科学院历史研究所,沈阳故宫博物馆译编:《三姓副都统衙门满文档案译编》,辽沈书社1984年版,第373页。

清政府对未内迁编旗,尚留居原地的黑龙江中、下游地区和库页岛等地的赫哲、费雅喀、奇勒尔、库页等边民实行的"边民姓长"制度或噶珊制度,并不是对过去传统"羁縻统辖"政策的简单继承,而是一种具有民族统辖特色的行政管理制度,是在实践中对前朝尤其是明朝民族管理思想及政策的批判性继承,并有所发展和创新。边民姓长制度作为清朝政府设在黑龙江中下游及乌苏里江地区的基层政权组织,与清朝内地基层行政统辖制度一样,建立在编审户籍基础之上,但边民姓长制度又具有少数民族地区"因俗而治"的特点,它没有改变当地部族原有的社会组织结构,以血缘姓氏组织与地缘村寨相结合,以其自然形成的村落进行设置。边民姓长制度作为管理东北少数民族较为成功的一种政策,加强了清政府对东北边疆少数民族的统治,在一定时期及一定程度上维护了祖国版图统一,巩固了东北边疆,促进了民族融合,加速了中华一体的历史进程。[1]

4.3 联姻结亲制度

清政府与东北亚地区特别是黑龙江流域少数民族之间通过联姻结亲、贡貂与赏赐等制度,维系了中央政权与边疆少数民族的密切关系。

联姻结亲制度是封建统治者长期实行的一种战略性政治措施,一种独具特色的少数民族管理政策。清朝政府对黑龙江流域少数民族的联姻结亲制度借鉴过去的历史经验,在各个方面都趋于成熟,对加强少数民族管理、维护祖国统一、促进民族融合、推广先进文明都起到了积极的促进作用。从婚礼的形式、过程细节、目的、意义等方面对这个时期的联姻结亲制度进行考察将有助于对清代民族政策的深层理解。

清政府对黑龙江流域各族边民在实行边民姓长制、贡貂赏乌林制度的同时,还实行一种特殊的联姻结亲制度,使他们与内地和朝廷建立起血缘亲戚关系,以加强对边疆地区的管理。和亲的一方是黑龙江

---

〔1〕参见陈鹏:《清代东北边疆边民姓长制度述论》,载于《东北史地》2009 年第 4 期,第 56 - 60 页;程妮娜:《东北民族区域设置研究》,吉林大学博士学位论文 2002 年,第 75 - 76 页。

·欧·亚·历·史·文·化·文·库·

流域各族上层人物,被称为"额驸",另一方是以皇族宗室之女或以民女替代出嫁的朝廷。该制度的实施对黑龙江流域的统一、巩固及管辖起到了举足轻重的作用,产生了深远影响。

4.3.1　入关前的联姻结亲

索伦诸部及东海女真各部很早即与清廷建立了联姻关系。万历二十七年(1599),东海"渥集部之虎尔哈路,每岁朝谒。其长博济里首乞婚,上嘉其率先归附,因以大臣女六,配其六长"。[1]清太宗时,三姓部首领索琐科、觉奇纳、塞宁额、奥里喀、羌图礼等相继成为额驸。[2]索伦部巴尔达齐归附后,被称为"索伦部落萨哈尔察地方额驸"[3]、"黑龙江贡貂额驸"[4]等。崇德二年(1637),"东海虎尔哈部落分齐喀及俄莫什与其妻,携马四匹来归……给分齐喀妻室"。[5]

表4-8　入关前索伦、东海诸部与清廷联姻情况表

部　落	额　附	入旗前身份	联姻对象	称　号	旗　分	职　务
东海渥集部	博济里		大臣女			
东海使犬部	僧格[6]					
索伦部落	巴尔达齐			萨哈尔察部落额附、黑龙江额附		
库尔喀	扬古利	酋长郎柱子	妻以族女		正黄旗	一等总兵官
东海窝集部	康果礼	绥芬路屯长	穆尔哈齐女	和硕额附		三等总兵官、护军统领
东海窝集部	哈哈纳		宗室女		镶红旗	
虎尔哈部	精德里[7]					
三姓部	索琐科		宗室女			国伦达(部长)

资料来源:《清太祖实录》、《清太宗实录》有关各卷。

[1]《清太祖实录》卷3,己亥年(万历二十七)正月壬午。
[2] 关嘉录,佟永功,关照宏:《天聪九年档》,天津古籍出版社1987年版,第187页。
[3]《清太宗实录》卷28,天聪十年四月庚辰。
[4]《清太宗实录》卷45,崇德四年春正月丙子。
[5]《清太宗实录》卷39,崇德二年十一月戊子。
[6]《清太宗实录》卷14,天聪七年六月甲申。
[7]《清太宗实录》卷64,崇德八年二月戊寅。

4.3.2　入关后的联姻结亲

入关后,清政府继续推行联姻政策。[1] 顺康之际,三姓部额附即达 9 人[2]之多,可见三姓部与清廷关系非比寻常。杨宾《柳边纪略》中记载三姓"头目皆尚少主"[3],又以"少主合亲惯,乘舆出塞门"[4]比附。实际上,"合亲"之妇女并非"少主"多是普通民女或旗人养女等,"尚少主"之额附也多是普通噶珊达或子弟等。然而正是这种名实不符的联姻却将清政府与东北边疆诸部在政治上结盟,并在各部首领配合清政府统一东北及东北地区满洲八旗编设过程中发挥了积极作用。

清政府对东北边疆特别是黑龙江流域各部族实行联姻结亲,早在入关之前就已经开始了。将皇族宗室之女嫁给边陲各民族的头人,这是清朝统治者在统一及管理黑龙江流域过程中"树羽翼于同部",扩大自己实力的重要措施之一。黑龙江上游索伦头人巴尔达齐、下游虎尔哈部落克宜克勒氏头人达尔汉等,就是当时著名的"额驸"[5]。他们在促进黑龙江流域的统一及对黑龙江流域各族进行管辖的过程中,起到了不容忽视的作用。

《尼布楚条约》签订后,东北边疆地区从战争的动乱中恢复安定。"康熙中以鱼皮(赫哲)等部俗荒陋,令其世娶宗室女以化导之,岁时纳聘。"[6]清代对黑龙江流域各族的联姻结亲制度从康熙朝中期起大力推行,并形成完整的制度,而以乾隆、嘉庆时期最为兴盛。

4.3.2.1　聘礼

清政府规定,边民不论姓长、乡长、子弟或白人,只要筹足一份贵重的聘礼,呈报皇帝钦准后,即可联姻结亲。聘礼都是珍贵的皮毛,包括:

---

〔1〕参见陈鹏:《清朝对黑龙江流域少数民族实施联姻结亲制度述论》,载于《通化师范学院学报》2006 年第 3 期,第 106 – 107 页。

〔2〕如三姓部长库力甘额附、乌苏里江口德辛噶珊内葛姓首领札郭络额附等。

〔3〕〔清〕杨宾:《柳边纪略》卷 3,载杨宾等撰:《龙江三纪》,黑龙江人民出版社 1985 年版,第 77 页。

〔4〕〔清〕杨宾:《柳边纪略》卷 5《宁古塔杂诗十九》,载杨宾等撰:《龙江三纪》,第 153 页。

〔5〕《清太宗实录》卷 44,崇德三年十二月癸巳。

〔6〕〔清〕魏源:《圣武记》卷 1《开创·开国龙兴记一》,中华书局 1984 年版,第 13 页。

"黑狐皮二张、九张元狐皮之褥子二、九张黄狐皮之褥子四、十七张貂皮之皮筒子十二、貂皮一百张。"[1]其中黑狐皮最为珍贵,也最难捕得,一张黑狐皮在乾嘉时期大约合白银 40 两。其次是元狐皮,一张价银为 8 两左右。再次是貂皮,一张普通貂皮价银为 1 两左右。总计一份聘礼共需黑狐皮(多数以 2 张白珍珠毛狐皮折合 1 张黑狐皮)2 张、元狐皮 18 张、黄狐皮 36 张、貂皮 304 张,其总价值至少在白银 800 两以上。这些聘礼全部由政府"循例收取",交给负责管理皇室财产的内务府广储司收藏。

4.3.2.2　嫁妆

清政府对娶妇之边民"霍集珲",嫁出之宗女"萨尔罕锥",都有丰厚的赏赐和嫁妆。清政府接纳昂贵的聘礼,但同时也由内务府陪送一份颇为丰厚的"嫁妆"。如乾隆五十八年(1793)八月初五日,《三姓副都统额尔伯克为赫哲人进京娶妻事咨吉林将军衙门》文书记载了清政府赏赐给"霍集珲"和"萨尔罕锥"的物品,按照规定,赏给"霍集珲"的有:"蟒缎无扇肩朝衣、缎袍及大缎褂各一,绸衬衣一套、毛青布衬衣一套,插有弓矢之股子皮撒袋一,系有嵌银垂饰及手帕荷包之腰带一,凉帽一。"赏给"萨尔罕锥"的有:"捏摺女朝褂、立蟒缎袍及大缎褂各一,缎衬衣一套,无花青缎袍褂及绸袄一套,毛青布袍及衬衣一套,镶银花之凉帽一,鞓带一,缎裙三,毛青布裙二,毛青布八十,做帐子用每块七尺之白布五块,针五百,线三十绺,梳子十,篦子十、带子五十副,钮子二十,包头二十,零碎一扎两扎之缎补丁块一皮箱。"另外还有"缎被褥一套,小花被褥一套,毛青布被褥一套,银项圈一,耳坠五副,赐给夫妻二人备有镶金园鞍头漆鞍连同带饰件辔鞦攀胸鞴屉之三等马各一匹,带袜缘绿斜皮之股子皮靴各一双,普通斜皮连袜股子皮靴各一双",供他们途中乘用。嫁妆中还有"人二对,牛二,犁铧及犁镜一副"。这份嫁妆不仅日用俱全,而且还带去边疆地区农业生产所需的劳动力、耕牛

---

〔1〕辽宁省档案馆,辽宁社会科学院历史研究所,沈阳故宫博物馆译编:《三姓副都统衙门满文档案译编》,辽沈书社 1984 年版,第 398 页。

和犁铧工具。清政府规定,这些嫁妆全部由政府供给。"无扇肩朝衣、捏摺女朝褂、立蟒缎袍、撒袋等,由(盛京)工部领给。弓矢,由兵部领给。赐给萨尔罕锥娘家之银五十两及马匹,由臣部发给。牛及犁铧、犁镜,咨行盛京户部发给。"[1]嘉庆八年(1803)九月初三日,《三姓副都统斌静为赫哲人进京娶妻事咨吉林将军衙门》文书也记载了清廷赐给"霍集珲"和"萨尔罕锥"同上述记载相同的物品。[2] 这些丰厚的赏赐和嫁妆经由东北亚丝绸之路运往黑龙江下游地区,也充分反映了清政府对与东北亚边陲各族联姻的高度重视,这些物品对于当时还以渔猎为生的边疆各族人民来说,无疑具有重要的意义。

4.3.2.3　婚礼

清朝与各族边民的联姻不是普通的民间嫁娶,而是具有鲜明的政治色彩。与边民联姻,清政府视为安边大事而极为重视,如乾隆、嘉庆时期的 5 次联姻,都是先由宁古塔或三姓副都统呈报,经吉林将军题奏,最后要经皇帝钦准,严格按照联姻制度进行。边民娶亲仪式要隆重举行。在验收聘礼后,"由领侍卫内大臣引见后给婚",婚礼在京师举行,由礼部主持操办。边陲各族进京纳妇之边民,携带聘礼,经由驿站,长途跋涉,来到京师。起初一般是冬季起程,春季到达。因春季为天花流行季节,而且初到京师的边陲居民,水土不服,易于生病甚至死亡;为此,乾隆四十年(1775),乾隆皇帝特下谕旨:"嗣后凡有赫哲费雅喀人欲来京进贡纳妇者,不可使其仍如前延至冬季启程来京,务必于七、八、九月凉爽季节前来,并饬该管地方从速照例为其办理纳妇事宜,然后遣回原籍。如此,则于彼等身体颇有裨益也。"[3]他们进京途中,政府供给"驿站牛车一辆,派两名兵丁护送,并发给路途吃食"。到京后,由礼部、光禄寺设宴款待,举行隆重的婚礼仪式,完婚后仍经驿站返回,途

〔1〕辽宁省档案馆,辽宁社会科学院历史研究所,沈阳故宫博物馆译编:《三姓副都统衙门满文档案译编》,辽沈书社 1984 年版,第 399 页。

〔2〕辽宁省档案馆,辽宁社会科学院历史研究所,沈阳故宫博物馆译编:《三姓副都统衙门满文档案译编》,辽沈书社 1984 年版,第 401 页。

〔3〕关嘉录,张锦堂,王桂良:《乾隆四十年库页岛满文文件翻译订正》,载中国社会科学院历史研究所清史研究室编:《清史论丛》第三辑,中华书局 1982 年版,第 242 页。

中由沿途官员设宴款待。来回沿途所需车辆、吃食,由政府"循例供给",并派兵护送。各族边民与清朝联姻,到京师重地举行婚礼,这固然要经受长途跋涉之苦,但礼仪之隆重足以显示此事之重大。清初流放在宁古塔的边塞诗人吴兆骞在诗中写道:"娥娥红粉映边霜,细马丰貂满路光。朱幕漫传翁主号,黄眉争识内家妆。空怜拂镜凝花态,莫为无裤笑粉郎。千载奉春遗策在,玉颜那更怨龙荒。(按:时以妇女赐海东诸首领,边人谬以皇姑称之,其俗男女皆不着裤)"[1]这是作者以亲身经历对康熙年间内地姑娘远嫁东北边疆时的隆重热闹场面作了生动的记述。每次联姻活动都要轰动边疆地区,足见联姻对边民影响之大。

4.3.2.4 "皇姑"与女婿

清政府联姻的所谓宗女,多为"吉林将军预购民女代宗女,乘以彩舆嫁之云"[2] 内地这些民女以皇室"宗女"的身份嫁到黑龙江边疆各部族后,"其部甚尊奉",称为皇姑,满语音译称为"萨尔罕锥"[3]。迎娶"萨尔罕锥"的女婿,满语称为"霍集珲"[4]。据乾隆五十六年(1791)的贡貂清册档案记载,当时生活在黑龙江流域下游的"萨尔罕锥"有10名。嫁到这10个姓氏中的"萨尔罕锥"几乎布满了整个黑龙江下游两岸的边疆地区,这显然是清政府的精心安排。乾隆末年,赛玛尔姓与部尔哈勒姓中的2名"萨尔罕锥"相继故去,但嘉庆八年(1803)在赫哲乌扎拉姓中又增加了1名,因此,这一地区的"萨尔罕锥"仍有9名之多。道光二十一年(1841),又有6名"萨尔罕锥"先后故去,后再没有联姻结亲的记载。显然,随着清朝的衰落,联姻活动也停止

---

〔1〕〔清〕吴兆骞:《吴兆骞集》,《秋笳后集》卷7,《诗六·〈杂感〉又》,载李兴盛,安春杰主编:《何陋居集》(《黑水丛书》6),黑龙江人民出版社1997年版,第491-492页。

〔2〕〔清〕魏源:《圣武记》卷1《开创·开国龙兴记一》,中华书局1984年版,第13页。

〔3〕萨尔罕锥,满文 sarganjui 之音译,意为"少女",当地称为皇姑,地位甚高。此处指下嫁到赫哲费雅喀人处的满洲旗人之女。

〔4〕霍集珲,满文 hojihon 之音译,意为"女婿",此处指往京城聘娶满洲旗人之女的赫哲、库页费雅喀人。

了。[1]

三姓副都统衙门在乾隆五十九年（1794）、嘉庆八年（1803）给吉林将军衙门的 2 份呈文中，对乾嘉时期的 5 次与边民联姻作了详尽的记载，详细情况见表 4－9。

表 4－9　乾嘉时期清政府与边民联姻情况表

时　间	姓　氏	噶珊住地	霍集珲	身　份	萨尔罕锥
乾隆二十六年（1761）	奇勒尔	锡克吉额	格古吉	子　弟	不　详
乾隆三十二年（1767）	奇　津	都噶津	额勒达色	噶珊达	镶白满洲旗乌云泰佐领下披甲刘达色之养女
乾隆三十九年（1774）	费雅喀	乌克屯	里达喀	白　人	不　详
乾隆五十九年（1794）	乌扎拉	皮玉里	卓乌努	白　人	京城委护军校萨朗阿之养女
嘉庆八年（1803）	费雅喀	蒙武洛	查克崇阿	白　人	不　详

资料来源：《三姓副都统额尔伯克为赫哲人进京娶妻事咨吉林将军衙门》、《三姓副都统斌静为赫哲人进京娶妻事咨吉林将军衙门》，见《三姓副都统衙门满文档案译编》，第 397－404 页。[2]

4.3.2.5　"萨尔罕锥"的贡献

第一，在封建社会中，聘礼之高显示了新娘的尊贵。虽然嫁出的是普通民女，但"娘家"却是清政府。从聘礼之高、嫁妆之丰厚、婚礼之隆重，都说明联姻绝非是一般的民间婚姻嫁娶，而是一项重要的政治活动。整个联姻过程中无不贯穿着教化之意，是为了教化赫哲等部的"荒陋习俗"。通过联姻密切了黑龙江流域各部族与中央政权及内地的政治、经济、文化联系。

---

[1] 杨余练，关克笑：《清朝对东北边陲民族的联姻制度》，载于《黑龙江民族丛刊》1984 年第 2 期，第 44 页。

[2] 说明：(1) 清朝政府与边陲各族的联姻中，"霍集珲"有的是有地位的头人，如噶珊达（乡长）、子弟等，也有白人，即普通男丁。(2) "萨尔罕锥"中有旗人之养女。养女实际是分配给满洲八旗的赏奴之女，或投充户之女，她们不是真正的皇族宗室之女，多是吉林将军预购民女代"宗女"外嫁。

第二,"萨尔罕锥"嫁到边疆地区,长期生活在东北各族人民之中,对于民族融合、巩固边疆有着重要作用。她们既是皇室"宗女",又是清朝管辖下的边疆居民。边民对"皇姑"与女婿极为尊重,故他们地位颇高。姓长、乡长在处理民事纠纷事务时往往要请"霍集珲"参加,征求其意见。他们每年要与边民一起例行参加贡纳貂皮、领取赏乌林的活动,"户纳貂皮一张",清政府也把他们作为特殊臣民而给予特殊的恩赏。颁赏乌林时,"霍集珲"与姓长相同,"萨尔罕锥"甚至多于姓长,显示了她们作为皇族"宗女"的特殊地位和清政府对联姻活动的重视。

第三,"萨尔罕锥"受到尊奉,在边疆居民中享有特殊地位。一方面是由于她们嫁到东北边疆地区的同时也带去了内地较为先进的生产技术与生活方式,另一方面也显示了她们作为宗室女的尊贵地位。因此,这种"尊奉"实质上反映了边陲各族居民与内地和清政府的密切关系。这种联姻制度,对于边陲各族的经济、文化等方面的发展,对于各民族间的交往,对于巩固国家的统一,都起到了积极作用。

在我国漫长的封建社会中,将皇族宗室女嫁给边疆少数民族头人为妻,历代有之,并非始于清朝。联姻制度是实行"羁縻"政策、加强对边疆地区统治及民族管理的重要措施之一。与清朝的满蒙联姻不同的是,满族与蒙古王公贵族之间进行的联姻是双向的,而与黑龙江流域少数民族之间的联姻则是单向的,其意义及影响远没有满蒙联姻那么明显,但在维护民族团结、密切清政府与黑龙江流域各族政治、经济联系等方面的作用仍不容忽视。实质上,和亲政策是对当地各族上层人物的一种笼络、安抚政策。清朝统治者试图以联姻结亲的形式,用血缘关系来建立和加强边疆少数民族同中央在政治上的隶属关系,也不失为一种有效的管理制度及手段。因此,联姻结亲制度在清代的少数民族管理及民族政策中占有重要的地位,该制度巩固了黑龙江流域各族边民同中央的纽带关系,使清朝对黑龙江流域少数民族的管理更为积极有效。[1]

附录之满文公文译文[2]

　　副都统衙门劄寄姓长陶、鄂罗标乡乡长赤库尔丹吉等：为谕知事，准三月十二日将军衙门来文称，据户部所呈，乾隆四十年三月初一日大学士领侍卫内大臣忠勇公等手谕，乾隆四十年二月初五日恭奉上谕："历来赫哲、费雅喀等人来京师者，多未出花。惟彼等体质固弱，远地来京进贡纳妇，尚未出花，情实可悯。彼等自原籍来京，路途极为窎远，惯例多于冬末春初抵京。而京师于冬春之交，正值天花流行，于此辈不利。宜揣度寒暑，于凉爽季节来京，从速办理，纳妇后遣归可也。为此谕知吉林乌拉将军，嗣后赫哲、费雅喀等来京进贡纳妇者，毋庸延至冬季来京，以择七、八、九月之凉爽季节为宜。着所管地方迅速依此办理，纳妇后即遣归本籍，则于彼等身体利莫大焉。钦此。"等因奉此，行文宁古塔、三姓副都统衙门，晓示赫哲费雅喀、库页费雅喀等处，嗣后有欲上京进贡娶妻者，务于七、八月凉爽时节来京为要。希遵照办理。钦奉上谕，尔等库页费雅喀人等有欲进京纳贡娶妻者，宜提早行期，于七、八、九月凉爽期间抵京为要。为此晓谕，周知。

乾隆四十年（1775）三月二十日

4.4　贡貂赏乌林制度

　　根据历史文献记载及历史惯例，中国周边少数民族向中央王朝进贡，中央政府必有所赏，而且一般赏多于贡。这种贡赏贸易，起源很早，到了明代，特别是清代又得到了进一步发展。清政府对居住在黑龙江下游、乌苏里江以东和库页岛的赫哲、费雅喀等边民实行贡貂赏乌林

---

　　[1]参见陈鹏：《清朝对黑龙江流域少数民族实施联姻结亲制度述论》，载于《通化师范学院学报》2006年第3期，第106－107页。

　　[2][日]间宫林藏：《东鞑纪行》，《岛田好〈解说〉》，商务印书馆1974年版，第50页。

制度,规定每户每年贡貂皮一张,称为"挹娄貂"[1],这与黑龙江上游布特哈打牲部落各族的按丁征收不同。

4.4.1 边民贡貂与赏乌林制度

4.4.1.1 贡貂制度

貂是黑龙江流域盛产的一种珍贵毛皮的动物,自古以来居住于此的各族人民以捕貂为业,史载"挹娄,……出赤玉、好貂"[2]。因为貂皮是贵重的奢侈品,貂裘、貂冠又是权贵的象征,王公贵族都以穿貂裘、戴貂帽为荣耀,"冬时,供御用裘冠,王公大臣亦服之,以昭章采"[3]。因此,清代捕貂业尤为兴盛,清朝在统一黑龙江流域过程中及以后,对归顺之部族明令"每人每年贡纳貂皮一张",如此明确的规定是以往任何朝代所没有的。史载:"贡莫贵于貂与珠,已载之经制"[4],"黑龙江土贡,以貂皮为重,肇自天命、天聪之年"[5]。自清太祖、太宗陆续统一黑龙江上游地区后,索伦、达斡尔、鄂伦春各部族不断前来盛京贡貂,以示臣服。可见貂皮作为黑龙江流域特产之一,从清初开始已是清廷规定的贡物之一。贡貂,即以貂皮作为实物税向清政府缴纳。贡貂是黑龙江下游及乌苏里江以东各部族人民每年的一项重要政治活动,它既是各族人民对清政府隶属关系的一种具体体现,也是清政权行使其管辖权力的反映。

贡貂与赏乌林制度是伴随着清政府对黑龙江流域各族的征服而逐渐形成,并成为一种固定制度。清政府在征服黑龙江流域各族的初

---

〔1〕所谓"挹娄貂"是黑龙江流域东部(包括松花江、乌苏里江以及黑龙江下游)地区所产之貂。清代宁古塔是黑龙江流域东部地区各族贡貂贩貂的地方,而宁古塔及其周围地区是古代挹娄的故址,这些部落所产之貂,就称为"挹娄貂"。挹娄贡貂,国家以赏乌林偿彰。参见任嘉禾:《清代东北边境各族貂贡考略》,载于《黑龙江民族丛刊》1994年第1期,第80-81页。

〔2〕〔南朝宋〕范晔《后汉书》第10册,卷85,《东夷列传第七十五·挹娄》,中华书局1965年版,第2812页。

〔3〕(清)长顺修,李桂林纂:《吉林通志》(上)卷6《天章志》,吉林文史出版社1986年版,第97页。

〔4〕〔清〕方式济:《龙沙纪略·贡赋》,载杨宾等撰:《龙江三纪》,黑龙江人民出版社1985年版,第217页。

〔5〕〔清〕徐宗亮:《黑龙江述略》卷4《贡赋》,黑龙江人民出版社1985年版,第52页。

期,强迫各族群众定期贡献方物,以表示臣服。贡献的方物有貂皮、狐皮、水獭皮等各种珍贵毛皮。这种贡献方物主要是一种征服手段,即目的在于强调少数民族对清政权的臣属关系,其政治意义远远大于经济意义,主要用来表示各部族承认清政府的统治。贡貂制度,最早可追溯到清太祖和清太宗时期,黑龙江流域的"使犬"、"使鹿"诸部及乌苏里江以东的少数民族部民便已有向后金的贡貂活动。纳贡最早始于明万历二十七年(1599),"春正月,壬午朔,东海渥集部之虎尔哈路长王格、张格,率百人朝谒"[1] 清朝对贡貂的颁赏也分等次,分别赏赐蟒缎朝衣、衬衣、缎袍、裤、暖帽、靴、腰带、毛青布袍等物。从文献记载来看,当时贡貂制度已经初步形成。有贡有赏,所贡之物与所赏之物及其数量也与后来基本相当。这种贡赏往来,表现了边民在政治上对清朝的臣服与归属关系,同时也完成了相互需要的物资交换。[2]各部落头人率众纳贡,是必须履行的义务;如果逾期不贡献方物,或拖延时间较久,则被视为对清朝统治的反抗,清政府往往要派兵加以征讨。

入关前,清统治者对纳贡者即时赏赐,并"以次宴之",这是对各部头人及随众来朝者安抚其心的措施之一。赏物及赐宴是有固定规例的。凡纳贡如期至者,除赏赐实物外,要及时赐宴。"定例,岁贡者宴一次","三年一贡者宴三次,皆赐衣冠什器"[3] 对人数众多按期集体纳贡者,嘉赏待遇更为优厚,一般在朝贡 9 天后赐宴,实行集体嘉赏。清统治者以这种隆重的仪式优遇各部贡貂头人,不仅是所谓"以抚其心",使其紧紧地依附于清朝统治者,更重要的是使其为收纳贡赋继续出力。

清入关前,贡貂是黑龙江流域边民与清朝政治上隶属关系的象征,但尚未制度化。入关之初,贡貂制度曾一度中断。直到康熙二十八年(1689)中俄《尼布楚条约》签订后,清政府对黑龙江流域各族的管理

〔1〕《清太祖实录》卷 3,己亥(万历二十七)正月。

〔2〕李凤飞:《贡貂制度与清代东北治策》,载于《求是学刊》2001 年第 5 期,第 108 页。

〔3〕〔清〕曹廷杰撰:《东三省舆地图说》附录之《〈条陈十六事〉九》,载李兴盛,齐书深,赵桂荣主编:《陈浏集》(《黑水丛书》8),黑龙江人民出版社 2001 年版,第 1375 页。

和控制才渐上轨道,这种原来形成的贡貂制度才逐渐明确,并在康熙中期最终制度化,成为清朝统治者与黑龙江流域边疆各部族维持臣属关系及稳固清朝统治的一项重要管理制度,达到了怀柔、羁縻各少数民族部众的目的;该制度也给各族带来了经济上的实惠,因而也受到欢迎和支持,起到了"仁抚远民"的作用。

根据清政府的规定,凡是被编户的黑龙江流域各部族,每户每年都必须向清政府贡纳一张体大、毛厚、色匀的优质貂皮(以黑色貂皮为上品),这就是贡貂制度。貂皮一般分为一等、二等、好三等、寻常三等4个等级。

由于路途远近不同,各部来贡貂的时间也不尽相同。康熙中叶,松花江、乌苏里江及黑龙江下游剃发黑斤(赫哲)以南各部,每年一入贡;而居住在黑龙江与乌苏里江汇合处以下的不剃发黑金、飞牙喀(费雅喀)、欺勒尔(奇勒尔),皆3年一贡;[1]居住在黑龙江与乌苏里江汇合处以上的赫哲及恰克拉人,"皆每年入贡",同时"凡岁贡者,除赐衣冠什器之外,宴一次,固山大(满语固山达,协领之意)以下陪宴;三年一贡者,宴三次,宁古塔梅勒章京(满语副都统)陪宴"。[2]《满洲源流考》记载:"又东二百余里,住尼满河源者,曰奇雅喀喇。又有班吉尔汉喀喇,亦在宁古塔东南,去乌苏哩四千里。每二年一次遣官至尼满河地方收贡、颁赐。""又东北行七八百里,曰费雅喀。又有居处甚远不能至宁古塔之库叶一路,每年六月遣官至离宁古塔三千里之普禄乡收贡、颁赐。"[3]后来取消了3年一贡之制,除乌苏里江以东2年一贡外,其余均为1年一贡。但是不管3年一贡、2年一贡,还是1年一贡,均按每年每户缴貂皮1张征收。即3年一贡者,每次缴貂皮3张;2年一贡者,每次缴貂皮2张。关于贡貂的时间、地点基本沿袭旧制,现将乾隆、嘉庆、道光三朝各择一年,列表4-10。

---

〔1〕〔清〕杨宾:《柳边纪略》卷3,黑龙江人民出版社1985年版,第77-78页。

〔2〕〔清〕杨宾:《柳边纪略》卷3,黑龙江人民出版社1985年版,第78页。

〔3〕〔清〕阿桂等撰,孙文良、陆玉华点校:《满洲源流考》卷8《疆域一》,辽宁民族出版社1988年版,第94页。

表 4 - 10　分路收取贡貂情况表

地点＼时间	乾隆五十六年（1791）		嘉庆八年（1803）		道光二十一年（1841）	
	所派官员	收貂数	所派官员	收貂数	所派官员	收貂数
三姓城		1714		1193		453
奇集（收库页、赫哲费雅喀）	佐领乌德其等人	623	佐领赫伯额等	625	佐领吉桂额等	627
尼满（收恰克拉人等）	笔帖式萨穆等人	90	笔帖式委章京观音保等	90	骁骑校明举等	90
德楞（收赫哲、奇勒尔人等）			云骑尉明山等	604	佐领乌勒古阿等	800
下江卡伦（收赫哲人等）					佐领扎英阿等	473
总计		2427		2512		2443

资料来源：杨余练，关克笑：《清廷对吉林边疆少数民族地区的统治》，载于《历史研究》1982 年第 6 期，第 72 页。

4.4.1.2　赏乌林制度

赏乌林和户籍是密切相连的，赏乌林就是根据户籍实施的。赏乌林又是与贡貂同时进行的，"无貂皮之贡即无乌绫之赏"[1]清代黑龙江流域边民每年以貂皮缴纳赋税，并得到清政府的赏赐，称为赏乌林。按规定，边民每户纳貂皮一张。清政府实行的贡貂赏乌林制度是加强东北边疆地区管理的重大措施，也是边民政治、经济生活中的一件大事，这在清代相沿已久，并形成制度化。

4.4.1.2.1　贡赏点的分设及更改

清入关前一般在盛京进行贡赏。顺治年间，东北边疆边民一般在宁古塔入贡领赏，也可以直接去京师。顺治十六年（1659），考虑到贡貂者路途遥远，来京不易，清政府决定"此后费牙喀部落人民进贡，应送至宁古塔，照例宴赏遣回"。[2] 雍正六年（1728），对贡貂颁赏的办法实行了改革。各族贡貂者距离三姓较近的，直接至三姓城缴纳。因恰

---

〔1〕〔清〕曹廷杰撰：《东三省舆地图说》附录之《〈条陈十六事〉九》，载李兴盛，齐书深，赵桂荣主编：《陈浏集》（《黑水丛书》8），第 1375 页。

〔2〕《清世祖实录》卷 124，顺治十六年三月辛丑。

克拉、班吉尔汉喀拉(也称颁集尔汉喀拉)等部"间隔崇山峻岭,进城维艰",遂令各部改在"乌苏里以内尼满地方集齐候赏"。对"乌拉江(黑龙江)口居住之库页等五百余户,则每年遣章京等员,赴宁古塔境外三千余里之普禄乡等地方,令其以六月会集"[1],纳贡颁赏。居住在奇集湖以上的边民,仍赴宁古塔,后改赴三姓城缴纳取赏。

雍正十年(1732)三姓设副都统,黑龙江下游及部分乌苏里江下游各族改至三姓贡貂,从此黑龙江下游及乌苏里江以东各族贡貂均移归三姓副都统衙门办理。对距离较远的,则由宁古塔或三姓副都统派出官员前往设立行署,就近收取。此年将行署由普禄改至奇集,直到道光年间,奇集均为收貂官员行署的主要设置地。嘉庆时期在德愣,道光时期在下江卡伦,又增设2处行署收税。每年四至六月,三姓副都统除在当地收贡颁赏外,还派出多路官兵,分赴奇集、普禄、德楞、尼满、下江卡伦,设立临时行署[2],以方便各族边民就近纳贡领赏,减少往返之劳。此外在黑龙江沿岸还有多处设置行署的地方,行署官员乘船每到达一个居民比较集中的地区即驻扎下来,就近收取貂赋。这样,清代内地出产的丝绢诸物,经由东北亚古道运往黑龙江下游木城,由清政府特别是三姓副都统衙门派遣的赏乌林官员颁赏给由各噶珊前来的贡貂者。

4.4.1.2.2 赏乌林的等级

边民每年按户贡献貂皮一张,而清政府的乌林回赏,是按贡貂人的身份地位,划分为萨尔罕锥、姓长、乡长、子弟、白人(白丁)5 等,乌林种类与数量各有不同,分别配套赏给。每套包括衣服和日用品两部分。起初赏给成衣,盛京户部供给原料,由盛京内务府承做,盛京工部制造。自雍正六年(1728),"因制做需费时日,且不合身,故奏请停止制做,将需用之蟒袍等依原赏数目改赏缎布衣料,等因具奏"[3],并作出了详细的规定。赏乌林的标准见表 4 - 11。

---

[1]《清朝文献通考》卷 271《舆地三》,第 7279 页。

[2]"临时行署",曹廷杰谓之"赏乌绫木城",见《西伯利东偏纪要》107,载《陈浏集》(黑水丛书 8),第 1316 页。

[3]辽宁省档案馆,辽宁社会科学院历史研究所,沈阳故宫博物馆译编:《三姓副都统衙门满文档案译编》,辽沈书社 1984 年版,第 6 页。

表 4 - 11　三姓副都统衙门赏乌林标准

萨尔罕锥	姓　长	乡　长	子　弟	白　人
女齐肩朝褂、袍、长棉袄、裙、裤子各一件，或赏以制作上述衣物之原料。附赏：毛青布5匹、梳2、篦2、包头2、针100、带子5副、线5绺、钮12、绢里3块、漆匣1、皮箱1。	无扇肩朝衣、长棉袄、裤子及帽、带、靴、袜各一，或赏以制作所需之原料。附赏：毛青布4匹、梳1、篦1、包头1、汗巾1、绢里2块、针30、带子3副、线3绺、钮8、桐油匣1。	朝衣、长棉袄、裤子及帽、带、靴、袜各一，或赏以制作所需之原料。附赏：毛青布3匹、梳1、篦1、包头1、汗巾1、绢里2块、针30、带子3副、线3绺、钮8。	缎袍、长棉袄、裤子及帽、带、靴、袜各一，或赏以制作所需之原料。附赏：毛青布3匹、梳1、篦1、包头1、汗巾1、绢里3块、针30、带子3副、线3绺、钮8。	毛青布袍、长棉袄、裤子及帽、带、靴、袜各一，或赏以制作所需之原料。附赏：毛青布2匹、梳1、篦1、包头1、汗巾1、绢里2块、针30、带子3副、线3绺、钮8。

资料来源：据辽宁省档案馆、辽宁社会科学院历史研究所、沈阳故宫博物馆译编：《三姓副都统衙门满文档案译编》，辽沈书社1984年版，第30－32页。说明：乌林中除附赏的零星布匹、梳篦、包头、带子、针线、漆匣、皮箱等物品外，主要是褂、袍、袄、裙、裤等衣物。

4.4.1.2.3　赏乌林的仪式与补贡补赏制度

贡赏仪式：贡貂及颁赏时举行隆重的仪式，在指定地点设立赏乌林木城，贡貂者于木城周围搭设帐篷。举行仪式时清朝官员当场验收贡貂，并按贡貂者身份颁赏乌林。"颁来顶带出辕门，一样句胪学谢恩"[1]，顺治末年宁古塔流人方拱乾的诗句真实地反映了贡貂赏乌林制度产生的积极效果。

补贡补赏制度：边疆各族居民，有时不能如期前来贡貂，清政府还规定了补贡补赏制度："应贡之貂皮倘因故亏欠一年，能于下年交纳者，则仍照前办理，补赏应赏之物。此外，若两年以上欠交者，则停其贡纳，亦不再补赏，俱照当年应贡之貂皮收取，亦照例颁赏等语。"[2]绝大多数边民在编户的100余年间，均能如期前来，照例贡貂领赏；只有极少数边民，因故迟误缺贡，一般都在次年补贡领赏。

4.4.1.3　贡貂与赏乌林数字

---

〔1〕〔清〕方拱乾：《何陋居集》辛丑年，《〈贡夷曲〉八首之四》，载李兴盛，安春杰主编：《何陋居集》(《黑水丛书》6)，黑龙江人民出版社1997年版，第211页。

〔2〕辽宁省档案馆、辽宁社会科学院历史研究所、沈阳故宫博物馆译编：《三姓副都统衙门满文档案译编》，辽沈书社1984年版，第35页。

赫哲费雅喀贡貂户数,据康熙十五年(1676)统计共计1209户,康熙六十一年(1722)增至1910户,乾隆十五年(1750)又增至2250户。清政府担心此后赏乌林数继续增加,难于置办,因此确定将乾隆十五年"纳貂皮贡之赫哲费雅喀二千二百五十户及库页费雅喀一百四十八户永为定额"[1],总计2398户,每年贡貂2398张,赏乌林2398套。但由于每年实际来贡貂人户时有增减,而实际人户也有增加,因而每年贡貂户数、貂皮数、赏乌林数经常超过定额。但一般保持在2200~2300户左右。关于三姓副都统衙门征收貂赋及颁赏乌林数目详见表4-12。

表4-12　三姓副都统衙门征收貂赋、赏乌林统计表

年　代	本年来贡人员（名）					本年赏乌林数（套）	本年贡貂皮数（张）	本年贡貂户数（户）	本年在编户数（户）
	萨尔罕锥	姓长	乡长	子弟	白人	合计			
康熙十五年（1676）							1209	1209	1209
康熙六十一年（1722）							1910	1910	1910
乾隆十五年（1750）							2398	2398	2398
乾隆五十六年（1791）	10	20	185	107	2070	2392	2437	2427	2386	2386
乾隆五十九年（1794）	9	21	177	107	2031	2345	2346	2336	2342	2387
嘉庆八年（1803）	4	22	188	107	1801	2122	2516	2512	2548	2548
嘉庆九年（1804）	6	22	175	99	1592	1894	2170	2162	2230	2275
道光五年（1825）		22	188	107	2081	2398	2443	2443	2405	2405
道光二十一年（1841）		22	188	107	2081	2398	2443	2443	2398	2398

资料来源:佟冬主编:《中国东北史》卷4,吉林文史出版社2006年第2版,第1378页。[2]

〔1〕辽宁省档案馆,辽宁社会科学院历史研究所,沈阳故宫博物馆译编:《三姓副都统衙门满文档案译编》,辽沈书社1984年版,第460页。

〔2〕说明:(1)本表依据《三姓副都统衙门满文档案译编》有关数字编制。(2)每年赏乌林数、贡貂数、贡貂户数、在编户数不尽一致,主要有以下几个原因:①有补上年貂皮贡者;②有享赏二次者;③有超额贡纳以补缺贡之户者;④有缺贡之户。

【附录】

费雅喀贡貂:清政府规定以乾隆十五年(1750)编定的赫哲费雅喀2250户,库页费雅喀148户为定额,作为编户费雅喀人贡貂赏乌林的依据,嗣后不准增加。[1] 所赏赐物品与赫哲相同,只因费雅喀居地距三姓甚远,故约定于七月中旬在奇集噶珊进贡貂皮。[2]

库页贡貂:清政府对库页诸部依旧实行贡貂赏乌林制度。因路途遥远,最初是每3年到宁古塔纳贡1次,后改为每年六月至普禄乡、德楞乡贡貂颁赐。[3] 赏赐给姓长和乡长的物品有官服、布匹、缎布等大量物品,俗名"穿官",即穿清朝官府赐给的衣服。三姓派往普禄乡、德楞乡行署衙门的官员,掌管各部落的户籍,按各部落的名册接纳貂皮,并颁赐衣物,发给各部落氏族长和乡长以满文或汉文的委任证书或其他凭证文件。"颁发文书,盖有官印"[4]。

恰喀拉贡貂:清政府任命恰喀拉氏族长为姓长、乡长,负责当地事务,进行编户管理。[5] 乾隆年间恰喀拉人计45户。男以鹿皮为冠,布衣跣足。妇女则披发,不笄而襟衽间多刺绣纹。他们的房屋舟船俱用桦皮,不使用网苦,而以叉鱼射猎为生,游猎居住于东海岸老岭以南。因距三姓2000余里,间隔崇山峻岭,路途艰难,故隔年贡貂颁赏一次。届时恰喀拉人齐聚候赏地乌苏里以内之尼满,三姓派员前往照数收贡,赏给布帛,颁赏后恰喀拉人径行返回原籍。[6] 咸丰元年(1851),颁赏下江恰喀拉人等90套衣服所需彭缎7匹2丈5尺、妆缎3匹2尺、绢20匹1丈5尺、毛青布710匹、白布9匹、家机布1匹1尺、细家机布

〔1〕辽宁省档案馆,辽宁社会科学院历史研究所,沈阳故宫博物馆译编:《三姓副都统衙门满文档案译编》,辽沈书社1984年版,第460页。

〔2〕辽宁省档案馆,辽宁社会科学院历史研究所,沈阳故宫博物馆译编:《三姓副都统衙门满文档案译编》,辽沈书社1984年版,第20页。

〔3〕〔清〕何秋涛:《朔方备乘》卷1《东海诸部内属述略》,文海出版社1964年版,第137页。

〔4〕〔日〕间宫林藏:《东鞑纪行》,商务印书馆1974年版,第29页。

〔5〕〔清〕萨英额:《吉林外纪》,吉林文史出版社1986年版,第119页。

〔6〕辽宁省档案馆,辽宁社会科学院历史研究所,沈阳故宫博物馆译编:《三姓副都统衙门满文档案译编》,辽沈书社1984年版,第433页。

165 匹、棉缝线 3 斤 4 两、棉线 270 绺、梳子 90、包头 90、篦子 90、钮子 720、针 2700、带子 270 副、棉花 146 斤 4 两、贸易蓝毛青布 20 匹。[1] 这种"贡貂"与"赏乌林"制度,直到沙俄割占乌苏里江以东地区后的第七年(同治六年,1867),才由于俄国官吏的阻拦而停止。[2]

4.4.1.4　相关措施及历史作用

清政府对黑龙江流域各族边民实行的贡貂赏乌林这种独特的管理制度,"约得貂皮一张须费银十余两,皇恩浩荡,原所以羁縻诸部,固我边陲也。"[3] 这是加强边疆地区民族管理的重大措施,使东北边疆"地虽极边,人皆内属"。[4] 可见为保障颁赏乌林的正常进行,通常需要耗费大量的人力、物力、财力。

4.4.1.4.1　赏乌林的准备

以三姓副都统为例,该衙门每年向吉林将军等有关部门上报来年赏乌林的预算,并上报将军衙门。由盛京礼部做好准备后,三姓副都统衙门派专人前往盛京领取乌林,"每年春季自盛京解往之乌绫等件,车载马运,络绎于途,非数万金不能办此"。[5] 赏乌林的准备工作就绪后,三姓副都统便于规定之日期,派员前往约定之地点,设临时行署,对前来贡貂的边民收取贡貂并颁赏乌林。

4.4.1.4.2　行署贡赏实施过程

在各行署征貂、赏乌林时,由副都统衙门派出佐领、骁骑校以及差吏等共五六十人,乘船载运乌林前往约定地点,建立木城,作为行署。如德楞行署木城,长宽各二三十米,用圆木圈成,分内外两层,内层为官员行署所在,外层为交易场所。贡貂者也携貂至此,贡貂时由差吏"呼

〔1〕辽宁省档案馆,辽宁社会科学院历史研究所,沈阳故宫博物馆译编:《三姓副都统衙门满文档案译编》,辽沈书社 1984 年版,第 83 页。

〔2〕辽宁省档案馆,辽宁社会科学院历史研究所,沈阳故宫博物馆译编:《三姓副都统衙门满文档案译编》,辽沈书社 1984 年版,第 434 页。

〔3〕〔清〕曹廷杰:《东三省舆地图说》附录之《〈条陈十六事〉九》,载李兴盛,齐书深,赵桂荣主编:《陈浏集》(《黑水丛书》8),黑龙江人民出版社 2001 年版,第 1375 页。

〔4〕《清朝通典》卷 97《边防一》,商务印书馆 1935 年版,第 2729 页。

〔5〕〔清〕曹廷杰:《东三省舆地图说》附录之《〈条陈十六事〉九》,载李兴盛,齐书深,赵桂荣主编:《陈浏集》(《黑水丛书》8),黑龙江人民出版社 2001 年版,第 1375 页。

唤诸夷之喀喇达(哈喇达)、噶珊达等依次单独进入行署",按户献上黑貂皮一张,验视合格者,即颁赏乌林一套。收取貂赋期间,行署官员还要巡视各地,听取姓长、乡长报告,告诫其"必须年年进贡",同时处理地方纠纷,任免一些姓长、乡长。

4.4.1.4.3　政府发给"坐米"、"路米"及筵宴

贡赏活动虽然分散在四五个地点进行,但由于边民居住分散,其贡貂仍然需要经过长途跋涉。为此,清政府发给其往返期间的口粮,并在居住期间设宴款待。三姓副都统总辖贡貂边民后,每年屯田的粮食收入有一半用于贡赏时支用边民所需。赏乌林支出的粮谷,包括"坐米"和"路米"两部分。"坐米"指发给贡貂之人在收税点活动期间的食用口粮及筵宴招待所支出的粮食。"路米"是指发给边民往返途中支用的粮食。每年需用的粮食,两项合计大约在 1000 石左右。例如在道光十四年(1834),贡貂边民共计 2398 人,共支用"坐米"计米 482 石 1斗、谷 335 石 7 斗。"路米"按路程远近计日发给,总计 2398 人,共计给米 399 石 2 斗 3 升 9 勺。[1]

4.4.1.4.4　收贡颁赏的善后事宜

清政府每年收贡颁赏之后,都要由有司缮具清册,开列清单,向主管衙门呈报。若有当年未来进者,则由派去的官员将所余乌林交回衙门,并"将所有已赏(乌林)及所余乌林之细数,谨分晰造册呈报"。有司接呈后,将未赏剩余之乌林收藏在库,以抵来年应赏额定乌林之数,并请三姓副都统将赏乌林细册咨报将军衙门。所纳貂皮由三姓副都统派遣官兵,连同贡貂清册一同解送。为确保安全,三姓副都统还咨请将军衙门照例派兵,将贡貂小心看护,解往京师;同时咨请将军衙门转咨盛京及京师。

4.4.1.4.5　贡赏的历史作用

清政府对东北边疆,特别是黑龙江流域各族边民实行的一年一度

〔1〕杨余练,关克笑:《清廷对吉林边疆少数民族地区的统治》,载于《历史研究》1982 年第 6期,第 63 – 78 页。

的贡貂、赏乌林制度,安排十分周到,招待颇为丰盛。东北边疆各族居民通过该活动,每年一户能领到衣帽和很多生活必需品。因此,贡貂与赏乌林成为他们生活中的一件大事,使他们和清政府及内地建立起血肉相依的联系。

贡貂与赏乌林制度从表面上看是一种经济活动,究其实质,则是一种政治上的隶属关系。贡貂赏乌林制度是清政府管理黑龙江流域的一项独特的重要制度,这一制度的实施,是卓有成效的,维护了边疆社会的稳定,安定了少数民族的生计,在历史发展上无疑是起到了积极作用。[1]

4.4.2　解读现日本珍藏清代噶珊贡貂与赏乌林珍贵档案

1996 年 9 月 24 日,由日本学者山根幸夫教授推荐,吉林省社会科学院历史研究所杨旸教授应日本学术振兴社邀请,就《中国东北地区历史与文化——明清时代东北亚丝绸之路与虾夷锦研究》这一课题进行学术交流,共历时 2 个多月。在东京大学、北海道星园高等学校主要讲解现日本存藏的清代政府经营管理黑龙江、库页岛地区实行贡貂与赏乌林制度的极其珍贵的《カラフトのナヨロ文书》(《库页岛名寄文书》)档案。此档案现珍藏于北海道大学附属图书馆。

日本学者特别是北海道大学名誉教授池上二良先生对这份档案做过专门研究,曾发表论文刊登在日本《北方文化研究》(昭和四十三年 1968 年,第 3 号)上。虽然池上二良教授对上述提及档案的研究作出了贡献,但有些问题还需要作进一步探讨。

现将日本北海道大学附属图书馆珍藏的《カラフトのナヨロ文书》(《库页岛名寄文书》)两件档案,分原档"句读"、"注释"、"说明"、"译文"4 部分进行解读。

第一件档案

【句读】

---

〔1〕参见陈鹏:《试述清政府对黑龙江流域边民实行的贡貂与赏乌林制度》,载于《东北史地》2006 年第 4 期,第 39 - 43 页。

奉旨,赏赫哲来之佐领^①付勒珲等抵至德楞^②,验^③乌林^④,查得各处各姓哈赉达^⑤,俱赴前来领赏。惟陶姓^⑥哈赉达,近年以来,总未抵来领赏,每年凭以满文剳付^⑦领取,似此情形寔^⑧非办公之道。耳闻西散大国^⑨与陶姓人前来见面。是以烦劳贵官^⑩如遇陶姓人,切示晓谕^⑪,令伊^⑫明年六月中旬,前来领赏;如不抵至,即将此姓人销除,永不恩赏,故此特恩。

佐领付勒珲

赏乌林官云骑尉^⑬凌善

防御德僧厄

嘉庆廿三年夷则月^⑭

【注释】

①佐领,武官名。清置,属八旗都统。初名牛录额真,后改为牛录章京,汉文名为佐领,秩正四品。

②德楞,又名德勒恩、台伦。今俄罗斯境之利特温采沃。清嘉庆年间在此设临时衙署,称之为赏乌林(乌绫)木城。地势要冲,风景如画。德楞木城为用圆木建成的二三十米见方的木城,分内外两层,内层为赏乌林官署所在,外层为交易场所。各族人民从四面八方集聚于此地贡貂与赏乌林,此地更是交易的场所,人来人往,熙熙攘攘,热闹非凡。

③验,即察看、查考之意。

④乌林,满语(Ulin)音译,亦写作乌绫或乌凌,意为财帛。

⑤哈赉达,又叫哈喇达,即姓长。清代在黑龙江流域及库页岛等地区"设姓长、乡长分户管辖"。

⑥陶姓,是库页费雅喀六姓之一。据《满文档案》记载:乾隆十五年(1750)额定148户,嗣后不准增加。148户中有六个姓氏,即耨德、都瓦哈、雅丹、绰敏、舒隆武噜、陶六姓。陶姓,乾隆八年(1743)姓长雅尔齐,乾隆四十二年(1777)姓长额阔标,道光二十一年(1841)姓长乌尔库标。

⑦剳付,"剳"同"札",是古代一种公文凭据。"满文剳付",就是清朝政府发给姓长、乡长的"满文凭证",作为贡貂与颁赏乌林时验证

身份和地位的"执照"。没有执照就等于取消贡貂颁赏乌林的资格。

⑧寔,同"实"。

⑨西散大国,即"西山大国"。据曹廷杰《西伯利东偏纪要》、日本《虾夷岛说》记载,黑龙江下游以及库页岛地区少数民族称呼日本国为"西山国"或"西散大国"。

⑩贵官,由档案记载中可知,其"贵官"是认识陶姓人,因此,大清官员佐领付勒珲才叫他捎信传示"令伊明年六月中旬,前来领赏;如不抵至,即将此姓人销除,永不恩赏"。

⑪晓谕,晓示。清代公文上级对下级用"晓谕"。

⑫令伊:令,命令。伊,他。命令他之意。

⑬云骑尉,清代世爵之一,地位在骑都尉之下、恩都尉之上。为三姓副都统派出的官员,佐领副手,其人为凌善。

⑭夷则月,中国"农历秋七月"之意。

【说明】

这份原档,是记录清朝嘉庆二十三年(1818)农历秋七月,三姓副都统衙门派出赏乌林官员佐领付勒珲及两名副手凌善、德僧厄等,到黑龙江下游临时行署德楞木城地方考察黑龙江下游及库页岛少数民族贡貂与赏乌林执行情况的一份原始记录。清代黑龙江下游及库页岛收取赋税官员,早期由宁古塔副都统派出,据清人萨英额《吉林外纪》卷8记载,雍正以后改由三姓副都统"派员收纳貂皮,颁给赏物"。这份档案记载的官员为首的是一名佐领(牛录额真,亦称牛录章京)付勒珲,两名副手即云骑尉凌善、防御德僧厄。

清政府对黑龙江下游及库页岛等地区少数民族贡貂在时间、数量、质量上都是要求比较严格的,必须定期按时前来贡貂、领赏。唯独库页岛陶姓姓长连续几年来都没有亲自到德楞纳贡。他本人不但不来,还委托别人拿着清政府颁发给他的"满文凭证"(纳贡领赏的"执照")代替他领赏。这位大清朝赏乌林官员付勒珲佐领看到这种情况感到实在"非办公之道"。于是就对这次前来德楞纳贡领赏的居住在库页岛的这位姓长"贵官"说,听说"西散大国(系指日本国)与陶姓人往来见面"，又说，你认识"陶姓人"姓长，那就麻烦你了，请回去捎个信，叫他（指陶姓人）明年六月中旬一定来德楞木城地方纳贡领赏，如果再不亲自来这里纳贡领赏，我将取消他这种纳贡领赏的待遇，永远也不再给他"恩赏"，要你回库页岛后，特此转告"陶姓人"姓长。

【译文】

遵照谕旨，颁赏赫哲族的清代三姓副都统衙门官员佐领付勒珲等已抵达黑龙江下游临时衙署德楞木城地方（今俄罗斯境内之利特温采沃），检查（贡貂）与颁赏乌林（乌绫）执行情况。检查结果，得知各处每个姓长哈赍达（又称哈喇达）都到达纳贡领赏。唯有（库页岛）陶姓姓长哈赍达，近年来都不是本人亲自抵达这里领赏，而只是每年委托别人携带大清王朝颁发给他的"满文凭证"，到德楞衙署代替他领赏，这种做法实在不是办理公事之道理。我（系指佐领付勒珲）耳闻日本国与库页岛陶姓人有来往"见面"，你（系指档案中的"贵官"）认识陶姓人，就麻烦"贵官"了，回到库页岛后，如遇到陶姓人务必通知他我的令示：他（系指陶姓人）明年（指嘉庆二十四年，公元 1819 年）六月中旬，一定前来德楞贡貂领赏。如果还不亲自抵至这里，我将立即将陶姓人贡貂领赏的待遇取消，永远不再恩赏，所以特此诚恳转告。

佐领付勒珲

赏乌林官云骑尉凌善

防御德僧厄

嘉庆廿三年秋七月

第二件档案

【句读】

耳问①西散大国②原因③，并未知情。吾未大清大国赏乌林来者，若④官员以⑤并验看。不贠⑥有。故此穑⑦一同来，若有顺便者，此处原因，一并分别穑⑧来，觊直⑨便知。实荷⑩。

拜托

大清国官员

【注释】

①问,据第一件档案可知,"问"是"闻"之误。"耳问"应为"耳闻"。

②西散大国,即"西山国"。据曹廷杰《西伯利东偏纪要》、日本《虾夷岛说》记载,黑龙江下游及库页岛少数民族,如赫哲、费雅喀等族称呼日本国为"西山国"或"西散大国"。

③原因,《カラフトのナヨロ文书の满洲文》一文将"原因"写成"因原"(见《北方文化研究》昭和四十三年第3号,第186页),应为"原因"。

④若,《カラフトのナヨロ文书の满洲文》一文将"若"写成"各"(见《北方文化研究》昭和四十三年第3号,第186页),应为"若"字。

⑤以,《カラフトのナヨロ文书の满洲文》一文将"以"划为"O"(见《北方文化研究》昭和四十三年第3号,第186页),可能"以"没有识别出来以"O"来代替。

⑥由第一、二件档案相互参证,可知撰写者将"晓"字误写为"稹"字。

⑦⑧稹,无有此字,撰写档案者可能要写"销",应为"捎"字。

⑨觌直,觌,看见之意;直,通"值",价值之意。觌直,亲眼看见其价值。

⑩实荷,实承受的恩惠。

【说明】

第二件档案是针对第一件档案所提出问题的回答记录。也可以说,这一件档案记载的是库页岛"陶姓人"姓长回答"大清大国官员"赏乌林官佐领付勒珲的内容记录。陶姓人姓长回答说,你(系指佐领付勒珲)耳闻说我与日本国人见面,没有那么回事。又说,我从来就未见到大清王朝赏乌林官"来者"和大清王朝官员检查赏乌林发放的情况。接着又重复地说了一遍,我不晓得和日本国人见面一事(陶姓人显然有些惧怕清朝官员知道他同日本国人见面一事,因此又重复说明了这一事件)。所以,你若要赏乌林,就一同捎来就好了;你若不来,顺便叫来我"此处"人分别捎来也好。亲眼看看我这里貂皮货物好不好,你就便知了。实在是感谢所承受的恩惠呀。

【译文】

你(系指佐领付勒珲等)耳闻就说我(系指陶姓人姓长)与日本国人

"见面"，我不知道还有这么一回事。我也未见到大清国赏乌林的"来者"和大清官员检查发放乌林的情况。我不知道有与日本国人"见面"一事。因此，你若想赏乌林，就一同捎来好了；若顺便叫来"此处"之人分别捎来也好。亲眼看看这里貂皮好不好，你便知道了。实在是感谢所承受的恩惠。

拜托

大清大国官员

上述两件档案内容说明了什么问题呢？

其一，说明了明清两代对黑龙江下游及库页岛经营的继承性和连续性。这种经营功能，明代是通过卫所制度的朝贡制，清代是通过噶珊制度的赏乌林制度来完成的。这一地区少数民族在明朝贡貂皮，同时又获得朝廷的大批赏赐物品。清朝贡貂领赏的时间、地点，如德楞木城地方等制度规定是很严格的。从这一点来说，噶珊制度不仅是继承了明代的卫所制度，还发展了卫所制度。

其二，说明由于噶珊制度的实行，内地丝绸服饰等输入到黑龙江下游及库页岛地区，内地不仅在意识形态、服饰文化方面影响这一地区，而且还对少数民族衣着穿戴产生了一定的影响，在一定程度上提高了少数民族的物质生活质量。

其三，说明了历史上的黑龙江下游、库页岛和北海道地区不是完全隔绝的，各族人民进行了比较频繁的和平交往。这种交往，虽然不能说像内地那样发达，那样繁荣，但也不像有的学者说的那样，上述地区是"不毛之地"，"完全封闭性的社会形态"。

其四，说明了历史上中日两国人民传统友谊源远流长，人民是这种友谊交往的主体和推动力量，而统治者是各族各地区人民友谊交往的障碍。三姓副都统衙门赏乌林官佐领付勒珲前往德楞地方检察贡貂与赏乌林情况，特别查寻库页岛陶姓人姓长是否与"西散大国"即日本国人有"往来见面"的行为，就是一个有力的佐证。但这一地区各少数民族冲破了清朝统治者束缚中日两国人民交往的障碍，形成了"山丹贸易"的盛况以及形成了"虾夷锦"文化现象，大力促进了中日两国睦邻友好关系的发展，加强了中日两国人民的传统友谊。[1]

东北亚土著民族很早就开始向中原王朝贡献貂皮、马、羊,换取丝绸、瓷器、金银饰品。早在东汉光武帝建武二十五年(49)辽西乌桓大人郝旦等922人,就前往洛阳贡献奴婢、牛、马及弓、虎、豹、貂皮。至明崇祯七年(后金天聪八年,1634)使犬部的盖青家族贡貂皮内附后金政权,已有悠久的传统。明亡清兴,清朝在黑龙江流域、库页岛等地土著部族中建立户籍,委任姓长、乡长。各族人民按规定向清王朝贡貂,并得到相应的赏赐品,称之为"赏乌绫",这和"贡貂"活动构成新的贡赏贸易,也是一种税收制度。

据《黑龙江将军衙门档案》记载,清初规定凡编入八旗的索伦、鄂伦春、达斡尔、赫哲等民族,按定制每年进贡貂皮,一名壮丁应纳貂皮一张。嘉庆《钦定大清会典》卷 11 记载:"其计户者,三姓所属赫哲、费雅喀、(奇)勒尔、库叶、鄂伦春、恰喀拉五十六姓二千三百九十八户,每户纳貂皮一张。"

清王朝赏给贡貂者的物品也相当可观。据《三姓副都统衙门档案》记载,乾隆八年(1743)赏给库页费雅喀人乌林则例计开:姓长每人赏给无扇肩朝衣折合蟒缎 1 匹、白绢各 4 丈 5 尺、妆缎 1 尺 8 寸、红绢 2 尺 5 寸、家机布 3 尺 1 寸,长棉袄及裤子折合毛青布 2 匹、白布 4 丈、棉花 26 两;附带赏给零散毛青布各 4 匹,汗巾高丽布各 1 丈,每块 3 尺之绢里子各 2 块,帽、带、靴、袜折合毛青布各 2 匹,梳子及篦子各 1 把,针各 30,包头各 1,带子各 3 副,棉线各 3 绺,棉缝线各 4 钱,钮子 8 个,桐油匣子各 1 个。乡长每人赏给朝衣折合彭缎 2 丈 3 尺 5 寸、白绢 4 丈 5 尺、妆缎 1 尺 8 寸、红绢 2 尺 5 寸、家机布 3 尺 1 寸,长棉袄及裤子折合毛青布 2 匹、白布 4 丈、棉花 26 两;附带赏给零散毛青布各 3 匹,汗巾高丽布各 1 丈,每块 3 尺之绢里子各 2 块,帽、带、靴、袜折合毛青布各 2 匹,梳子及篦子各 1 把,针各 30,包头各 1,带子各 3 副,棉线各 3 绺,棉缝线各 4 钱,钮子 8 个。白人每人赏袍子折合毛青布 2 匹、高丽布 3 丈 5 尺、妆缎 1 尺 3 寸、红绢 2 尺 5 寸,长棉袄及裤子折合毛青布 2 匹、白布 4 丈、棉花 26 两;附带赏给零散毛青布各 2 匹,汗巾高丽布各 5 尺,每块 3 尺之绢里子各 2 块,帽、带、靴、袜

---

[1] 参见杨旸主编:《明代东北疆域研究》,吉林人民出版社 2008 年版,第 224 – 230 页。

折合毛青布各 2 匹,梳子及篦子各 1 把,针各 30,包头各 1,带子各 3 副,棉线各 3 绺,棉缝线各 6 钱,钮子 8 个。[1]

人们看过上面的赏品清单,自然会想到当年东北亚丝绸之路的贡赏贸易的盛况。库页岛居民一般乘船至宁古塔(今黑龙江宁安)和三姓(今黑龙江依兰)纳贡领赏。清朝地方官也定期到黑龙江下游收税点搭棚收贡发赏和宴请来人。其赏品原则上由盛京(今沈阳)生产备齐,运往三姓副都统衙门。派出的赏乌林官有佐领、云骑尉、防御、骁骑校、笔帖式,他们一般在秋天乘船前往,贡赏地点设在普禄乡(黑龙江下游奇集湖畔)江岸,船舰云集,帐篷林立,栅城有兵卒把守。在贡赏的日子里,这一带如同佳节盛会,十分热闹。日本文献《北虾夷图说》有生动的记载。东北亚土著民族称这种贡赏贸易为"穿官"或"跑穿官"。清朝后期则由"谙达"商承包。

库页岛上的虾夷人和费雅喀人经常用来自清朝的赏乌林(满语意为财帛之物)商品去日本北海道进行交换。20 世纪 90 年代以来,日本北海道新闻社连载《虾夷锦渡来之路》系列文章,多以清代贡貂和赏乌林为题材。内容非常丰富,从一个侧面重现了明清时期东北亚土著居民间的和平交往的景象。

东北亚丝绸之路的历程,凝结着中华民族和东北亚边疆地区其他民族的传统友谊。傅朗云等所著《曹廷杰与永宁寺碑》一书,回顾了这条商路的土著民族和汉族商人,晚至清末,还屡次向清王朝请赏甚至花钱买官爵。这又是一段历史佳话。[2]

4.4.3　布特哈牲丁贡赏制度

据载:"索伦……地产貂,以捕貂为役。"[3]"布特哈人岁赍粮入山采捕,利在大雪,故秋即去,春始还,往往有空手归者,则貂之难得可见。说者谓貂见人走入穴者,取之如探囊;升木则稍难,然守待旬日,亦有到手之

---

〔1〕参见辽宁省档案馆,辽宁社会科学院历史研究所,沈阳故宫博物馆译编:《三姓副都统衙门满文档案译编》,辽沈书社 1984 年版,第 3 - 4 页。

〔2〕参见傅朗云编著:《东北亚丝绸之路》,吉林省旅游局国际市场开发处 1991 年 8 月内部版,第 48 - 50 页。

〔3〕〔清〕方式济:《龙沙纪略·经制》,载杨宾等撰:《龙江三纪》,黑龙江人民出版社 1985 年版,第 204 页。

时,惟匿石罅中,则无计可施,此亦存乎貂丁之际遇耳。"[1]可见捕貂之艰辛。捕貂办法很多,但多用犬捕貂,以不伤其皮,"貂产索伦之东北。捕貂以犬,非犬则不得貂。虞者往还,尝自减其食以饲犬。犬前驱,停嗅深草间,即貂穴也。伏伺噙之,或惊窜树末,则人、犬皆息以待其下。犬惜其毛,不伤以齿,貂亦不复战动。纳于囊,徐俟其死"[2]入关后,清政府对居住在黑龙江上游的布特哈打牲部落各族亦实行贡貂制度。但按丁征收,"布特哈户出一丁,以竿量身,足五尺,岁纳一貂"[3]

自天聪年间皇太极陆续统一黑龙江上游地区各部后,索伦、达斡尔、鄂伦春各族不断前来盛京贡貂,以示臣服。入关后,布特哈各部继续贡纳貂赋。布特哈衙门所属八旗牲丁,"分八围应捕貂役",按丁征收,"布特哈,无问官、兵、散户,身足五尺者,岁纳貂皮一张,定制也"[4],称为"索伦貂"[5]。

4.4.3.1 贡貂地点

清入关后,布特哈各部最初将"贡物送至京师,交与户部"。如顺治三年(1646),"索伦部落、使鹿部落喇巴奇等贡貂皮,宴赉如例"[6]当时所贡包括貂皮、貉皮两种。从顺治十六年(1659)起,黑龙江下游各族逐渐改为至宁古塔贡貂,一般不再远至北京。但是,黑龙江上游各族直到康熙中叶仍至北京贡貂,这与布特哈诸部长期隶属于理藩院有关。

康熙二十三年(1684),布特哈打牲部落改隶黑龙江将军,贡貂地点也由北京移至卜魁(今齐齐哈尔)。"出尔罕者,兵车之会也。地在卜魁城北十余里。"[7]《清实录》亦记载了这一变化:"向来打牲人丁应交貂皮,该总管拣员

〔1〕〔清〕西清:《黑龙江外记》卷8,黑龙江人民出版社1984年版,第92页。

〔2〕〔清〕方式济:《龙沙纪略·经制》,载杨宾等撰:《龙江三纪》,黑龙江人民出版社1985年版,第206页。

〔3〕万福麟监修,张伯英总纂:《黑龙江志稿》(下)卷62《艺文志·文征》,黑龙江人民出版社1992年版,第2578页。

〔4〕〔清〕西清:《黑龙江外记》卷5,黑龙江人民出版社1984年版,第53页。

〔5〕所谓"索伦貂"就是黑龙江上游所产之貂。"索伦者,属国也,产美貂,号索伦皮",见杨宾:《柳边纪略》卷1,第18页。这说明,索伦本是族名,以骁勇著称,进而又发展成为黑龙江上游各族的泛称,故索伦之地所产"美貂",往往就称为"索伦貂",凡布特哈总管管辖下的各族捕貂人(貂丁)所贡之貂,即为"索伦貂"。

〔6〕《清世祖实录》卷26,顺治三年六月己亥。

〔7〕〔清〕方式济:《龙沙纪略·经制》,载杨宾等撰:《龙江三纪》,黑龙江人民出版社1985年版,第206页。

径解京城。后因索伦、达呼尔改归黑龙江将军等管辖,将拣选贡貂,奏改由齐齐哈尔城解送贡面官员,顺便解送热河。"[1]此外还有一些约定的收税点,其中格尔必齐河是最西部的一个收取贡貂点。《黑龙江旅行记》记载在呼玛尔河河口,"满洲官员在12月和3月前来这里征收贡税。规定玛涅格尔人缴纳的兽皮为中等成色,要脚爪齐全,当然要带尾巴"[2]。

4.4.3.2 牲丁及贡貂数

关于黑龙江上游地区布特哈牲丁及贡貂数字,缺乏全面、准确的统计数字,只能从现有记载作一个大概推测,见表4-13。

表4-13 布特哈牲丁贡貂数字表

年 代	贡貂数(张)	牲丁数及资料来源
顺治五年 (1648)	1456	《清初内国史院满文档案译编》(中)记载,分编十六牛录之索伦牛录章京阿济布等贡貂962,达斡尔七村等贡貉皮494,第477页。(笔者认为牲丁数应为1456名)
康熙三十年 (1691)	1621	乾隆元年《盛京通志》卷2载:牲丁数1621名。
约康熙五十五年 (1716)	4090	《龙沙纪略·经制》载:索伦八围应貂役牲丁4090名。
雍正十年 (1732)	2349	《清世宗实录》卷126载:打牲人2349名。
雍正十一年 (1733)	1349	《清世宗实录》卷126载:本年迁本尔得1000牲丁编为八旗"免其进贡貂皮"。
乾隆七年至 二十四年 (1742—1759)	2395—1058	《清高宗实录》卷610载:牲丁数由2395名渐减至1058名。
乾隆二十五年 (1760)	3058	《清高宗实录》卷610载:牲丁数增至3058名。
乾隆五十五年 (1790)	4656	《清高宗实录》卷1368载:当时共有捕貂丁役4656名。
嘉庆十五年 (1810)	5405	《黑龙江外记》卷5所载布特哈等各族贡貂数字合计。

---

[1]《清高宗实录》卷1487,乾隆六十年九月己巳。

[2][俄]P.马克著,吉林省哲学社会科学研究所翻译组译:《黑龙江旅行记》,商务印书馆1977年版,第120页。

续表 4－13

年　代	贡貂数（张）	牲丁数及资料来源
道光二年（1822）	3306	《清宣宗实录》卷 34 载："例贡貂皮无饷丁"3306 名。
道光十一年（1831）	2775	《清宣宗实录》卷 205 载：无饷牲丁共 2775 名。
道光十二年（1832）	1200	《清宣宗实录》卷 205 载：挑选 1200 名，责令采捕貂皮。

4.4.3.3　选等与赏赐

布特哈所贡貂皮一般分为一等、二等、好三等、寻常三等 4 个等级。《黑龙江外记》有详细记载："选貂之制，将军、副都统坐堂上，协领与布特哈总管分东西席地坐，中陈貂皮，详视而去取之。甲乙既定，钤小印于皮背，封贮备进……贡貂有一等、二等、好三等、寻常三等之分。嘉庆十五年（1810），选定一等四十二张，二等一百四十张，好三等二百八十张，寻常三等四千九百四十三张，岁大略如是。而列一等者皆雅发罕俄伦春及毕拉尔物。"[1] "人岁输一于官，各私识毛色，汇佐领处。五月，将军至墟场，选以贡。凡三等，官给价有差。不入等者，听鬻。"[2] 清末略有变化，《黑龙江述略》记载："貂贡：头等七十二张，二等一百七十三张，上三等四百三张，中三等二千五百七张，九月进。按：黑龙江省诸部归顺之初，随朝纳貂，略表臣服之义，盖无年限、数目、定制，自经披甲当差，而打牲部落，始有贡貂之制。每官每兵一员名，纳貂一张，即布特哈城索伦、达呼尔部，兴安城俄伦春部是也。"[3] 选好后将"岁贡貂皮，先将等第、数目六月内奏闻，然后派齐齐哈尔官偕同布特哈总管一员，解送木兰，咨报行在户部、理藩院、内务府，其甄别收贮，则内务府事"[4]

对于牲丁所贡貂皮，凡入选者，清政府均按等级给予一定赏赐。起

---

〔1〕〔清〕西清：《黑龙江外记》卷 5，黑龙江人民出版社 1984 年版，第 53 页。

〔2〕〔清〕方式济：《龙沙纪略·经制》，载杨宾等撰：《龙江三纪》，黑龙江人民出版社 1985 年版，第 206 页。

〔3〕〔清〕徐宗亮：《黑龙江述略》卷 4《贡赋》，黑龙江人民出版社 1985 年版，第 52 页。

〔4〕〔清〕西清：《黑龙江外记》卷 5，黑龙江人民出版社 1984 年版，第 53 页。

初以布帛及其制成品等实物为主,此外附带赏给少量生活用品。自康熙三十五年(1696)起,重新制定了布特哈贡貂颁赏章程,分有赏、无赏两种,并将赏赐实物改为银两。道光二年(1822)规定:"雅法罕鄂伦春、毕拉尔……无饷丁五百九十七名,该丁呈贡貂皮,拣不入等者无赏,拣入头等者,赏银四两,二等赏银三两五钱,三等赏银三两。布特哈、索伦、达呼尔,例贡貂皮无饷丁二千六百四十七名。墨凌阿鄂伦春,例贡貂皮无饷丁六十二名,此二项向无赏银。"[1]食俸、不食俸,有赏、无赏,"均系酌量该处情形,官差轻重"而定。雅法罕鄂伦春、毕拉尔散处山野,官无接济之处。而其余各部牲丁,或享有半分钱粮,或代官牧养马匹,并经常接受清政府的赈济。乾隆三十年(1765),黑龙江将军富僧阿奏请停索伦、鄂伦春等贡貂赏赍,乾隆帝认为不妥,谕曰:"向来索伦进贡貂皮,不特及等者例有赏赍。即不及等者,朕亦加恩减半给赏,以示体恤,历有年所。今若停其赏赍,则伊等无由沾受朕恩,殊非嘉惠远来之意,嗣后著仍照旧例行。"[2]

牲丁缴纳貂皮时,"如甲皮不入选,多选乙皮一张,甲出银三两偿乙,此类甚多,事皆主于总管,故每岁俸饷,皆选貂后支放,乘除损益之数,至此始明也。若雅发罕俄伦春则不然,其所纳皮张较胜别部,故一等足额,入其余于二等,二等所余,入于好三等,而皆按照定价,由库给银,以酬其所余之数。盖雅发罕俄伦春散处山野,非索伦达呼尔及摩凌阿俄伦春可比,故定制如是,而毕拉尔一部亦然。布特哈交纳貂皮,先已自定等第,寻常三等之外,皆以绫签标记,红签者,索伦达呼尔物,绿签者,摩凌阿俄伦春物,黄签者,雅发罕俄伦春、毕拉尔物也。"[3]由此可见,布特哈牲丁缴纳貂皮,国家是以银两来支付报酬的,酬银称作"俸饷"。由于貂皮质量好坏不等,所以定价也不同。贡貂者所领之银,要按照貂皮质量和国家定价来调整,由布特哈总管负责。可见所谓布特哈贡貂并不是自由买卖,但也不是一般的赋税,国家以银偿貂,是

〔1〕《清宣宗实录》卷34,道光二年四月己申。

〔2〕《清高宗实录》卷726,乾隆三十年正月己未。

〔3〕〔清〕西清:《黑龙江外记》卷5,黑龙江人民出版社1984年版,第53页。

一种"强制性的征购"。

表4-14　布特哈贡貂早期赏物标准表

时 间	一等赏赐	二等赏赐	三等赏赐
顺治六年 （1649）	带妆缎披肩之纯团龙缎披领各1，绸衬衣、裤、带袜夹绿斜皮之熟皮面夹棍靴各1，凉帽各1，缎1，缎裙各1，毛青布各10，带穗手帕各3，衣里各2，棉线各5把，针各50，梳子各2，篦子各2，匣子各1。赏……平雕、圆形四瓦鞓带上系二块汗巾各1套，平雕、钉有七个铁式件之撒袋上带十箭各1套，兽角各1双，彩鞍上带平雕辔头、后鞦、攀胸、缇胸、翠蓝布制鞍龙（笼）、红毡马鞴之三等马各1。	次等妆缎制镶领袖缎袍1件，翠蓝布衣裤、凉帽各1，套袜、熟皮面夹棍靴各1双，系二条汗巾之吊带各1，缎各1，缎裙各1，毛青布各7，带穗手帕各3，衣里各2，棉线各5把，针各50，梳子各2，篦子各2。	镶妆缎领袖之毛青布袍各1，翠蓝布衣裤、凉帽各1，带袜牛皮夹板靴各1双，系一条汗巾之甲叶带各1条，缎各1，毛青布各7。
顺治十三年 （1656）	红莽（蟒）缎披领1、绸子棉袄1、裤子1、无毛毡帽头1、拴二手帕之平雕圆四瓦鞓带1、带袜夹沿斜皮单靴1双、缎1、缎裙1、毛青布9、手帕3、里子2、棉线5绺、针50、梳子2、篦子2、匣子1。	末等妆缎镶领缎袍各1、翠蓝布袄各1、带袜股子皮夹棍靴各1双、缎各1、缎裙各1、毛青布各7、手帕各3、里子各2、棉线各5绺、针50、梳子各2、篦子各2。	镶缎领毛青布袍各1、翠蓝布棉袄各1、裤子各1、无毛毡帽各1、铁钉束腰带各1，手巾俱全，带袜牛皮夹棍靴各1双、缎各1、毛青布各7。
顺治十五年 （1658）		末等妆缎领袖缎袍、蓝布袄裤、无檐帽、土黑布裤并带子上系二擦脸手帕，皮帮鞋连袜1双，缎1匹，绸裙1条，毛青布7匹，手帕3个，衣服里2个，棉花线5缕，针50个，木梳2把，篦子2把。	缎领袖毛青布袍、蓝布袄裤、无檐帽、马辔并带子上系一手帕，牛皮鞋连袜1双、缎1匹、毛青布7匹。

资料来源：据中国第一历史档案馆编：《清初内国史院满文档案译编》（下），光明日报出版社1989年版，第44－46,352,389页所载资料编制。

除贡貂等项外,东北亚各少数民族群众还需要承担其他贡物之采办,有诸如年贡、春贡、夏贡、鲜贡等名目。各贡项之贡物,据《黑龙江述略》记载主要有:"年贡:野猪二口,野鸡二百只,细鳞鱼三十尾,鳟鱼三十尾,麦面四十袋,火茸二匣,箭杆四百根,桃皮三千根,上年十一月进。春贡:细鳞鱼三十尾,鳟鱼三十尾,上年十二月进。夏贡:麦面十袋,六月进。鲜贡:野猪二口,野鸡一百只,树鸡四十只,细鳞鱼二十尾,鳟鱼二十尾,十月进。"[1]

东北边疆各族每年向朝廷交纳的各种贡赋都要付出极大的代价,甚至付出生命才能得到。捕牲纳贡的职责已经成为东北驻防兵丁军务以外的沉重负担,其正常生活及军事训练势必受到影响。[2]

清政府对黑龙江流域不同地域、不同民族实行不同的贡赏管理制度,对黑龙江下游、乌苏里江以东和库页岛的赫哲、费雅喀等边民实行贡貂赏乌林制度,按户征收貂赋,并颁赏乌林。对黑龙江上、中游的布特哈打牲部落则按丁征收,以银两偿貂作为俸饷,并以准军事方式进行管理。贡赏制度对管理边疆各族有着重要意义,对巩固边疆和促进边疆地区社会经济发展产生了积极作用。因而贡赏制度成为清朝管理少数民族,维系中央与边疆少数民族之间纽带关系的经邦之长策,守国之远图。[3]

〔1〕〔清〕徐宗亮:《黑龙江述略》卷4《贡赋》,黑龙江人民出版社1985年版,第53页。

〔2〕陈鹏:《清代东北地区"新满洲"研究(1644—1911)》,东北师范大学博士学位论文2008年,第140—143页。

〔3〕陈鹏:《清代黑龙江流域少数民族管理研究》,东北师范大学硕士学位论文2005年,第44页。

·欧·亚·历·史·文·化·文·库·

5 明清两代丝绸之路沿途的贸易盛况

"贡貂赏乌林制度"的实行,促进了东北亚丝绸之路沿途贸易的发展。贡貂与赏乌林的进行为东北边疆各族人民提供了集中贸易的时间和场所。东北亚丝绸之路沿途的贸易时间与场所,往往与贡貂与赏乌林的时间及场所是一致的。东北边疆诸部族在完成贡貂,并得到颁赏的乌林之后,便进行各种贸易活动。在诸多的贸易场所中,最为兴盛的有 2 个场所:一是三姓,在贡貂与颁赏乌林后,便可在此进行大宗贸易。三姓是大宗丝织品诸物的集散地,因此三姓城也可称为"丝城"。另一个场所即是德楞。现以少数民族与官府的贡赏关系与贡赏贸易、少数民族与汉蒙满等族商人之间的贸易、少数民族间贸易等方面来展示明清时期特别是清代东北亚丝绸之路沿途的贸易盛况。

5.1 少数民族与官府的贡赏关系与贡赏贸易

东北边疆诸部族与官府间的贸易形式主要有贡貂集市即楚勒罕贸易以及德楞等行署进贡贸易。

5.1.1 贡貂集市贸易——楚勒罕贸易

在黑龙江流域广大地区内,交易规模最大的,当为每年五、六月楚勒罕时节与贡貂赏乌林同时进行的互市贸易活动。

楚勒罕源于蒙语"楚固拉干"一词,也称"出勒汗",满语为 culgan,汉意会盟或盟会。它不仅是清代布特哈各族定期缴纳贡貂的场所,也是渔猎及游牧民族每年一度的贸易盛会。最初设于清朝康熙三十年(1691),定制于每年五月(农历)草青之时举行。布特哈衙门最初设贡堂于卜魁(今齐齐哈尔市)城西北 40 里处的因沁屯(今彦钦屯)。楚勒罕的设立,体现了清政府对鄂伦春、鄂温克、达斡尔等部族管理的加强。

楚勒罕贸易的第一件事就是布特哈部民交纳貂皮，首先选择质量上乘的作为贡品，其余则由布特哈部民自己出售。楚勒罕贡貂皮时，布特哈部民预先用木材搭设帐棚，将所有貂皮摆放棚中，由将军、副都统指派的皮匠对貂皮进行严格挑选，根据毛色、大小、有无损伤等条件，选出一等、二等、好三等、寻常三等共4个等级的貂皮。被选中的貂皮由将军衙门盖印封存，以备上交。布特哈各族每年约向清政府缴纳5400张貂皮，这些貂皮由布特哈衙门送交总管内务府衙门，"然后印掷还之皮，而皆刖其一爪"[1]，允许在楚勒罕贸易时进行买卖，"如皮背无印而四爪全者，私货也，事干例禁，人不敢买"。

楚勒罕设立后，东北各族群众将每次历时20余天的这一定期交贡制度，逐渐扩大，进而发展成为一年一度的民间集市贸易。参加市场交易的除布特哈衙门辖内的鄂伦春、鄂温克、达斡尔等民族外，还有附近地区的满族、蒙古及来自吉林与内地的汉族商人等。

楚勒罕时节，一般定于草青之时。各部落、商贾前来交易，轮蹄络绎，皮币山积，牛马蔽野。集市初立，划沙为界。各部落人在其北驻地，商贾、官卒、游人在其南驻地，中间设兵禁。将军选贡貂后才允许南北来往。这种集市交易要共历20余天。在将军收取贡貂处稍东划出一块地作为买卖街，列肆陈货，全部都是席棚。每天中午的时候买卖牛马，羊群则全部散于原野。有来自呼伦贝尔的，有来自蒙古诸部的，全部称为营子。有的人说在因沁屯时，营子非常多，布特哈男女车马非常多，楚勒罕贸易非常兴盛繁荣，甚至当时的官税也以之为充。

各族人民在楚勒罕进行的集市贸易，主要商品是选取贡貂后剩余的貂皮，基本上是以物易物。作为交换的商品，既有生产工具，也有生活用品及娱乐品；既有布特哈各部族的毛皮、兽产品、桦皮制品，也有蒙古、满族的牲畜及汉族的粮食、盐、布匹及陶器等。如清初"商贾初通时，以貂易釜，实釜令满，一釜常数十貂。后渐以貂蒙釜口易之"。其后貂价渐渐昂贵，康熙中叶"犹以貂围釜三匝，一釜辄七八貂也"，康熙

---

〔1〕〔清〕西清：《黑龙江外记》卷5，黑龙江人民出版社1984年版，第53页。

末年已涨至一貂值数釜。方观承在《卜魁竹枝词》中记述以貂易釜的情景说:"估客釜敲声在臂,虞人貂眩紫堆腰,相逢不用频争直,易釜惟凭实釜貂。"[1]清代满族诗人英和在其《卜魁集》中有《出勒汗歌》:"布特哈来羽毛贡,岁以为常在夏仲。每丁各献一半(丰)貂,汗牛马复充梁栋。大帅拣择归于公,白金缯布颁司农。一时争裁三色帛,来年还添五尺童。公余皮币许通商,以货易货交相偿。牧场万匹邻封疆,江面千帆贾客航。郭外纷支桦皮屋,携童扶老相追逐。月余筹量经岁需,那惜风餐与水宿。"[2]这既描写了100多年前卜魁的楚勒罕贸易盛况,也反映了清代东北边疆各族人民的经济往来情况;这里既有传统的布特哈贡貂及官方贸易,又有民间的商贸活动。同时,也是各族群众间经济贸易及文化上的一次大交流。布特哈各部、呼伦贝尔各族平时较少进行商贸活动,"布特哈向无商贩,其俸饷例于纳貂后支领,故楚勒罕时,城中集上无男女争买货物,为一岁之计",就连老妪也"坐穿庐外,捻麻绳造桦皮斗,易钱自给"。[3]喀尔喀蒙古等部也于此时来楚勒罕上购买所需"农器铁货"[4]。

楚勒罕无疑为各族百姓提供了互通有无的好机会,通过贸易交换,东北边疆各族群众可换取一年所需的生产用具及生活必需品,布特哈各族从满汉等族那里获得了铁器、马匹、枪支等生产工具,促进了社会经济的发展及狩猎技术的提高;在饮食方面,布特哈各族在楚勒罕换回米、面、盐等物品,并从其他民族那里学到了新的食品加工方法,饮食结构发生变化,从而促进了体质的发展。可以说,楚勒罕对东北亚地区各少数民族社会、经济、文化、生活发展都起到了极大的推动和促进作用。

楚勒罕在给各族人民带来积极影响的同时,也加重了各族人民的

---

〔1〕〔清〕方观承:《东闾剩稿》,《〈魁竹枝词二十四首〉之十七》,见《述本堂诗集》(十一种),载李兴盛,安春杰主编:《何陋居集》(《黑水丛书》6),黑龙江人民出版社1997年版,第783页。

〔2〕〔清〕英和:《卜魁集》,载李兴盛,安春杰主编:《何陋居集》,黑龙江人民出版社1997年版,第855页。

〔3〕〔清〕西清:《黑龙江外记》卷5,黑龙江人民出版社1984年版,第54页。

〔4〕《清高宗实录》卷64,乾隆三年三月甲子。

负担。捕貂、贡貂异常艰辛,东北各少数民族等本已不堪其负,贡貂前还要负责搭建冷棚,"盛暑架木铺条子以遮阳,谓之冷棚。因沁屯楚勒罕时,行辕冷棚,布特哈办。其后一棚条子派万束,而事罢仍命办者运入邸第,为御冬计"。[1] 楚勒罕期间,"将军、副都统率属僚驻扎其地,凡穹庐、马匹及羊、酒,皆布特哈按项供应"。[2] 所费甚巨的楚勒罕已成为压在各族人民肩上的沉重负担。历届黑龙江将军、副都统及其属员还常借贡纳貂皮之机勒索、欺凌布特哈各族百姓,上至将军、副都统,下至一般办事人员,无不徇私舞弊,鱼肉百姓,多以低价强行逼买貂皮,"在因沁屯时,入格者故为掷还,阴以贱值逼买,无问大小,概银九钱,布特哈怒不敢言,而减价之议未已"。[3]

5.1.2 奇三告状

由于常年大量捕猎,貂源日益减少,所进贡貂皮不足数或不及等第的时候越来越多。乾隆年间开始,达斡尔人交纳貂皮统由黑龙江将军管理。届时,先由布特哈总管衙门在本处把各旗佐交纳上来的貂皮,选验定等后送至省城齐齐哈尔的楚勒罕集市,经将军、副都统再次选验,未入选充贡的貂皮才准许在集市上出售。选验时,将军、副都统坐正堂,各协领及专设的选貂协领和布特哈总管分东西席地而坐,中间摆上入选的貂皮,详细验看。貂皮分4等,紫黑色毛平而理密者,皮张完整无损为上,紫黑而理密者次之,紫黑而疏与毛平而黄者又次之,白者斯下矣。入选者定等级,钤小印于皮背记上貂主姓名,封存库内以备送京。未入选的貂皮也印上可以互市的钤记,并割去一爪还与貂主,准其市易。达斡尔人用掷还的貂皮和带来的其他皮张及土特产与内地各族商人进行交换,以换取所需的生产生活用品,如绸缎、布匹、茶、盐和糖等。楚勒罕集市是由官方设立并加以管理的,这就为负责管理此项事务的地方官员利用手中的权力,进行不等价交换和借机任意勒索提供了方便的条件。这种欺诈勒索越演越烈,布特哈官兵终于忍受不

---

〔1〕〔清〕西清:《黑龙江外记》卷8,黑龙江人民出版社1984年版,第86页。

〔2〕〔清〕西清:《黑龙江外记》卷5,黑龙江人民出版社1984年版,第52页。

〔3〕〔清〕西清:《黑龙江外记》卷5,黑龙江人民出版社1984年版,第52页。

下去,不得不直接向皇帝申诉,乾隆六十年(1795),因黑龙江将军舒亮、副都统安庆等人凭借职权,肆无忌惮地勒索、欺侮布特哈部民,引起东北少数民族部众的强烈愤慨,发生了布特哈副总管奇三、佐领蒙库霍图林嘎等为救部民于水火,毅然赴木兰围场,舍身向乾隆帝告御状之事件。[1] 他们在赴皇帝行在告御状前明知此举将会给个人带来灾祸却依然赴难。蒙库霍图林嘎临行前跪在孀居的老母面前,诉说此行的凶险,今后不能服侍老母,请母亲保重身体,其母含泪说,你为救族众赴汤火,即使死亦不辱你父名,我有何恨,让其放心前去。

据史料记载,乾隆六十年(1795)夏,布特哈[2](汉译打牲)副总管达斡尔人奇三和佐领蒙库霍图林嘎赴热河向正从承德避暑山庄返回京城途中的乾隆皇帝上奏文,控告黑龙江将军衙门的官员们在楚勒罕上肆无忌惮敲诈勒索布特哈官兵的罪行。这个奏文列举了8条罪状:

第1条,在乾隆五十八年(1793)和五十九年(1794),黑龙江将军、副都统和协领将落选应退回原主的布特哈官兵所贡貂皮以每张8钱银的低价,强行收购5756张。乾隆六十年时,对布特哈官兵贡纳的貂皮,协领那音太之子叔通嘎(协领)从选中的上等貂皮中挑出一等18张、二等5张、三等6张,将其余上等皮算为落选。而协领那音太又以落选的貂皮冒充贡品,换取选好的貂皮。协领那音太和叔通嘎等又以将军、副都统将索伦达斡尔为买牲畜借贷的银子上报宽免为理由,让他们无代价地给将军、副都统1000张落选貂皮,他们只得给将军500张貂皮,给副都统100张貂皮,给协领那音太50张貂皮,协领叔通嘎护送纳贡貂皮到京城,又要去53张貂皮,其余落选的貂皮2400张,均由将军、副都统和协领那音太、叔通嘎以每张8钱银的低价收去,只将其中全然不能用的18张貂皮退回原主。如将这些落选的貂皮在集市上出卖,每张

---

〔1〕〔清〕西清:《黑龙江外记》卷5,黑龙江人民出版社1984年版,第52页。

〔2〕孟定恭编:《布特哈志略》自叙,载李兴盛、吕观仁主编:《渤海国志长编》(外九种)(《黑水丛书》5),其记载:"布特哈名称自清始,即满语(butha)译汉打牲,因土人打牲生活,故名其地",黑龙江人民出版社1995年版,第1145页;〔清〕何秋涛:《朔方备乘》卷2,《索伦诸部内属述略》也认为:"盖布特哈为打牲部落之总称,故东北数千里内,处山野业采捕者,悉隶之",文海出版社1964年版,第152页。

价银在 2 两银子以上。

第 2 条,在举行楚勒罕时,要检阅各地八旗兵武艺,需要建造检阅台,而这项费用全由布特哈官兵承担。乾隆五十九年建检阅台用松木多达 727 根,其他木材 7207 根,柳条 72000 捆。而建造检阅台的兵丁由 50 名增加到 200 名。借搭检阅台之名多征收的木料,除 7000 捆柳条由将军衙门的官员私分外,其余木材均由将军、副都统窃为己有,其价值合银 2000 余两。乾隆六十年建造检阅台时,布特哈兵众将冤屈之情报告给将军和副都统。将军和副都统不问是非,反将告发者处以枷号 2 个月、鞭 100 的处罚,还说应交的木材没有交足,又强迫补交 500两银子。

第 3 条,在楚勒罕上,黑龙江将军以下各官员,仗势将布特哈猎民捕获并熟好的水獭、猞猁狲、狐狸、灰鼠、狼皮等皮张强行收购,猞猁狲、水獭皮每张 1 两 5 钱银子,狐狸皮每张 5 钱银子,灰鼠皮每张 5 分银子,均为市价的一半。

第 4 条,每年举行楚勒罕时,将军和副都统住的蒙古包、供奶食的乳牛,均由布特哈官兵负担,近年征派成倍增加,成为其沉重的负担。

第 5 条,布特哈官兵全年俸禄共计 4 万两银子,近年协领那音太掌管俸禄钱粮以来,每千两中克扣 21 两,但仍要他们开具如数收到之证据。

第 6 条,此条原文残缺不全,省略。

第 7 条,乾隆六十年七月,黑龙江将军衙门将布特哈等处借贷食粮的价银上报宽免,为此宴请将军、副都统共用 228 两 3 钱银子,其中布特哈分摊 76 两 1 钱,来函催交。

第 8 条,黑龙江将军、副都统借教习礼节之名,由布特哈地方轮流抽调旗丁到省城,实际是当佣人使用,后又从中选择百余户生活殷实人家,以贡献猞猁狲、水獭、狐狸、狼、灰鼠等皮张或鹿茸、野猪、狍子等物为条件免服此役,从中勒索。

此奏文面呈乾隆皇帝后,乾隆即派兵部大臣福绥(音译)、宝玉(音译),副都统舍卫(音译),军机处笔帖式巴平(音译),散秩将军兴寿

（音译）等前往黑龙江从实审理。因黑龙江时任将军舒亮、副都统安庆与本案有牵连，改派吉林将军兼代黑龙江将军职。福绥等于农历九月初九日抵达黑龙江省城齐齐哈尔，并开始审理案件。经过调查查明：奇三所奏8条，其中强行索取貂皮、额外摊派、私分木料，低价强购布特哈猎民皮张，克扣饷银4项属实，并从将军舒亮处查获貂皮295张。办案者于九月二十三日返抵京城，将审理结果上报乾隆。乾隆帝奏准，将有关责任人予以处理。将当时的黑龙江将军舒亮降薪留职；前任将军明亮、都尔嘉等均革职；齐齐哈尔副都统安庆革职监禁；主犯协领那音太判处绞刑，秋后处刑；协领叔通嘎革职，鞭打80，枷锁2个月。因奇三等上诉告御状冲闯皇帝仪仗，又所奏另外4条为诬告，布特哈总管舍尔图以疏职罪被革职，流放新疆伊犁；副总管奇三、佐领蒙库霍图林嘎亦被革职，发配新疆伊犁边疆服苦役。奇三和蒙库霍图林嘎不畏强暴、为本部族群众利益请命的壮举，至今仍在达斡尔族民间流传。

奇三案后，清廷不得不对楚勒罕制度进行改革，"貂鼠于人既无分，柳棚从此不须开"[1]，又将集市改移卜魁城内，因"其部人卓帐城北，故俗有北关集之称"[2]，对布特哈部民的剥削压榨也适当有所减轻。

楚勒罕在康熙、雍正、乾隆三朝达到极盛。中俄《瑷珲条约》签订后，黑龙江以北大片领土被沙俄侵占，猎貂范围逐渐缩小。乾隆末年因奇三案，贡貂移入城中后，城外楚勒罕交易有所衰落，前来的"布特哈男妇车马之盛"已经大不如前。嘉庆年间，因各城镇集市的兴起，齐齐哈尔楚勒罕逐渐失去往日盛况。道光元年（1821），黑龙江将军奕颢奏称："近年来所有贩卖牛马之客商，多有径至各处收买，就近驱赶贩卖。及至会集交易之时，转有不到齐齐哈尔城售卖，以致连年税额不足，每有拮据之事。"这从侧面也反映了楚勒罕贸易的明显衰落。不过，至少在乾隆末年以前，楚勒罕在很长一个时期里仍是黑龙江流域最大的集

---

〔1〕〔清〕西清：《黑龙江外记》卷8，黑龙江人民出版社1984年版，第86页。
〔2〕〔清〕西清：《黑龙江外记》卷5，黑龙江人民出版社1984年版，第52页。

市,是具有全区性的物资流通之地。至光绪三十四年(1908),由于貂鼠数量锐减,清政府最终废除了贡貂制度,历经200余年历史的楚勒罕贸易也随之消失了。

楚勒罕时的贸易不局限于因沁屯,如来自吉林载着瓷器等货物的船只,"楚勒罕时来,泊齐齐哈尔城西镇江阁前"出售。楚勒罕结束后,如果货物还有剩余,即"随至布特哈"继续交易,"秋月乃还吉林"。[1]

三姓副都统衙门派遣官员前往黑龙江下游地区设立的临时衙署收取贡貂颁赏乌林时,这些清朝官员也随船携带商品进行贸易。赏乌林官员在木城居留期间,除了完成收贡颁赏的任务外,另一个重要内容是组织各噶珊间大型集市贸易,同时,赏乌林官员也为清政府收购一些额外的貂皮。黑龙江下游地区的各族群众与清政府地方官吏之间的交易活动主要表现在两个方面:一是各民族在贡貂之后,官府与各少数民族进行的貂皮贸易;二是在特殊情况下,如贡貂人感染疾病、路途阻滞等不能如期前来者,官府便把剩下的赏赐品用以交易,并购买欠缺未贡的貂皮,史籍中记载不乏其例。

乾隆五十六年(1791)十一月五日《三姓副都统额尔伯克为造送收纳贡貂清册事咨吉林将军衙门》一份公文记载:"由赫哲费雅喀、奇勒尔人等处贸易得貂皮二百四十六张"[2];同月十五日在额尔伯克的另一份咨文即《三姓副都统额尔伯克为核销贸易貂皮之蓝毛青布及关领壬子年(即乾隆五十七年,1792)贸易貂皮之蓝毛青布事咨吉林将军衙门》公文中也有"易得貂皮二百四十六张用去蓝毛青布四百九十二匹"[3]的记载。乾隆五十九年(1794)十一月五日《三姓副都统额尔伯克为解送貂事咨吉林将军衙门》公文记载"自赫哲费雅喀、奇勒尔人等

〔1〕〔清〕西清:《黑龙江外记》卷5,黑龙江人民出版社1984年版,第56页。
〔2〕辽宁省档案馆,辽宁社会科学院历史研究所,沈阳故宫博物馆译编:《三姓副都统衙门满文档案译编》,辽沈书社1984年版,第137页。
〔3〕辽宁省档案馆,辽宁社会科学院历史研究所,沈阳故宫博物馆译编:《三姓副都统衙门满文档案译编》,辽沈书社1984年版,第390页。

处贸易得貂皮二百四十六张"[1]的史实。嘉庆八年（1803）十一月十五日《三姓副都统斌静为派人关领乌林事咨吉林将军衙门》公文记载有"贸易用之蓝毛青布、所需之高丽纸等物"[2]。同年十一月一日《三姓副都统斌静为解送贡貂事咨吉林将军衙门》公文记载有："自赫哲费雅喀、奇勒尔人等处易得貂皮二百四十六张。"[3]嘉庆九年（1804）十月二十五日《三姓副都统额勒珲为解送贡貂事咨吉林将军衙门》公文亦记载："又于赫哲费雅喀、奇勒尔等处易得貂皮二百四十六张。"[4]同年十一月十五日《三姓副都统额勒珲为核销贸易貂皮之毛青布及关领下年贸易貂皮用之毛青布事咨吉林将军衙门》公文记载："易取貂皮二百四十六张给过蓝毛青布四百九十二匹。"[5]道光朝也有记载，道光五年（1825）十月二十日"自赫哲费雅喀、奇勒尔人等处易得貂皮二百四十六张"。道光二十五年（1845）十一月十五日《三姓副都统伊勒东阿为核销贸易貂皮之毛青布及关领丙午年（即道光二十六年，1846）贸易貂皮用之毛青布事咨吉林将军衙门》公文记载："易取貂皮二百四十六张给过蓝毛青布四百九十二匹。"[6]咸丰七年（1857）、同治五年（1866）、同治六年（1867）、同治十二年（1873）、光绪七年（1881）等档案均有类似记载。在这里我们不难看出清政府与少数民族贸易貂皮是有数量限制的，一般是每年固定与赫哲费雅喀、奇勒尔人贸易换购246张貂皮。当然也有特殊情况，有时向少数民族收购貂皮就超过了限定的数额。道光五年（1825）五月四日《三姓副都统吉勒通阿为出卖乌林采买

[1]辽宁省档案馆，辽宁社会科学院历史研究所，沈阳故宫博物馆译编：《三姓副都统衙门满文档案译编》，辽沈书社1984年版，第152页。

[2]辽宁省档案馆，辽宁社会科学院历史研究所，沈阳故宫博物馆译编：《三姓副都统衙门满文档案译编》，辽沈书社1984年版，第49页。

[3]辽宁省档案馆，辽宁社会科学院历史研究所，沈阳故宫博物馆译编：《三姓副都统衙门满文档案译编》，辽沈书社1984年版，第171页。

[4]辽宁省档案馆，辽宁社会科学院历史研究所，沈阳故宫博物馆译编：《三姓副都统衙门满文档案译编》，辽沈书社1984年版，第189页。

[5]辽宁省档案馆，辽宁社会科学院历史研究所，沈阳故宫博物馆译编：《三姓副都统衙门满文档案译编》，辽沈书社1984年版，第390页。

[6]辽宁省档案馆，辽宁社会科学院历史研究所，沈阳故宫博物馆译编：《三姓副都统衙门满文档案译编》，辽沈书社1984年版，第391页。

貂皮进贡事咨吉林副都统》公文记载:道光四年(1824),"适逢痘疫流行,贡貂之赫哲人等惧怕传染痘疫,半数未能溯江而来,剩余七百五十套乌林未能颁赏",结果应收貂皮不足规定数额,鉴于这种情况,具体承办收取贡貂与颁赏乌林的协领托精阿认为倘若将库存未颁赏的乌林卖出而购足所需貂皮,似乎于公有益,因此将剩余的750套乌林出库作价共卖银1500两,每张貂皮按价值2两计算,共购买貂皮750张。[1]

在清朝政府与少数民族贸易中,除用银两购买貂皮外,清政府有时也采用易货贸易进行。如乾隆二十四年(1759)清政府颁布谕旨,通过吉林将军衙门命三姓副都统巴岱"著觅角鹿数只送来",于是吉林将军衙门在八月十七日派佐领祥齐和领催、披甲等前往鄂伦春地方兑换进贡的角鹿,他们共用缎衣20件、布衣29件、被子10床、被面布15块、老羊皮袄10件、毛青布40匹、烧酒100斤、烟200斤、米3仓石、酒篓1个、席子15张等物品,购买角鹿31只。[2] 乾隆二十五年(1760)六月二十八日《三姓副都统巴岱为派员解送所换狐崽事咨吉林将军衙门》公文记载:这一年三月间,三姓副都统衙门还派遣防御那尔赛等前往下江兑换进贡的活元狐崽,那尔赛等用缎衣5件、布衣7件、布被子6床、烟200斤、米并米袋在内1仓石、烧酒150斤,"换得青狐崽一,白珍珠毛元狐崽二,元狐崽十"[3],六月二十六日返回三姓副都统衙门。清政府特别是东北地方政府与少数民族进行贸易,交易物品经东北亚丝绸之路的车驮驿传,狗爬犁拉运,使冰天雪地的北国大地,折射出江南丝绸文化的绚丽多彩。[4]

---

〔1〕辽宁省档案馆,辽宁社会科学院历史研究所,沈阳故宫博物馆译编:《三姓副都统衙门满文档案译编》,辽沈书社1984年版,第204 – 205页。

〔2〕辽宁省档案馆,辽宁社会科学院历史研究所,沈阳故宫博物馆译编:《三姓副都统衙门满文档案译编》,辽沈书社1984年版,第454 – 455页。

〔3〕辽宁省档案馆,辽宁社会科学院历史研究所,沈阳故宫博物馆译编:《三姓副都统衙门满文档案译编》,辽沈书社1984年版,第457页。

〔4〕参见杨旸主编:《明清东北亚水路丝绸之路与虾夷锦研究》,辽海出版社2001年版,第228 – 233页。

5.1.3　德楞行署进贡

日本人间宫林藏在《东鞑纪行》中还详细记录了德楞行署中贡貂及赏赐情况：

——凡来集此处之诸夷人，将船系于江岸后，立即有船中之长者一人，至官吏庐船，脱帽向官吏叩首三次，报告来船之事。之后官吏备酒相待，并赠予精粟三四合，此乃一种礼节。

——进贡仪式，先由下级官吏出栅门外，呼唤诸夷之喀喇达、噶珊达等依次单独进入行署。较高级官吏三人，坐于台上三条凳上，接受贡物，夷人脱帽，跪地叩首三次，献上黑貂皮一张（为皮筒，夷语称貂为"厚衣奴"。姓长、乡长之外，庶夷亦进贡此物）。中级官吏介绍来人之后，接受礼物呈交较高级官吏面前。贡礼毕，赐予赏物。与喀喇达锦一卷（长七寻[1]），与噶珊达缎类品四寻，与庶夷则为棉布四反[2]（次品），梳子、针、绸巾及红绢三尺许。[3]

5.2　少数民族与汉蒙满等族商人之间的贸易

清政府规定在贡貂未完成之前是不允许少数民族与汉蒙满等族商人进行贸易的。但交纳贡貂之后，就可以进行贸易。《宁古塔纪略》记载：康熙年间，到宁古塔贡貂的少数民族，"每岁五月间，此三处人乘查哈船，江行至宁古，南关外泊船，进貂。将军设宴，并出户部颁赐进貂人袍帽、靴袜、鞓带、汗巾、扇子等物，各一捆赐之。每人名下择貂皮一张，元狐全黑者不可多得。一岁不过数张，亦必须进上，余听彼货易。所赐之扇，不知用，汉人以零星物件易之。其人最喜大红盘金蟒袍及各色锦片妆缎。"[4]

少数民族还用貂皮和汉蒙满等商人交换铁锅、马匹等物资。"商

---

[1]"寻"是古代的长度单位，八尺是为一寻。

[2]"反"，日本长度（布匹）单位，一"反"长2丈8尺、宽9寸的一匹布。

[3][日]间宫林藏：《东鞑纪行》，商务印书馆1974年版，第13－14页。

[4][清]吴桭臣：《宁古塔纪略》，载杨宾等撰：《龙江三纪》，黑龙江人民出版社1985年版，第240页。

贾初通时,以貂易釜,实釜令满,一釜常数十貂。后渐以貂蒙釜口易之。三十年间,犹以貂围釜三匝,一釜辄七八貂也。今则一貂值数釜矣。"[1]

最初出售貂皮等皮张是不纳税的,后来规定每张貂皮收税银3分,乾隆三十二年(1767),三姓城共收貂皮银184两8钱,按每张3分计算,这一年纳税后出售的貂皮即有6000余张。少数民族在出售貂皮并换取所需日用品以后,便乘小船顺江回航。

乾隆四十五年(1780)以后,黑龙江流域(包括库页岛流域)的贡貂与赏乌林事宜,清政府规定"齐集以上者,但赴三姓城交纳贡皮,领取赏物"。三姓城是贡貂赏乌林的中心地点,也自然成为各民族与汉蒙等族商人进行丝织品贸易的中心。每年都有大宗丝织品由这里运往黑龙江流域,因此,三姓在某种意义上可以说是清代东北边陲的贸易城。

虽然汉蒙满等各民族商人可以在三姓城与少数民族进行贸易,但要受到清政府的种种限制。一是不得抢先贸易貂皮,待纳贡完成之后才可以;二是需持有三姓副都统衙门颁发的"貂皮商人过卡执照",才可以从事贸易;三是只允许购买黄貂皮,而黑貂皮、黑狐皮等一般是不允许买卖的。尽管如此,从事貂皮商事的汉族等商人仍为数不少。如乾隆五十六年(1791),商民苟殿臣由赫哲人皮张铺内购得黄貂皮1172张;五十九年(1794),永平府抚宁县(今河北省抚宁)商人杨耀东由赫哲人所猎皮张之店铺内购得黄貂皮390张,所买貂皮拟经旱路带去吉林,完税后再由吉林带去盛京等处售卖。咸丰年间,顺天府香河县(今河北省香河县)商民董好仁曾购买黄貂皮677张,并贩往盛京获利。

上述几种情况,即赏乌林于少数民族、少数民族间的贸易活动、少数民族与官府的贸易以及少数民族与汉族等商人间以貂皮贸易蟒袍、妆缎、绸缎、布匹诸物,都要经过东北亚丝绸之路运送。《清代满文档

[1][清]方式济:《龙沙纪略·饮食》,载杨宾等撰:《龙江三纪》,黑龙江人民出版社1985年版,第215页。

案》记载:"驿站车辆,请将军衙门咨行照例予以供应。"曹廷杰在其文集中也有所描述:"每年春季自盛京解往之乌绫等件,车载马运,络绎于途。"[1]

陆路上牛车、驴车、大轱辘车,还有骑马代步,繁忙转运着"丝绸诸物"。夏季里水路上,桦皮船、木帆船、花鞋船轻巧耐用,借信风速驶江中。冬季里,冰封雪盖,运转维艰,于是各种奇特的爬犁应运而生,马爬犁、牛爬犁,屡见不鲜。那罕见的狗爬犁、驯鹿爬犁,飞驰在崇山峻岭、密林险坡之间,令人叫绝,显示出白山黑水东北亚丝绸之路生机勃勃的景象。[2]

5.2.1 谙达贸易

除楚勒罕及卡伦互市贸易外,东北边疆少数民族游猎民平时的贸易交往主要是通过谙达来进行的。谙达(安达)为伙伴、朋友之意,原指清朝管理鄂伦春之官员,"雅发罕鄂伦春,有布特哈官五员分治,三岁一易,号曰谙达。谙达岁以征貂至其境,其人先期毕来,奉命惟谨"。[3]

其后谙达逐渐演变为汉族商贾与鄂温克、鄂伦春及达斡尔等族进行贸易的中介人,达斡尔等称其为"老客儿"、"买卖人"。他们与猎民之间实行一种不计价、不记账的包揽包办制的物物交换方式。通常是谙达与鄂温克、鄂伦春等结成交易伙伴,谙达负责供应猎民各种物资,猎民则将自用外的大部分猎获物交给谙达,形成一种经济互补关系。每年春秋,谙达们便驮载着粮食、火药、铅(子弹原料)、器皿、烟、酒、茶、布、盐等生产及生活资料,到达固定地点换取猎民所获毛皮及药材(鹿茸、鹿胎、鹿鞭、熊胆、麝香等),然后再卖给汉族商贾,输送到中原地区。当然在谙达贸易中也存在种种弊端,淳朴的布特哈人"所捕貂

---

〔1〕〔清〕曹廷杰:《东三省舆地图说》附录之《〈条陈十六事〉九》,载李兴盛,齐书深,赵桂荣主编:《陈浏集》,黑龙江人民出版社 2001 年版,第 1375 页。

〔2〕参见杨旸主编:《明清东北亚水路丝绸之路与虾夷锦研究》,辽海出版社 2001 年版,第 233－236 页。

〔3〕〔清〕西清:《黑龙江外记》卷 3,黑龙江人民出版社 1984 年版,第 29 页。

皮,辄为谙达诸人,以微物易去,肆意欺凌,不啻奴畜"。[1]

谙达与汉族商贾通过不等价交易,获得了高昂的利润,剥削性质十分明显。但从总体来看,这种关系对经济贸易起到了一定的促进作用。猎民们多余的皮毛和肉食弃物(如熊胆及鹿茸、鞭、胎、血、尾等)成为商贾们追逐牟利的对象。

此外,尚有麒麟互市等,"商贩旧与鄂伦春互市,地名齐凌,转为麒麟,因有麒麟营子之号,后将军傅玉搜获逋逃无算,乃禁互市,今无闻"。[2]

贸易通商的结果,不仅使少数民族收入大幅度提高,也使猎民生活有了极大的改善。《龙沙纪略》记载:"东北诸部落未隶版图以前,无釜、甑、罂、瓿之属。熟物,刳木贮水,灼小石,淬水中数十次,瀹而食之。"[3]

5.2.2 东北商业贸易的发展

5.2.2.1 宁古塔貂皮贸易

宁古塔是清代东北地区,特别是黑龙江流域内兴起较早的商业贸易中心。其兴起较早的原因主要有:一方面,内地大量流人的到来,使得宁古塔的商业逐渐兴盛起来。流人的到来,不仅带来了内地的一些手工艺制品,在一定程度上促进了交换活动,更重要的是一些流人从事商业活动,带动了宁古塔地区商品经济的发展。另一方面,宁古塔作为东北地方军事、政治的中心,也促进了商品经济的发展。各少数民族在前来宁古塔贡貂时,同时也常进行贸易活动。清人张缙彦在《宁古塔山水记》中记载:宁古塔"去乌鸡(窝集)、鱼皮(鞑子)、黑斤(赫哲)等夷,或数百里,或千余里。其来互市也,则貂皮、鹿角、人参、黄狐、白兔等,居民以沈阳之布予之,往往有微息"。[4] 在宁古塔的商业贸易

〔1〕〔清〕徐宗亮:《黑龙江述略》卷2,黑龙江人民出版社1985年版,第33页。

〔2〕〔清〕西清:《黑龙江外记》卷5,黑龙江人民出版社1984年版,第57页。

〔3〕〔清〕方式济:《龙沙纪略·饮食》,第215页。

〔4〕〔清〕张缙彦:《宁古塔山水记》,载李兴盛,安春杰主编:《何陋居集》(《黑水丛书》6),黑龙江人民出版社1997年版,第271页。

·欧·亚·历·史·文·化·文·库·

中,数量最大也最有特点的是人参、貂皮贸易。雍正六年(1728)以前,宁古塔是东北各族贡貂的中心。每年五月前后,黑龙江下游各少数民族群众络绎不绝地前来宁古塔城,在缴纳貂皮贡赋的同时,出售各种皮张。赫哲、费雅喀人等至宁古塔进贡貂皮返回时购买所需物件及口粮。"每岁五月间,此三处(指呼儿喀即虎尔哈、黑斤即赫哲、非牙哈即费雅喀)人乘查哈船,江行至宁古,南关外泊船,进貂。将军设宴,并出户部颁赐进貂人袍帽、靴袜、鞓带、汗巾、扇子等物,各一捆赐之。每人名下择貂皮一张,元狐全黑者不可多得,一岁不过数张,亦必须进上,余听彼货易。所赐之扇,不知用,汉人以零星物件易之。其人最喜大红盘金蟒袍及各色锦片妆缎。"[1]

当时,黑龙江、乌苏里江等地以貂皮"岁至宁古塔交易者二万余"。各族贡貂者极为讲究信誉,"有与店家赊绸缎蟒服者,店主择黑貂一张为样,约来年照样还若干,至次年,必照样还清。有他故,亦必托人寄到。相去千里,又非旧识,而不爽约如此。"[2]

当地少数民族群众多不喜欢穿貂皮制品,《柳边纪略》记载:"窝稽(窝集)人不贵貂鼠,而贵羊皮,……《松漠纪闻》云:不贵貂鼠者,以其见日及火,则剥落无色。余谓此无他,不过厌常喜新耳。今宁古塔梅勒章京以下,皆著猞猁狲、狼皮袄,而服貂者,无一人也。"[3]

正是内地对貂皮的需求刺激了貂皮贸易的兴起,运至京师后,一张上好的貂皮居然可"贵至一金有余",丰厚的利润吸引了大批商人的到来。内地有很多商人前来宁古塔采购貂皮。宁古塔当地"流人之善贾者,皆贩鬻参貂,累金千百,或有至数千者"[4]

流人杨越"尝采山校猎,多得人参、貂皮,与中土之贾为市,至富累

---

〔1〕〔清〕吴桭臣:《宁古塔纪略》,杨宾等撰:《龙江三纪》,黑龙江人民出版社 1985 年版,第 240 页。

〔2〕〔清〕吴桭臣:《宁古塔纪略》,载杨宾等撰:《龙江三纪》,黑龙江人民出版社 1985 年版,第 240 – 241 页。

〔3〕〔清〕杨宾:《柳边纪略》卷 3,载杨宾等撰:《龙江三纪》,黑龙江人民出版社 1985 年版,第 81 页。

〔4〕〔清〕吴兆骞:《秋笳集杂著》卷 8,见《吴兆骞集》,载李兴盛,安春杰主编:《何陋居集》,黑龙江人民出版社 1997 年版,第 502 页。

千金"。当时,把产于黑龙江上游地区的貂皮称为索伦貂,而产于黑龙江下游地区的叫作挹娄貂,当时京师的人往往都喜欢索伦貂而以挹娄貂为低贱,主要是因为索伦貂毛深而且皮子宽大,但实际上索伦貂不如挹娄貂耐用。[1]

由于商业贸易的发展,销路大开,宁古塔等地的貂皮价格也不断上涨,"康熙初,易一铁锅,必随锅大小,布貂于内,满乃已。今且以一貂易两锅矣。易一马必出数十貂,今不过十貂而已。马良者乃十四五,亦不以上貂易也。上貂皆产鱼皮国,岁至宁古塔交易者二万余,而贡貂不与焉。宁古塔人得之,七八月间,售贩鬻京师者,岁以为常。"[2]

可见,至康熙年间,仅貂皮一项,每年至宁古塔出售的即达 2 万余张。

5.2.2.2 三姓——貂皮贸易中心

自康熙五十年(1711)三姓城驻防后,三姓迅速成为边外七镇之一。雍正七年(1729),黑龙江下游以及乌苏里江流域各族贡貂均归三姓办理。从此,三姓成为东北地区内最大的貂皮贸易地,三姓的商业也主要是围绕着貂皮贸易发展起来。

各地少数民族乘船沿黑龙江或乌苏里江到三姓,在缴纳贡貂赋税后,"用他们运来的毛皮和其他商品交换足供他们一年消费的粮食和消费品"。乾隆三十一年(1766),鉴于三姓地方生齿日繁,各处往来贸易者较前尤众,于是在城中设立税务,办理交易抽分事宜。三姓城中,主要是专营皮张贸易的店铺,他们从前来三姓的少数民族手中收购貂皮等皮张,再转售给前来此地的内地商人。乾隆四十五年(1780),直隶临榆商人于章"来三姓陆续买得窝集貂皮七百四十七张",至吉林乌拉交完税款后,带至盛京售卖。乾隆五十六年(1791),商人苟殿臣等 2 人由三姓地方赫哲人皮张店铺内购得黄貂皮 1172 张,也是携赴盛京贸

〔1〕参见佟冬主编:《中国东北史》第 4 卷,吉林文史出版社 2006 年第 2 版,第 1724-1727 页。

〔2〕〔清〕杨宾:《柳边纪略》卷 3,载杨宾等撰:《龙江三纪》,黑龙江人民出版社 1985 年版,第 81 页。

易。同年,太原等地的 6 名商人,在三姓经营赫哲等皮张的铺子里买得黄貂皮 16567 张,准备转运到盛京、张家口等地出售。乾隆五十九年(1794),抚宁商人杨耀东在三姓地方自出售赫哲人等所猎皮张的店铺内购得黄貂皮 390 张,携带到盛京出售。三姓每年所收贡貂不过 2400～2500 张,而商人所购貂皮一次可达 1 万多张,数量是很大的,不过多是黄貂皮,上等黑貂皮是不准民间私购私售的。

貂皮贸易基本上多是以物易物。为此,商人们常常是就近从宁古塔、阿勒楚喀等地运来生产或生活必需品,至三姓与各族群众交换貂皮。嘉庆八年(1803),保定商人赵廷采从阿勒楚喀购买白酒 2 万斤、食盐 3 万斤、白面 1 万斤、黑豆 100 仓石、米 10 仓石,用船运至三姓贸易。商人徐平盛等则将白酒 10 万斤、生猪 50 头、豆饼 2000 块、高粱 100 石,船运至三姓贸易。[1]

黑龙江下游及乌苏里江流域各部族,每年都要进行一次"商业旅行"或"贸易旅行",他们多乘船至三姓等城,"用自己的毛皮交换黍米和其他一些日用品"。[2] 咸丰五年(1855),沙俄探险家 P. 马克在《黑龙江旅行记》中记载:"阿穆尔河(黑龙江)沿岸居民在谈论坐落在松花江畔的城市时,提到最多的是依兰哈拉(三姓)城,他们有时也把这座城叫做依彻霍通(满语城之意)。汉族商人和满族商人从这个城市,更多的是从松花江畔的其他城市出发,来到阿穆尔河,运来中国工业产品和松花江沿岸地区的某些商品。夏秋两季,这些商人的数量相当对的船只,满载货物往来行驶于阿穆尔河中游和部分下游地区,……他们的货物包括各种布匹(棉布、丝绸)、奢侈品(手镯、耳环等)、黍米、烟叶和酒。所有这些商品,商人们主要用来同阿穆尔河沿岸居民交换毛皮,部分用来交换鱼胶和鱼筋。通过阿穆尔河沿岸居民的中介,中国商品远销到阿穆尔河的各条支流地区、阿穆尔河流域,甚至到达居住在海滨的基里亚克人[3]那里。

---

〔1〕参见佟冬主编:《中国东北史》第 4 卷,吉林文史出版社 2006 年第 2 版,第 1730 - 1731 页。

〔2〕〔俄〕P. 马克:《黑龙江旅行记》,商务印书馆 1977 年版,第 195、216 页。

〔3〕即费雅喀族,又作飞牙喀、非牙哈等。俄国人称之为基里亚克人,属古亚细亚语族,生活习俗与赫哲人相近,居住在黑龙江下游和库页岛上。

但是,一些满珲人(鄂伦春的分支)、基里亚克人和阿穆尔河沿岸的果尔特(赫哲)人,每年自己也作商业旅行,以期直接获得他们需要的物品。他们乘船先沿阿穆尔河,然后沿松花江溯江而上,通常不越过依兰哈拉城,他们每年在这个城市落脚,并用他们运来的毛皮和其他商品交换足供他们一年消费的粮食和奢侈品。"[1]

库页岛西部的费雅喀人,"因常至满洲交易,故穿满洲产棉布等衣物者亦多"。他们食物中有一部分"为从满洲交换来之粟、豆、麦、荞麦之粉",称为"阿尔加"的白酒,以及他们使用的一些酒瓶、锡壶、杯、盘、漆器等也是从三姓等地交易而来。[2] 但是,更多的是汉蒙满等族商人及清朝政府的一些官员,在夏秋两季,携带着内地出产的丝绸、布匹、黍米、烟酒、器皿以及手镯、耳环等装饰品,前往黑龙江下游、尼满河等地,从东北边疆各族群众手中换取各种毛皮及鱼胶、鱼筋、鹿茸等各种土特产品。每年清政府征收贡貂的行署所在地,同时也是各族的贸易场所,如德楞、奇集、下江、普禄、敦敦、札里、尼满等许多地方,都曾经是这种定期的贸易集市所在地。以德楞为例,每年六月,黑龙江流域下游各族甚至包括南海附近的恰喀拉人等纷纷前来德楞,或贡貂,或贸易。凡自海上"来德楞交易途径此地者(指奇集),均在陆地拖船。故此地山路犹如街道一般,每逢夏日,往返山路之夷,络绎不绝"。[3] 在德楞清朝官员行署外,"到处皆是外来夷人搭造之窝棚,为数之多几十上百"。每日至此进行交易至少有五六百人,"一般逗留五六日归去"。交易的主要场所,是在行署左右两侧及后面的栅栏之内,"各地夷人每日几百人集聚于行署中进行交易"。行署的中级官员到处巡视以维持秩序。此外,在贡貂者的窝棚附近、街上路旁,此时也都有交易进行。各种交换,主要是在从内地前来的商人以及随同官员前来的随员,同当地各族人民之间进行。各族参加集市贸易的,"将各种兽皮挟于腋下来交易所,换取自己所需之物品,如酒、烟、布匹、铁器等"。每届市期,熙熙

---

〔1〕〔俄〕P. 马克:《黑龙江旅行记》,商务印书馆 1977 年版,第 194 — 195 页。

〔2〕〔日〕间宫林藏:《东鞑纪行》,商务印书馆 1974 年版,第 23 — 24 页。

〔3〕〔日〕间宫林藏:《东鞑纪行》,商务印书馆 1974 年版,第 8 页。

攘攘,锣鼓喧天,如同节日一般热闹。各种交易,完全是以物易物,内地商人或清朝官员"如看中某物,则肯出各种物品交换","甚至脱下自己衣服进行交易"。[1]

除行署及收税点以外,在一些交通要冲也常常有定期集市。格林河河口附近就是这样的交易点之一,鄂伦春、赫哲等族人山狩猎后,"满载丰富的貂皮、狐狸皮以及其他毛皮由格林河河谷归来时,带着各色货物的满洲商人也云集格林河河口,向土人交换珍贵的毛皮。"[2]

每年,清朝官员在前往黑龙江下游收取貂皮贡赋的同时,还要从各族手中收购部分貂皮。乾隆、嘉庆、道光年间,清政府官员在颁赏乌林之外,一般均另外携带 500 匹蓝毛青布,换取 246 张貂皮。[3] 偶尔还为皇室购取活角鹿,如乾隆二十五年(1760),在海边的楚德伊等地,用缎衣、被、被面、羊皮袄、毛青布、烧酒、烟草、米、酒篓、席子等物品,从鄂伦春人手中换取了 31 只活角鹿。[4]

清政府规定,内地商人进入黑龙江下游进行交易,必须经过批准,而且未经官府挑选过的有尾貂皮也不准购买。但是,许多人经常甘冒风险进行这种利润丰厚的貂皮贸易。乾隆十四年(1749),随同前去下江收取貂赋的三姓镶红旗的一名笔帖式,因"将民人董大、郭七充为跟役,以携带贸易之物",被革去笔帖式之职。对进入黑龙江下游"私相贸易,法例严加禁止"。如乾隆四十五年(1780)四月,查获"逃往赫哲地方贸易"者之貂皮 370 张;五月又查获李振寺等 5 人"私带米、酒、烟、布等物往边外贩卖",所换得有尾貂皮 161 张、貂皮 256 张,狐、貉、水獭、灰兔等皮共 120 张,貂尾 74 只,一律予以没收。[5] 法禁虽严,却是

〔1〕〔日〕间宫林藏:《东鞑纪行》,商务印书馆 1974 年版,第 14 页。

〔2〕〔俄〕P. 马克:《黑龙江旅行记》,商务印书馆 1974 年版,第 287 页。

〔3〕辽宁省档案馆,辽宁社会科学院历史研究所,沈阳故宫博物馆译编:《三姓副都统衙门满文档案译编》,辽沈书社 1984 年版,第 390,391 页。

〔4〕辽宁省档案馆,辽宁社会科学院历史研究所,沈阳故宫博物馆译编:《三姓副都统衙门满文档案译编》,辽沈书社 1984 年版,第 453–454 页。

〔5〕辽宁省档案馆,辽宁社会科学院历史研究所,沈阳故宫博物馆译编:《三姓副都统衙门满文档案译编》,辽沈书社 1984 年版,第 373 页,376–377 页。

屡禁不止,所查获者也仅仅是前往贸易者中很小的一部分。[1]

5.3 少数民族间的贸易

东北亚地区各部族互相间进行贸易以互通有无为主,其中以德楞等地的集市贸易最为典型。

5.3.1 德楞等地的集市贸易

德楞地势要冲,"满洲行署面临满珲河,背为辽阔平野,其间树木苍郁,实为可观之大地。河岸为中游上下之岛屿所环抱。大河宽阔,风浪不大,水流平稳,便于停泊。"[2]清政府在德楞地方设置临时行署,建有木城。"约有十四五间(间,日本长度,一间为6尺)大之方形地方,以圆木围成双重栅栏,其中左、右、后三处为交易所。中央又设一重栅栏,行署设于此处。此为接受贡物与授予赏赐品之处。每栅只设一门,别无其他出入口。"[3]各族群众从四面八方集聚于临时行署所在地德楞,在贡貂与赏乌林之时,便是他们进行交易盛会之际。在木城及其周围形成了各族人民的交易集市,人来人往,熙熙攘攘,热闹非凡,颇有节日气氛,可以想见东北亚丝绸之路沿途贸易的繁荣景象。

日本人间宫林藏探察黑龙江下游及库页岛时,对黑龙江下游德楞木城"满洲行署"少数民族贸易情况进行了生动详细的记载:德楞木城内左、右、后三处"此地无土著夷人,行署外到处皆是外来夷人搭造之窝棚,为数之多几十上百,均用桦树皮苫盖。来集之夷人西自朝鲜,东自俄罗斯境,至此交易各种物品,一般逗留五六日归去。"[4]间宫林藏至此地时,"犹有五六百人逗留",可见人数之多,规模之盛。到这里交易的少数民族除了贡貂并接受赏赐者外,还有来自朝鲜、俄罗斯境内的人,"交易颇混乱,无固定形式,在交易所或夷人窝棚附近,均进行交

---

〔1〕参见佟冬主编:《中国东北史》第4卷,第1732-1735页。
〔2〕〔日〕间宫林藏:《东鞑纪行》,商务印书馆1974年版,第12页。
〔3〕〔日〕间宫林藏:《东鞑纪行》,商务印书馆1974年版,第12页。
〔4〕〔日〕间宫林藏:《东鞑纪行》,商务印书馆1974年版,第12页。

·欧·亚·历·史·文·化·文·库·

易,甚至于路旁街上亦进行交易。"费雅喀、鄂伦春、库页、奇勒尔、恰喀拉等少数民族来这里进行交易,多以物物交易为主要形式,"其交易形式,夷人将各种兽皮挟于腋下来交易所,换取自己所需之物品,如酒、烟、布匹、铁器等。剩余皮张,为追求价钱,不随意换掉。满洲人如看中某物,则肯出各种物品交换。如换不到,甚至脱下自己衣服进行交易。其秩序之乱,由此可以概知。"

"各地夷人,每日几百人集聚于行署中进行交易,其喧哗景象,无法形容。谩骂夺去自己兽皮者有之,叫喊自己腋下皮张被人割去一端者有之,夷人抬高物价、官吏甚至脱下自己衣服犹未换成者有之。有时互相打架,有的奔跑而跌倒,有的换得布匹往回走,也有的叫喊用布换酒。"[1]交易中此起彼伏的叫喊声,有时致使清朝官吏"挥动敲钟棒制止喧哗",可见热闹非凡,交易兴隆。

5.3.2　其他地区的贸易活动

黑龙江下游及库页岛地区各族也不完全都在木城地方进行交易,他们的交易具有随时性、经常性的特点。间宫林藏对库页岛北部费雅喀人的贸易情况也有所记载:"当地不产酒,均由满洲交易而来,称为'阿尔加',即本国之烧酒。……酒杯为陶器,系从满洲交易来者。"[2]"以打猎、捕鱼为业,并从事交易","从事交易较之南方尤盛。不分男女均事交易。凡外出至一里、半里处办事者,必携各种交易物品,换物而归。即使夷人集聚谈话,时间虽短也不放过交易机会"[3] 在前往木城或返回的时候,各族之间也随时进行交易。日本人间宫林藏在去德楞临时行署的途中,看到从库页岛到大陆的要道牡西保至塔巴麻奇河一带,"东南沿海四百余里之间所住之诸鞑夷人,凡来德楞交易途经此地者,均在陆地拖船。故此地山路犹如街道一般,每逢夏日,往返山路之夷,络绎不绝……有称为恰喀拉(原注指朝鲜边境之夷人)、基门

---

〔1〕〔日〕间宫林藏:《东鞑纪行》,商务印书馆 1974 年版,第 14 页。

〔2〕〔日〕间宫林藏:《东鞑纪行》,商务印书馆 1974 年版,第 24 页。

〔3〕〔日〕间宫林藏:《东鞑纪行》,商务印书馆 1974 年版,第 26 页。

阿以诺等族与其他各族船只八九艘,停泊于此。"[1] 这些船舶的主人和络绎不绝的少数民族群众都是前往木城贡貂和进行贸易的。

同时,间宫林藏在《东鞑纪行》一书中还写道,和间宫林藏同往德楞的库页岛人在黑龙江下游和赫哲人交易买船买犬等物资的情况,七月十日"乘船出发。上行约二里半许,至乌尔盖。此处为赫哲人部落。船伙为了买船,当时即在此停泊。此日行经扎里(在奇集屯之上50余公里的地方,今俄名沙费斯克)时,与船伙考尼一起登陆,到喀喇达夷家。……临行时赠其香炉一个,以示谢意。过去每到夷人部落,群夷集聚,索取物品,并约我再来时带来何物,他们将以何物赠我。"[2] "此种夷人均以五叶松大材造船为业。南方各族所用船只,均由此地制造。故船伙来此,以兽皮换船一艘。"[3] 在德楞逗留7天,"同船夷人进贡、交易均以完毕,物品全部装船,即将归岛。"同月十七日,"将船浮于水中,林藏至庐船向官吏告别,官吏赠送若干酒粟,作为饯别。互相告别后,乘船顺流而下。此日风浪甚大,下行六里许,于扎里之山旦夷人部落宿泊。"十九日行至奇集地方,"因同船夷人进行交易,在此逗留,未开船。于此处船夷换犬两只装入船内。"[4] "于巴兹特处船夷换得一犬,带入船中。"[5] 随同间宫林藏考察黑龙江下游的少数民族利用航行之际,换取船只和狗。夏乘船,冬乘狗拉爬犁。可见,船和狗拉爬犁是东北亚丝绸之路沿途的主要交通工具。[6]

交易活动同时也在贡貂者与一路所经过的村落间进行,如库页岛的贡貂者,在德楞换取当地土著的狗,路经赫哲村落乌尔盖时,又用兽皮购买当地生产的船只[7] 当地人民正是从这种交易中获取各种生活用品,如奇集居民"其家俱什物均为满洲物品"。

---

〔1〕〔日〕间宫林藏:《东鞑纪行》,商务印书馆1974年版,第8页。

〔2〕〔日〕间宫林藏:《东鞑纪行》,商务印书馆1974年版,第10页。

〔3〕〔日〕间宫林藏:《东鞑纪行》,商务印书馆1974年版,第10页。

〔4〕〔日〕间宫林藏:《东鞑纪行》,商务印书馆1974年版,第17页。

〔5〕〔日〕间宫林藏:《东鞑纪行》,商务印书馆1974年版,第18页。

〔6〕参见杨旸主编:《明清东北亚水路丝绸之路与虾夷锦研究》,辽海出版社2001年版,第225－228页。

〔7〕〔日〕间宫林藏:《东鞑纪行》,商务印书馆1974年版,第17、10页。

6　丝绸之路的民族关系与国家关系

6.1　后金时期的贸易活动

　　明与后金爆发战争以后,双方在辽东地区的马市等正常贸易往来基本中断,这给后金的生产、生活带来很大困难。"银贱而诸物腾贵",一匹蟒缎价值约 150 两,一匹布价值 9 两。为解决物质需要,后金政府广开贸易渠道,大力加强与邻近地区的贸易往来。

6.1.1　后金与明朝北边军镇的互市

　　自天聪初年起,皇太极即积极谋求恢复与明朝的物资交易,提出每年以人参、貂皮、东珠等换取明朝出产的缎布等物。因明与后金处于战争状态,皇太极转而利用与明保持联系的蒙古部落代为与明进行贸易。后金天聪九年(1635),蒙古喀喇沁部耿格尔等人携后金所发库银,赴明朝北边"以库银与明国人贸易,得蟒缎及素缎"而回。八旗各部也在后金政府组织下至明朝北边张家口、杀虎口等地贸易。这种贸易活动虽非定期、正式的关市贸易,但大体每年进行一次,而且均由喀喇沁等蒙古部落出面,以防明朝边吏阻挠。贸易得来的缎布等纺织品主要用以赏赐。

6.1.2　后金与蒙古部落贸易

　　后金与蒙古贸易,一方面是获取牛羊等畜产品,更主要的是用银两换取蒙古通过受赏或贸易从明朝得到的纺织品等手工业制品,实际上是与明朝进行的间接贸易。贸易地点主要集中在土默特部的归化城(今内蒙古自治区呼和浩特)。崇德三年(1638)七月,皇太极命八旗各主旗贝勒及公以下、梅勒章京[1]以上官员共出银24435两、貂皮122张、貂皮罩3件、雕鞍4副,前往土默特部进行贸易,换回蟒缎、妆缎、倭缎、石青素缎、洋缎、龙缎、闪缎、彭缎、帽缎、绸子、佛头青布等各种纺织品共4000多匹,还有很多缎、布制成品和各种纸张、茶叶及马匹、骆驼。除马匹、骆驼外,其他纺织品、纸张等,显然非土默特所产,而是来自明朝内地。

在交易方式上,除用白银购买所需物资外,继续沿用辽东马市上以物易物的方式。用人参、貂皮等土特产通过土默特部来间接换取后金(清)短缺的纺织品、纸张等物资。

6.1.3　后金与女真各部贸易

女真各部间贸易往来由来已久。在后金(清)时期,贸易范围有所扩大,清廷不仅与东部瓦尔喀、北部虎尔哈,还与黑龙江中、上游索伦各部进行贸易。各部伴随贡貂与后金(清)进行经常性、大批量的貂皮贸易,而且贸易额要大大超过贡貂数额。清廷利用通过贸易得来的纺织品换取女真各部的皮张及其制品,除部分消费外,大多用来与明朝及朝鲜交换所需物资特别是纺织品,所以后金(清)成为女真各部与明及朝鲜进行贸易的中介。

随着瓦尔喀各部与后金联系的加强,在进贡貂皮的同时,将貂皮卖给后金,已成为瓦尔喀部貂皮输出的唯一渠道,而在这种交易中往往带有以势压价购买的不平等贸易性质。贸易最频繁、数量较大的是同松花江下游地区虎尔哈部的貂皮贸易。天聪九年(1635)十月,虎尔哈部托科罗氏等五姓共贡貂皮477张、元狐皮1张,而随带前来贸易的貂皮有796张,貂皮筒276件,灰鼠、狐、水獭等皮1200多张,还有皮端罩、皮褥子等皮制品。克宜克勒等四姓携来贸易的貂皮320张、貂皮筒

---

〔1〕清朝官爵名。清初官爵名多沿袭明朝旧称,清太宗天聪八年(1634),易满语,改副将为梅勒章京。清世祖顺治四年(1647),将作为爵名的梅勒章京改称阿思哈尼哈番。乾隆元年(1723),定"阿思哈尼哈番"的汉字为"男"。

193 件,其他皮张 51 件、皮制品 15 件。[1] 崇德三年(1638)正月,虎尔哈部松花江人羌图礼等 164 人贡纳貂狐皮共计 1336 张,同时皇太极与八家贝勒用 8328 匹佛头青布换取貂狐等皮 548 张、貂皮筒 607 件,其他皮制品 5 件。[2] 贸易的数量与价值远远超过贡纳的数量及价值。

除各部前来朝贡同时进行贸易外,满洲八旗还集体组织前往黑龙江、嫩江等地用佛头青布交易貂皮。崇德三年(1638)十一月,除镶红旗外的其他 7 个满洲八旗旗分,派人至黑龙江共换取貂皮 1899 张,因八旗以旗为单位进行交易,除正黄、镶黄 2 旗各购得 400 张左右貂皮满足了需求,其他 5 旗又在嫩江地区购得貂皮 428 张。[3] 同年,索伦部落 22 个村屯总计进贡貂皮 1124 张,其中萨哈尔察部巴尔达齐属下 9 屯共贡貂 379 张,而其用来交易的貂皮则多达 1250 张。[4]

6.2　明清政府与朝鲜的边境贸易

由于居地毗邻,东北地区的女真人与朝鲜之间的经贸往来,有着相当悠久的历史。至明清时期,这种经济往来又有了新的发展。

6.2.1　明政府与朝鲜的边境互市

6.2.1.1　进献与回赐

图们江、绥芬河流域以及鸭绿江沿岸等地区的女真人,每年都有一批人前往朝鲜京城,同朝鲜政府以"进献"与"回赐"的方式进行商品交易。主要是进献马匹、貂皮等毛皮以及各种土特产品,朝鲜政府则回赐布匹等纺织品。如宣德元年(1426)十一月,建州左卫指挥权豆等 11

---

〔1〕中国第一历史档案馆编:《清初内国史院满文档案译编》上册,光明日报出版社 1989 年版,第 252 页。

〔2〕中国第一历史档案馆编:《清初内国史院满文档案译编》上册,光明日报出版社 1989 年版,第 263－264 页。

〔3〕中国第一历史档案馆编:《清初内国史院满文档案译编》上册,光明日报出版社 1989 年版,第 392 页。

〔4〕参见佟冬主编:《中国东北史》第 4 卷,吉林文史出版社 2006 年第 2 版,第 1179－1185 页。

人向朝鲜"进土物及马,回赐棉布九十五匹"。[1] 这种进献与回赐按照规定一般是等价的,如朝鲜政府规定女真人马匹的价格是:"野人进马者,其回赐:大马,上等棉布四十五匹,中等四十四,下等三十五匹;中马,上等三十匹,中等二十五匹,下等二十匹;下马,上等十五匹,中等十匹,下等六匹。"[2]但有些朝鲜官员有时故意压低回赐标准,如成化八年(1472),女真人朴豆弄吾"献土豹皮一领",朝鲜边吏"不准时价,只从旧例给棉布三匹",朝鲜政府得知后,重新按时价改给棉布4匹。可见女真人和朝鲜政府都认为进献与回赐应该是等价交换,是一种比较特殊的贸易方式。

在进献与回赐之外,女真人在朝鲜京城期间,还与当地商人、居民进行民间贸易。明万历中期以后,由于倭患骚扰,加之女真与朝鲜间矛盾逐渐激化,女真人不方便再去朝鲜京城,进献与回赐及女真人与朝鲜京城的民间贸易随之终止。

6.2.1.2 边境互市

女真与朝鲜间的商品交换,大量、经常性的贸易主要是通过边境互市方式进行的。自明初起,与朝鲜西北地区毗邻的女真各部族,经常至朝鲜庆源"塞下市盐铁牛马",不过这只是一种临时性的交易方式。永乐元年(1403),明政府设立建州卫后,朝鲜政府取消了庆源等地与女真人的临时互市。沿边地区女真人"不得盐铁",入庆源等地抢掠。朝鲜政府为平息女真人的抢掠,同时也想换取女真人的马匹、貂皮等物产,于永乐四年(1406)重新恢复了与女真的互市。与女真接界的会宁、钟城、稳城、庆源、庆兴、镜城(朝鲜史籍所称"六镇")成为女真与朝鲜进行边境互市的贸易中心,各镇大体上都是5日一市。

随着建州女真在婆猪江地区的发展,使得女真与朝鲜互市的地区,从北部"六镇"逐渐向鸭绿江地区延伸。成化十八年(1482),建州卫都督李完者秃正式向朝鲜提出"请边邑互市",未获朝鲜政府批准。

---

[1]《朝鲜李朝世宗实录》卷34,世宗八年十一月癸卯。
[2]《朝鲜李朝世宗实录》卷31,世宗八年正月壬寅。

弘治十七年（1504），朝鲜于满浦正式开市。女真人以马匹、熊皮、鹿皮等物换取朝鲜铁器、耕牛等物资。正德五年（1510），朝鲜停止了满浦互市，但满浦的朝鲜人仍"与彼人潜相买卖"，甚至"乘夜盗窃牛马深入虏地往来贸易"。针对这种情况，朝鲜满浦边将只好对一部分女真人"置簿，造给牌字"，准其凭牌前来互市。直至万历年间，满浦都是女真与朝鲜的重要互市地点。

后来，朝鲜又开茄乙波知堡（西距鸭绿江边 1 里，在今朝鲜两江道三水之西 14 里）为市。努尔哈赤兴起后，建州女真又开辟了经车逾岭至茂山（今朝鲜咸境北道富宁北 18 里之古茂山）的贸易之路。明万历三十一年（1603），朝鲜开茂山之市，依例 5 日一次。后金皇太极时期，将与朝鲜的边境互市定为中江、会宁 2 地，均为春秋两市。天聪元年（1627），后金要求朝鲜中江"开市买粜"。天聪二年（1628），中江正式开市。天聪六年（1632），朝鲜正式对后金在会宁开市。

女真与朝鲜之间的边境互市贸易全部是以物易物，在万历中叶以前，女真方面从朝鲜购取的商品，首先主要是铁质农具、耕牛、马匹和箭镞，其次是粮食、布帛、盐酱以及釜鼎等生活器皿。《朝鲜李朝实录》中多有记载，《燕山君日记》卷 29 记载，明孝宗弘治十一年（1498），"野人等利我国牛马、铁物，常备貂鼠皮以备买卖"。《朝鲜李朝中宗实录》卷 29 记载，明武宗正德十二年（1517），朝鲜边吏"或以盐粟，或以牛马铁物"换取女真貂皮。朝鲜从女真人那里换取的商品，主要是马匹和貂皮。朝鲜与女真边境互市中换取马匹主要是进行杂交繁殖。边境互市马匹价格大概"棉布三十匹可买上马，二十三匹中马，十四匹下马"，与进献马匹价格大体相近。可见，双方经济上存在很大的互补性。

在与女真的互市贸易中，貂皮是朝鲜需求量最大的一种商品。朝鲜统治阶层"俗尚奢侈，服饰必用貂鼠皮"，特别是官吏中"阶升四品则与从三品相混，故必著貂皮掩耳"。在社会上，"年少妇女皆服貂裘，无此则羞于为会。数十妇女之会，无一不服者"。因此对貂皮的需求量十分巨大，价格也不断上涨。朝鲜成宗六年（明宪宗成化十一年，1475年）时，用 1 把锄头就可以从女真人手中换取 1 张貂皮；至中宗元年

（明武宗正德元年，1506年），30年间，已经涨到"一皮之值至一大牛"。为满足需要，朝鲜政府每年都要咸吉道入贡大批貂皮，"国家责贡貂皮于五镇，守令托以进上，诛求于民，而貂皮产于野人之地，或以农器或以耕牛换之。"即六镇所贡貂皮，"率皆贸于野人"。仅燕山君十一年（明孝宗弘治十八年，1505年），朝鲜政府一次即令边吏向女真购取貂皮2万张。因朝鲜所需求貂皮量大且价高有利可图，朝鲜边境军民与各地商人纷纷与女真人进行大规模的貂皮贸易。在贸易中，沿边的女真人深知朝鲜人喜爱貂皮，始终坚持"非牛马农器，则不与易"，他们不仅自己狩猎貂鼠，并"贸于深处野人"，将购得貂皮充当中间商再转手高价卖给朝鲜，并要求要"以大牛偿之"。每年具体的貂皮交易数量史书无记载，但从朝鲜史料记载用牛马铁器换取貂皮所带来的后果，可以看出交易数量是相当大的。"野人持貂，吾民不惜农牛而易之……貂日益贵，而吾民之牛、铁尽归于彼"，"咸境道边将多以牛只贸换毛物，商贾亦多买牛而来，农牛已尽，耕田之际，人代牛役"。这些记载可能不无夸张之处，但因为用牛易貂，导致"人代牛役"，可见貂皮贸易数量之大。

后金时期与朝鲜的边境互市，女真人用以交换的主要是人参，其次是白银。貂皮不再是主要的交换商品，一方面是多年捕猎，使得貂鼠皮产量减少；另一方面，女真贵族也大量服用貂皮制品，不再大量输出貂皮。明朝关闭了辽东马市，使女真所产人参失去中原市场，只好转卖朝鲜。女真从朝鲜换取的商品主要是布匹和粮食。如天聪二年（1628），女真以人参480多斤换得青绵布19000多匹；三年（1629），以千余两白银购买青布、各色锦缎及皮物、纸张。

6.2.1.3 辽东地区与朝鲜间的贸易活动

在女真与朝鲜间边境互市之外，辽东地区也与朝鲜有着相当活跃的经济往来。既有政府间的官方贸易，也有边境居民间的民间贸易。

官方贸易主要是明政府用布缎等纺织品从朝鲜为辽东地区购入大批战马和耕牛。洪武二十年（1387），朝鲜将5000匹马送往辽东，每匹马价格是：上等马缎2匹、布8匹，中等马缎1匹、布6匹，下等马缎1

匹、布 4 匹。从洪武二十二年至二十五年（1389—1392），朝鲜共售马 9880 匹于辽东，明政府付给朝鲜纻丝和棉布各 9880 匹。建文三年（1401），明政府以 9 万多匹文绮、绢、棉花以及乳香等中药材，向朝鲜易换好马 1 万匹。永乐年间继续从朝鲜大批购买马匹，仅永乐二十一年（1423）即买马 1 万匹，每匹马绢 3 匹、棉布 2 匹。除马匹外，辽东从朝鲜购入的另一主要商品是耕牛，宣德七年（1432），辽东从朝鲜购买耕牛 6000 只，每只牛绢 1 匹、布 4 匹。

民间贸易包括 3 种方式：第一种是非正式官方贸易，即一方国家或地方政府从对方民间私下购取所需商品，主要是马匹等物资的贸易。第二种是双方使臣及随行人员出使之际，就便在对方地区进行顺路的个人交易活动，而所在方政府对此种交易给予一定的方便及关照。朝鲜使臣出使辽东时，每以"商贾之辈为伴人，多赍布货，任行贩卖"。每当朝鲜使臣来到辽东都司治所辽阳城郊驿馆，驿馆立即成为热闹的交易场所。他们见使臣到来，"担背绫罗缎布等物，到彼易换参、布、貂鼠等物"，甚至把朝鲜人领到家中出卖违禁货物。朝鲜人也争以马匹交换纱罗绫缎。明朝使臣、随行人员也借赴朝之机，大肆进行交易活动。因明使往来频繁，所带货物多，朝鲜政府无法拒绝交易，甚至不断扩大交易范围，朝鲜民众也表示欢迎，将细布、人参、牛马等禁物进行交易。第三种是两国百姓特别是边境地区居民间的贸易往来。这种贸易在朝鲜一直被视为非法，但却是民间贸易最活跃、贸易额最大的一种。

6.2.2 清代（后金）与朝鲜的边境互市

清代与朝鲜的边境互市，基本是沿袭明代旧制。

6.2.2.1 会宁互市

会宁互市始于明初，后金崇德四年（1639），清政府明确规定：准许宁古塔地区人等每年前往会宁"贸农器，后以为例"。这种定期定点互市，是在中朝双方官员监督下进行的民间贸易。每年八月，清地方官即开始进行互市的准备工作，大约在十月或十一月起程，十二月到达会宁；或于第二年五六月到达会宁互市。每次交易约 20 天左右，总计 100 至 200 人参加互市。与朝鲜贸易的情况在《柳边纪略》卷 3 有记载:"宁古塔人每年一次,往高丽会宁府互市,亦以八月。然命下遣官监视,每年十一月方行。市会宁者,多以革、皮袄、布匹,往易牛、马、纸、布、瓮、盐。"[1]可见,清人多用皮革、青布等换取朝鲜边民的牛、马、纸张、盐等物资。顺治八年(1651),从会宁贸易换得木棉37匹、布45匹。此后参加互市的人数不断增多,主要是换取会宁的盐和耕牛以及海带等海产品。

6.2.2.2 庆源互市

顺治四年(1647),庆源正式开市,规模较小,主要是库尔喀即库雅喇人参加贸易,每两年的八月或正月开市。每次开市5天,有时达20多天,每天日中交易。库雅喇人一般多换取牛、犁铧、釜,用以交换的主要是皮张,清政府规定"貉、獾、骚鼠、灰鼠、鹿、狗等皮准其市易,貂、水獭、猞猁狲、江獭等皮不准市易"。康熙末期,库雅喇人相继迁居珲春附近,乾隆年间一些汉族流民迁至缮城,扩大了互市规模。交易的物品以皮货居多,库雅喇人以银货、皮货、彩缎、绒毡等换取朝鲜的耕牛及马匹。"库尔喀人每二年一次,往高丽庆源地方互市,以八月"[2]

6.2.2.3 中江互市

朝鲜义州附近的中江互市,又称湾上互市,始设于明万历二十一年(1593),清入关后复开市于清顺治四年(1647)。中江之市原为官市,每年二月、八月各开一次。"凤凰城等处官兵人等,往高丽义州市易者,每年二次,春以二月,秋以八月。"[3]届时清政府方面由凤凰城派出通官及章京参加监管,朝鲜方面由开城府官员参加监管,为官市,严禁民间贸易以及用牝马、人参进行交易。双方官员共同商定每次交易商品品种及价格。清朝方面从朝鲜换取的主要是棉布、麻布、盐、牛马等。中江互市经常超出规定范围及规模。每年春秋两季,朝鲜使臣出栅门——凤凰城边

---

〔1〕〔清〕杨宾:《柳边纪略》卷3,载杨宾等撰:《龙江三纪》,黑龙江人民出版社1985年版,第79页。

〔2〕〔清〕杨宾:《柳边纪略》卷3,载杨宾等撰:《龙江三纪》,黑龙江人民出版社1985年版,第79页。

〔3〕〔清〕杨宾:《柳边纪略》卷3,载杨宾等撰:《龙江三纪》,黑龙江人民出版社1985年版,第79页。

·欧·亚·历·史·文·化·文·库·

门,经辽东前往北京。朝鲜商人往往混在其中,与凤凰城附近的清朝边民交易,这种贸易朝鲜称之为"栅门后市"。与此同时,使臣或随行官员自身也时或在沿途进行贸易活动。他们自朝鲜出发时,便携带着布匹、纸张、烟草等到盛京(沈阳)城卖掉,换成银子,以便到北京为朝鲜官方换取所需物品。康熙四十三年(1704)后,改为从朝鲜直接携带银两赴北京。负责押送朝鲜贡物的团练使与朝鲜商人勾结在一起,有意在沿途"落留累日,尽情买卖,顺载于回马以归",成为在团练使庇护下进行的贸易活动,朝鲜称之为"团练使后市"。乾隆年间以后,与中江隔江相望的凤凰城由于与朝鲜的贸易而繁荣起来,棉花、毡帽、缎布、丝绸等中国商品输入朝鲜,"以致僻邑穷乡无不衣被唐货"[1]。

6.3　清政府与日本的山丹贸易

"山丹"又称"山旦"、"香旦"、香丹(日本文献中写作"山靼"、"三靼"),即邻人的意思,是库页岛费雅喀等少数民族土著居民及北海道等民族对黑龙江下游的使犬鄂伦春(所谓满珲人)、赫哲等少数民族的称呼。也有的说是库页岛的阿依努人称鞑靼(日本古文献中的"东北鞑靼",是鄂伦春、尼夫赫、乌德盖和赫哲等东北亚土著民族的混称。古代日本人认为那些民族都叫"鞑靼")为山丹。那么"山丹"的含义是什么呢? 嘉庆十三年(1808),日本人间宫林藏在第二次至库页岛和黑龙江下游一带的《踏查报告》中写道:"山丹含义——从东鞑地方来库页岛之人,本国自古以来均称之为山旦人,其地称之为山旦地。写作山丹、山旦、山靼等。林藏旅途所经之地,见过各种夷人,风俗不一,并非一种。有称费雅喀者,有称香旦者,各族均有自己居住之区域,并分为部落。山旦为香旦之讹音,为部落名称而非地名。山丹夷自称为满珲,鞑地诸族称之为香旦。香旦讹为山丹,为我库页岛人对他们的称呼。"[2]白鸟库吉说:

---

〔1〕参见佟冬主编:《中国东北史》第4卷,吉林文史出版社2006年第2版,第1758－1763页。

〔2〕[日]儿恭岛子著,李桂芹译:《18～19世纪库页岛的居民——以山丹贸易为中心》,载于《北方文物》1994年第2期,第104页。

"山丹的正确发音是 Sianeu,但是基里亚克(费雅喀)人讹称它为 Jantu,阿依努人又把它转念为山旦(Santa)或山丹(Santan)。"

6.3.1 山丹贸易

所谓山丹交易,是指日本北海道阿依努人,通过库页岛南部阿依努人为中介,与黑龙江下游"山丹之地"(黑龙江下游的使犬鄂伦春所居之地)各部族即所谓山丹人进行的商品交易活动,或称之为"山丹贸易"。山丹交易,最初在北海道附近的宗谷进行,乾隆五十五年(1790)后,改在库页岛南部的白主进行,虽然交易数量不是很大,但这种交易却是中日文化交流的历史纽带之一[1]。山丹贸易成为明清时期对黑龙江流域少数民族贡赏制度与贡赏贸易的延伸。他们以古老的贸易方式,即物物交换为主要形式进行着。山丹贸易与朝贡两者是分不开的。山丹贸易这种交易活动是清前期中日间在北方进行经济、文化交流的渠道,故有"北方丝绸之路"之称。

居住在库页岛上的阿依努人

目前,国内外学者对"山丹贸易"的含义,或者说是对其性质的看法不一致。具体说,日本学者同中国学者看法不尽相同,甚至日本学者之间、中国学者之间对这一问题的看法也不完全一样。

日本学者矢岛睿在《关于蝦夷锦的名称与形态》一文中认为:"所谓山丹贸易,就是指诸多民族辗转相接经中国东北地区、黑龙江流域、萨哈林岛(桦太,即库页岛—译者注)、北海道、本州,几乎环日本海一

〔1〕佟冬主编:《中国东北史》第 4 卷,吉林文史出版社 2006 年第 2 版,第 1764 – 1767 页。

周而进行的贸易。这种贸易的出发点是中国清朝的朝贡贸易。清朝时期(1644—1911年)管辖黑龙江流域的三姓副都统衙门每年都要派官员乘船装载被称为'乌林'的赏赐品沿江而下,到黑龙江下游地区的德楞等'满洲行署',把蟒袍之类的清朝官服或锦料以及青玉等下赐给居住于当地的乌里奇人或尼夫赫人,同时,又从这些民族那里收取貂皮之类的贡品,这就是所说的赏'乌林',亦即朝贡贸易。接受赏赐的乌里奇人或尼夫赫人携带上述赏赐品乘船来到桦太(萨哈林),又与桦太阿依努或宗谷阿依努进行贸易。由于当时日本把黑龙江下游之地称之为山丹地,而把那里的居民称作山丹人,所以上述贸易活动在日本文献中被记载为'山丹贸易'。"〔1〕

矢岛睿把三姓副都统衙门官员到黑龙江下游地方的德楞等"满洲行署"所实行的"贡貂与赏乌林制度"概括为"朝贡贸易",似乎有失允当。因为"贡貂与赏乌林制度"不是一种简单的贸易活动,它的真正含义是体现了国家职能的一种税收制度,是政府带有强制性质的行为。清政府实行这一制度的贡貂与赏乌林有指定地点,有规定时间,有固定数量。只有贡纳貂皮,才能颁赏乌林,即"无貂皮之贡,即无乌绫(乌林)之赏"。而且规定当年因故没有贡貂,必须第二年补贡。这就是说"贡貂与赏乌林制度"实质是行使国家管辖权力的一种税收制度。

但是,矢岛睿如果所指"山丹贸易"中少数民族所获得的另一部分物品,是与地方官府官吏进行贸易或者是同汉族商人贸易而得来的,特别是"接受赏赐的乌里奇人或尼夫赫人携带上述赏赐品乘船来到桦太(萨哈林),又与桦太阿依努或宗谷阿依努进行贸易","进而,这些赏赐品又经阿依努民族之手流入松前藩或商人手中,然后又由北前船运往日本各地"。〔2〕尽管这部分物品所占比例不大,但这是商品贸易活

---

〔1〕〔日〕矢岛著,晓辰译:《关于蝦夷锦的名称与形态》,载于《北方文物》1994年第3期,第109页。亦见王德厚:《"贡貂赏乌林制度"与"虾夷锦"》,载于《黑龙江民族丛刊》1997年第4期,第66页。

〔2〕〔日〕矢岛著,晓辰译:《关于蝦夷锦的名称与形态》,载于《北方文物》1994年第3期,第109页。亦见王德厚:《"贡貂赏乌林制度"与"虾夷锦"》,载于《黑龙江民族丛刊》1997年第4期,第66页。

动。从这方面来看,矢岛睿对"山丹贸易"的看法也有合乎史实的部分。所以说,关于"山丹贸易"应从两方面史实来加以分析、理解,才不失偏颇。对"山丹贸易"的研究,还有很多日本学者,如儿恭岛子认为:"山丹贸易是指日本江户时代(1603—1867)库页岛阿依努和山丹人之间的交易。"[1]中村和之则认为:"与山旦人进行交易,因此,称之为'山旦交易'即'三丹交易',是贡赏交易的延伸,他们以古老的贸易方式,以物物交换为主要形式进行着。山丹交易与朝贡分不开的。"[2]

北海道开拓纪念馆在《95'博物馆移动展·山丹交易》中写道:"中国清朝为了安抚居住在黑龙江下游地区的乌里奇、尼夫赫等北方民族,实行了一种向他们征收貂皮并回赐织锦和玉的朝贡贸易。通过这种朝贡贸易而获得织锦和玉的乌里奇、尼夫赫等民族,把它们带到了桦太(萨哈林),并与那里的阿伊(依)努人再进行交易。近世日本称黑龙江下游地区为山丹地,并把居住在那里的民族称为山丹人。因此,这种交易就被称为山丹交易。"[3]

以上是日本学者关于"山丹贸易"含义的基本看法。中国学者认为关于这个问题应从两个方面来探究:一是,把"贡貂赏乌林制度"概括为"朝贡贸易"或"贡赏贸易"有失偏颇,不能准确地反映"贡貂赏乌林制度"的真正含义。因为"贡貂赏乌林制度"不能当做一种商品贸易活动来理解[4],它是体现了政府行为,反映了国家对周边少数民族实施国家权力和意志的一种举措,表明了明清两朝政府对黑龙江下游以及库页岛在内的广大地区实行的一种捐税政策,对这些边民来说,交纳贡赋是臣服清朝统治的表示,如"慢不朝贡"将受到无情的征讨。对统治者而言,"捐

〔1〕〔日〕儿恭岛子著,李桂芹译:《18~19世纪库页岛的居民——以山丹贸易为中心》,载于《北方文物》1994年第2期,第103页。

〔2〕参见杨旸,赫文,敬知本:《清代黑龙江下游与北海道物品交易》,载于《北方民族》1996年第1期,第70-71页。

〔3〕转引自王德厚:《"贡貂赏乌林制度"与"虾夷锦"》,载于《黑龙江民族丛刊》1997年第4期,第66-67页

〔4〕参见王德厚:《"贡貂赏乌林制度"与"虾夷锦"》,载于《黑龙江民族丛刊》1997年第4期,第67页。

税体现着表现在经济上的国家存在"[1]。收受贡赋是对当地属民行使统辖权力的重要标志,证明了明清两朝对黑龙江下游以及库页岛广大地区实行了管辖权。二是,如果在"山丹贸易"中,把"贡貂与赏乌林制度"这一政府行为表现在经济上的因素除外,少数民族把贡貂剩余的貂皮在各民族间进行交易,同汉族等商人间进行交易,与阿依努人进行交易等,属于商品贸易活动范畴,这也是历史事实。[2]

6.3.2 山丹贸易背景

至少从元代开始,中国黑龙江近海口地区及库页岛已经与日本北海道之间有了经济交流活动。明代每年夏季,北海道西北部的阿依努人乘着满载干鱼、毛皮、鹰羽以及从山丹之地交易而来的中国丝织品的船只,到松前藩进行贸易。以北海道岛主自居的蛎崎庆广,在成为松前藩主之前,也经常穿着被看做很珍贵的用中国产丝织品制作的服装。日本文禄二年(明神宗万历二十一年,1593 年),他曾向江户幕府德川家康进献了唐衣(中国丝绸服装)。雍正、乾隆年间,由于清政府对东北边疆各族统治日益加强,黑龙江下游与内地经济联系的日益密切以及赏乌林制度的广泛深入推行,内地丝绵制品输入到黑龙江下游各部族的数量不断增加,山丹人与日本北海道之间的"山丹交易"也随之发展。作为山丹交易的物质基础是黑龙江下游地区各族每年贡貂并接受颁赏乌林时所得到的各种赏赐物,其中丝绸、棉纺织品制作的服装为主,包括无扇肩朝衣、朝衣、缎袍、蓝毛青布袍等 2300 至 2500 多套,此外还有包头、带子、棉花、棉线等。制作 2000 多套服装,清政府每年大约需要 8 匹绸、22 匹蟒缎、683 丈 8 尺彭缎、322 丈 2 尺 4 寸妆缎、4 丈 8 尺闪缎、2 丈红青缎、3541 丈 6 尺 5 寸各种绢、18889 匹蓝毛青布、65 丈 1 尺家机布、4320 匹细家机布,此外还有 2405 块包头、7215 副带子、7207 绺棉线、85 斤 8 两 6 钱棉缝线、3899 斤 2 两棉花。早期多赏赐

---

〔1〕〔德〕马克思,恩格斯:《道德化的批判和批判化的道德》,载《马克思恩格斯选集》卷 1,第 181 页。

〔2〕参见杨旸主编:《明清东北亚水路丝绸之路与虾夷锦研究》,辽海出版社 2001 年版,第 237 - 239,248 - 252 页。

成衣制成品,后期则直接赏赐给丝绸、棉纺织品等原料。山丹贸易中的丝绸交易,主要就是来自这些纺织品及其制成品。

6.3.3　贸易途径

山丹交易场所,最初是在日本北海道附近的宗谷进行的,由松前藩主派遣家臣随商船前往,后改为由商人承包进行交易。每次交易前,都要举行一定的仪式,然后松前藩商人就同前来贸易的山丹人进行被称为"轻物"的中国丝绸制品、鹰羽和皮毛类的交易。松前藩主得到这些商品后,再转手销往日本内地。

日本宽政二年(清乾隆五十五年,1790),山丹贸易的场所改在库页岛南部的白主进行。北海道的阿依努人"带干鱼和鸟等到库页岛去,跟鞑靼人交换鞑靼服装,然后虾夷人就穿上这种服装"返回。在此后很长时间里,"库页岛,是虾夷人和鞑靼人经常进行以物易物的地方"[1]。

据康熙五十九年(1720)日本文献的记载:"东际大海,西北乃鞑靼,东南海……产青玉、雕羽,杂以蟒缎文绘绮锦。即是汉物,来自鞑靼的地方。"日本因为这些"蟒缎文绘绮锦"得自北海道虾夷(阿依努)人之手,所以一般称之为"虾夷锦",也称作"女真锦"。所谓虾夷锦有2种,一种是锦缎纺织品,日本成为"反物(卷物)"。据日本文献《东游记》记载"传入的锦料有带牡丹纹、龙纹的绀地锦和赤地锦等多种",一般宽3尺多,长三四丈。另一种是锦缎制成品,日本多称为"拾德"或"十德"。日本文献《瓦剌弗叱岛杂记》中称:"拾德,龙纹锦旧服装。"《边要分界图考》称:"龙纹锦旧服皆为满洲官服。"《松前志》进一步指出:"其实就是当今在北京制作的清朝官服,由北鞑满洲传入山丹,又经山丹传入北蝦夷地萨哈林岛。"[2]从松前藩提供的《丑年山丹交易品调书》中,看到该年同黑龙江下游、库页岛交易换来的各种锦缎类制品

---

〔1〕〔日〕儿岛恭子著,李桂芹译:《18～19世纪库页岛的居民——以山丹贸易为中心》,载于《北方文物》1994年第2期,第103页。

〔2〕转引自〔日〕矢岛睿著,晓辰译:《关于蝦夷锦的名称与形态》,载于《北方文物》1994年第3期,第110页。

有 91 卷,共 2951 尺;还有"袖物"衣服 7 件、毛毡 2 张、大巾缟 1 卷。[1]数量虽然不多,但它反映了清代前期中日两国北方边疆少数民族之间之间经济、文化上的联系,是中日文化交流的历史纽带之一。[2]

6.4 清政府与俄国的边境贸易[3]

俄国原本地处欧洲,与中国既不接壤,亦无往来。15 世纪末 16 世纪初,统一的沙皇俄国建立后,为满足封建贵族和商人对土地与商业利润的渴求,迅速走上对外扩张之路。1632 年(明崇祯五年,后金天聪六年),沙俄政府在勒拿河畔建立雅库次克城,作为入侵中国黑龙江流域的军事据点。至 16 世纪末叶,俄国势力达到东西伯利亚地区后,便把侵略矛头指向了相邻的中国黑龙江地区。至 16 世纪晚期,沙俄开始大举向东扩张。17 世纪中叶沙俄东侵加剧之际,正值明亡清兴之际的紧要关头,清政府忙于统一全国的战争而无暇东顾。在沙俄政府支持下,以波雅尔科夫、哈巴罗夫、斯捷潘诺夫等为首的哥萨克[4]武装匪徒,先后侵入黑龙江流域,他们在当地烧杀抢掠、无恶不作,给当地各族人民带来了巨大灾难。面对沙俄侵扰,清政府未能组织有效的反击,多由当地少数民族自发进行抵抗。面对拥有先进火枪大炮的沙俄侵略

---

〔1〕〔日〕矢岛睿著,晓辰译:《关于蝦夷锦的名称与形态》,载于《北方文物》1994 年第 3 期,第 111 – 112 页。

〔2〕参见佟冬主编:《中国东北史》第 4 卷,吉林文史出版社 2006 年第 2 版,第 1764 – 1767 页。

〔3〕关于清前期中俄边境贸易问题的论述,主要有:佟冬主编:《中国东北史》第 4 卷,吉林文史出版社 2006 年第 2 版,第 1767 – 1770 页;张凤鸣:《中国东北与俄国(苏联)经济关系史》,中国社会科学出版社 2003 年版,第 1 – 25 页;张维华、孙西:《清前期中俄关系》,山东教育出版社 1997年版,第 145 – 180 页;孔经纬:《清代东北地区经济史》,黑龙江人民出版社 1990 年版,第 213 –222 页;李济棠:《试论黑龙江地区早期的中俄贸易》,载于东三省中国经济史学会编《东北经济史论文集》下册,东三省中国经济史学会 1984 年版,第 1 – 18 页;等等。

〔4〕"哥萨克"一词源于突厥语,意为自由人。原指从中亚突厥国家逃到黑海北部从事游牧的人。后泛称 15 至 17 世纪从农奴制压迫下出逃的农民、家奴和城市贫民。他们住在人烟稀少的边远地区,靠当雇工为生。自 16 世纪起,哥萨克因替沙皇政府镇守边疆,被免除劳役和赋税,并获得一定的俸禄和相当数量的土地。哥萨克最初聚居在顿河沿岸和第聂伯河下游。随着俄国疆土的扩展,哥萨克相继出现在乌拉尔、伏尔加河下游、中亚细亚、高加索、西伯利亚等地。他们以勇猛善战著称,是沙俄兵力的重要来源,18 世纪成为特殊军人阶层。

者,东北边疆各族人民毫不畏惧,以原始落后的弓箭刀矛,给入侵者以沉重打击,并积极配合清军打击侵略者。在雅克萨战争期间,各族军民密切配合,取得了雅克萨反击战的彻底胜利,驱逐了沙俄侵略者,保卫了东北边疆。

6.4.1 黑龙江流域军民抗俄斗争

6.4.1.1 雅克萨战争前黑龙江流域军民早期抗俄斗争

康熙二十四年(1685),即雅克萨战争之前,为早期抗俄斗争时期。面对沙俄的武装侵略,达斡尔、赫哲等部族在其酋长或头人带领下,主要以氏族和村寨为单位自发组织抵抗。最初的抗俄斗争多各自为战,后逐渐走向联合作战;抗俄斗争的作战方式也是灵活多样,既有坚守城寨抗击敌人,也有全体转移、坚壁清野以断绝其食物来源;既有伏击小股敌人,也有袭击沙俄侵略者驻地,围攻其据守寨堡;既有单独作战,也有与清军及朝鲜鸟枪兵配合作战。尽管各族人民为抗击沙俄侵略者、保卫家园付出了重大代价,但也使沙俄侵略者伤亡惨重。[1] 黑龙江流域各族人民早期抗俄斗争中最著名的莫过于莫尔迪奇村、古伊古达尔和乌扎拉村等几次战役。

明崇祯十六年(清崇德八年,1643 年),沙俄驻雅库茨克[2]的军事长官戈洛文派遣波雅尔科夫率领一支 132 人的俄国远征队前往黑龙江流域探险,俄国对中国的侵略由此便一发而不可收,沙俄匪徒闯入黑龙江流域,沿途遭到东北边疆各族人民的英勇抗击。

莫尔迪奇村之战:崇德八年(1643),波雅尔科夫率领 132 名俄国远征队从雅库次克城堡出发[3],越过外兴安岭,侵入黑龙江流域。波雅尔科夫一伙沿勒拿河、阿尔丹河到达精奇里江(结雅河)。随后,沿精奇里江下行至黑龙江,又顺黑龙江下达松花江,接着进入松花江与

---

〔1〕参见周喜峰:《清朝前期黑龙江民族研究》,中国社会科学出版社 2007 年版,第 250 – 251 页。

〔2〕雅库茨克市是俄罗斯雅库特自治共和国的首府,始建于 1632 年,距北冰洋极近,是萨哈共和国的科学、文化和经济中心,居民多以雅库特人为主。

〔3〕〔俄〕古文献研究委员会编,郝建恒等译:《历史文献补编——十七世纪中俄关系文件选译》(以下简称《历史文献补编》),商务印书馆 1989 年版,第 6 页。

乌苏里江之间。

波雅尔科夫一伙在精奇里江达斡尔族居住地肆意掳掠,遭到了当地居民的奋起抵抗,他们拒绝给沙俄侵略者提供粮食。后波雅尔科夫派"五十人长"彼特罗夫率 70 人到莫尔迪奇村抢粮,并绑架了科尔帕和多西酋长以进行勒索。为保卫家园,达斡尔人"神不知、鬼不觉地集合起来,从寨里和地道里袭击尤什卡(彼特罗夫)等。许多人进行出击,许多骑手从田野奔袭而来,与他们进行了一场鏖战。在鏖战中有 10 名军役人员身受重伤,不能离寨逃走,呻吟寨下,苟全性命。……其余所有军役人员也都受了伤,被围困在寨子附近的一座帐篷里,受困 3 天,到了第 4 夜,才从寨子逃脱,退往乌姆列坎河口瓦西里(波雅尔科夫)处。"[1]侵略者有 10 人被打死,50 余人被打伤,残部狼狈逃窜,这是当地居民第一次自发的武装抗俄斗争。由于不断遭到当地达斡尔等族的反抗和袭击,波雅尔科夫一伙既得不到粮食供应,也不敢再外出抢粮。

顺治元年(1644),当波雅尔科夫沿黑龙江两岸掳掠时,又遭到当地赫哲等族抗击。一次,波雅尔科夫"派遣十人长伊列伊卡·叶尔莫林带领 25 名军役人员和渔猎人去探听"通向大海的通路,返航时,"在离瓦西里还有半日路程的地方,停下来过夜。许多久切尔(赫哲)人集合起来,偷袭伊列伊卡及其同伙,将其全部打死,只有两名死里逃生。"[2]在黑龙江口,波雅尔科夫一伙也遭到费雅喀族的抗击。在黑龙江下游各族人民的打击下,波雅尔科夫侵略者处境艰难,经过各族人民的反侵略斗争,波雅尔科夫所部损失惨重,有近 80 名侵略者丧生。顺治二年(1645)夏,波雅尔科夫率残部由乌苏里江顺流而下直达海口,然后海路由鄂霍次克海返回雅库次克。

顺治七年(1650),以勒拿河畔的哥萨克盐商哈罗菲·哈巴罗夫为首的沙俄侵略者侵入黑龙江地区,遭到当地达斡尔等族强烈反抗。为

〔1〕〔俄〕古文献研究委员会编:《历史文献补编》,商务印书馆 1989 年版,第 12 页。
〔2〕〔俄〕古文献研究委员会编:《历史文献补编》,商务印书馆 1989 年版,第 13 页。

抢劫粮食,一部分哥萨克进攻达斡尔头人阿尔巴西的阿尔巴津(雅克萨)城,阿尔巴西率领达斡尔人坚守城寨,英勇抗敌,"达斡尔人一听到危急消息便从四郊纷纷赶来。俄国人被击退,被迫后撤,有四人死亡。"[1]后哈巴罗夫率援军赶到,因力量相差悬殊,阿尔巴西被迫弃城突围,许多达斡尔人为保卫家园而英勇牺牲。

古伊古达尔之战:顺治八年(1651),哈巴罗夫率军进攻古伊古达尔头人住地,达斡尔人英勇还击,"从城上挽弓射箭,乱箭纷纷下落,布满整个田野,好像'田地里长满了庄稼一般'。战斗持续了一整夜,一直打到黎明。"[2]城破后,达斡尔人又以大刀、长矛与俄军展开白刃战,共有661名达斡尔人牺牲,哥萨克也有4人阵亡,45人受伤。

乌扎拉村之战[3]:顺治八年(1651),哈巴罗夫匪帮侵入黑龙江下游,又遭到当地吉切尔和阿枪(赫哲)等族反抗,"当哥萨克企图乘小船靠近河岸时,土著居民忽然出现在岸上,开始交战"。后又乘大批哥萨克外出捕鱼之机,"一大群吉切尔人和阿枪人突然在黎明时分从隐蔽处涌出来,奔向城堡"[4],攻打俄国人过冬的阿枪斯克(乌扎拉村)城,战斗持续了约两个钟头;由于武器简陋,难以对抗俄军的火枪大炮,进攻遭到失败,有117人牺牲;俄军也有5人受伤,1人被打死。[5]顺治年间虽进行多次征伐沙俄的军事行动,但始终未能把他们彻底驱逐出境。

6.4.1.2 军民联合抗俄时期

顺治九年(1652),宁古塔章京海色、捕牲翼长希福等率领清军600人与吉切尔500多人和其他异族人,向哈巴罗夫盘踞的阿枪斯克(乌扎拉屯)城堡展开了猛烈进攻,"博格德(满洲)汗的军队,全都是披甲骑马的。进攻开始了,从墙后打了一整天,从凌晨打到日落"。但因指挥

---

〔1〕〔苏〕谢·弗·巴赫鲁申:《哥萨克在黑龙江上》,商务印书馆1975年版,第22页。

〔2〕〔苏〕谢·弗·巴赫鲁申:《哥萨克在黑龙江上》,商务印书馆1975年版,第22页。

〔3〕〔清〕何秋涛:《朔方备乘》卷首5,《平定罗刹方略一》,文海出版社1964年版;《八旗通志》,《明安达哩传》,东北师范大学出版社1985年版亦有记载。

〔4〕〔苏〕谢·弗·巴赫鲁申:《哥萨克在黑龙江上》,商务印书馆1975年版,第30页。

〔5〕〔苏〕谢·弗·巴赫鲁申:《哥萨克在黑龙江上》,商务印书馆1975年版,第30-31页。

失误[1]而失败,参战清军及各族人民阵亡 676 人,遭受重大伤亡,俄军有 8 人被打死,76 人受伤。[2] 但此战给沙俄侵略军以极大震慑,并沉重打击了哈巴罗夫一伙的嚣张气焰;甚至,还发生了哥萨克十人长伊凡诺夫组织的哗变,有 136 人脱离哈巴罗夫;同时,也极大地鼓舞了各族人民的反侵略斗志。

哈巴罗夫归国后,由斯捷潘诺夫接替其位置。清政府采取坚壁清野政策,将居民大批内迁以断绝哥萨克粮食来源,并不断增加清军数量,修筑堡垒,使沙俄侵略军陷入困境。顺治十一年(1654)四月,宁古塔昂邦章京[3]沙尔虎达率领清军、黑龙江各族军民及朝鲜鸟枪兵在松花江与抢粮食的斯捷潘诺夫一伙相遇并展开激战,"'中国军队装备着整齐的火器',携枪带炮,……哥萨克在冲击中有许多人挂了花。"[4]顺治十二年(1655),明安达礼统率"一万名中国正规军队,装备着各种火器,携带着大炮和火绳枪",在当地达斡尔等族配合下,包围了俄军盘踞的库马拉(呼玛尔)城,打死了准备伐木造船的 20 名哥萨克,开始"轰击城堡,并射出火药箭",轰击持续了一天一夜,又对城寨发起了猛攻,后清军因粮饷不继而在围城三个多礼拜后撤军,[5]但也给敌人以打击。同年,以米哈伊尔·索罗金和雅科夫·索罗金为首的 300 名俄国侵略者,窜到黑龙江上,"其中四十人被久契尔人所杀,其余的人死于饥馑"。[6]

顺治十五年(1658),沙尔虎达率领黑龙江流域各族军民及由朝鲜调来助战的鸟枪兵等共 1400 人,在黑龙江与松花江汇合处与以斯捷潘诺夫为首的 500 余名沙俄侵略军相遇,双方展开激战。"在此次战斗

---

[1]据巴赫鲁申:《哥萨克在黑龙江上》第 33 页记载:"亦失涅公爵(指海色)喊道:'不要放火烧,也不要砍杀哥萨克,要活捉他们!'"在战斗中这样的命令必然会束缚清军的作战行动。

[2][苏]谢·弗·巴赫鲁申:《哥萨克在黑龙江上》,商务印书馆 1975 年版,第 33 – 34 页。

[3]后金天聪八年(1634)定八旗兵官爵名,以原来袭用明朝官名的总兵为昂邦章京。清顺治四年(1647),改昂邦章京为精奇尼哈番。乾隆元年(1723),定"精奇尼哈番"汉字为"子"。

[4][苏]谢·弗·巴赫鲁申:《哥萨克在黑龙江上》,商务印书馆 1975 年版,第 40 – 41 页。

[5][苏]谢·弗·巴赫鲁申:《哥萨克在黑龙江上》,商务印书馆 1975 年版,第 42 – 44 页。

[6][俄]瓦西里耶夫:《外贝加尔的哥萨克(史纲)》第一卷,商务印书馆 1977 年版,第 141 – 142 页。

中,专差军役人员奥努弗里(斯捷潘诺夫)等 270 人全被打死。幸存的军役人员,有的逃入山中,有的乘斯巴斯克号船同参加征战的人共 227 人逃走。"[1]其残部继续在黑龙江下游及海上抢劫,"在海上他们又被中国人袭击,被彻底击溃,只有不多几个人幸免于难"[2]。

东北边疆各族军民经过英勇奋战,使沙俄侵略者遭受沉重打击。至顺治末年,在各族人民及清军打击下,沙俄侵略者或被击毙,或被俘获,或冻饿而死,[3]"逃跑者中,大部分逃亡到雅库次克,只有十七名逃跑的哥萨克成为涅尔琴斯克(尼布楚)的哥萨克。"[4]黑龙江流域的哥萨克基本被肃清,据记载:"十年里,到阿穆尔去的不下一千五百人,也都死在那里了。"[5]东北边疆特别是黑龙江各族军民在反抗外族侵略,保卫国家领土主权方面的功绩是永垂青史的。

6.4.1.3　雅克萨战争期间抗俄斗争

经过入关前及顺治年间东北边疆各族军民的英勇抗击,黑龙江中下游地区的沙俄侵略者基本被消灭,余下者则逃往尼布楚等地。康熙四年(1665)冬,切尔尼戈夫斯基等侵入黑龙江上游,占据并重建阿尔巴津(雅克萨)城,沙俄侵略者卷土重来,以雅克萨为据点,四处烧杀抢掠。沙俄再次入侵黑龙江及四处扩张,令清政府深感不安,但因此时清廷正忙于平定"三藩之乱"而无暇北顾。康熙帝通过外交途径向沙俄提出抗议和交涉,但沙俄政府不仅对清政府的抗议和警告置若罔闻,而且继续增兵雅克萨,并任命托尔布津为雅克萨军事长官,指挥沙俄侵略军,"肆掠黑龙江边境,又侵入净溪里(精奇里)、乌喇诸处,筑室盘踞,……而恃雅克萨城为巢穴,于其四旁耕种渔猎,数扰索伦、赫哲、飞

---

　　〔1〕〔俄〕古文献研究委员会编:《历史文献补编》,商务印书馆 1989 年版,第 122 页。
　　〔2〕〔苏〕谢·弗·巴赫鲁申:《哥萨克在黑龙江上》,商务印书馆 1975 年版,第 47 页。
　　〔3〕参见周喜峰:《清朝前期黑龙江民族研究》,中国社会科学出版社 2007 年版,第 251 - 260 页。
　　〔4〕〔俄〕瓦西里耶夫:《外贝加尔的哥萨克(史纲)》第一卷,商务印书馆 1977 年版,第 147 页。
　　〔5〕〔俄〕瓦西里耶夫:《外贝加尔的哥萨克(史纲)》第一卷,商务印书馆 1977 年版,第 147 页注释。

牙喀、奇勒尔居民,掠夺人口"。[1]

康熙二十年(1681)平定"三藩之乱"后,清政府决定以武力驱逐沙俄。康熙二十四年(1685)五月,都统彭春、副都统郎谈及黑龙江将军萨布素等率官兵4000余人围攻雅克萨城。经过10天激战,俄军"一百人被击毙,塔楼与城堡破坏无遗,……火药和铅弹,皆已告罄"。[2]在此情况下,托尔布津被迫率众投降,清军收复雅克萨城,取得了第一次雅克萨之战的胜利。但由于清军仅烧毁了寨堡及附近村庄,未在雅克萨设防,也未收割附近庄稼。在清军撤走不久,从尼布楚派来的由拜顿率领的增援部队和托尔布津所率旧部及新招募人员又一次侵入雅克萨,收割庄稼,重建城堡。清政府得知沙俄侵略者重返雅克萨后,立即决定出兵反击,康熙帝颁发谕旨:"今罗刹复回雅克萨,筑城盘踞,若不速行扑剿,势必积粮坚守,图之不易。其令将军萨布素等……速修船舰,统领乌喇、宁古塔官兵,驰赴黑龙江城。……止率所部二千人,攻取雅克萨城。"[3]康熙二十五年(1686)七月,萨布素等率军再次围攻雅克萨城。以东北"新满洲"驻防八旗为主力的清军在当地各族群众的积极配合下,断绝城中水源,并以大炮向城堡猛烈轰击。经过长达5个多月的围困,俄军不是被击毙,就是死于坏血病。连托尔布津也被炮火击中,重伤而死。至十一月底,"守军人数已减少到一百一十五人"。[4]康熙二十六年(1687)春,沙俄侵略军"只剩下了六十六人"[5],且弹尽援绝。在这种情况下,沙俄政府接受清政府提出和平谈判的建议,清军遂奉命撤围,历时2年之久的雅克萨战争以东北边疆诸部族军民的胜利而告终。[6]经过谈判,康熙二十八年(1689)中俄签订了《尼布楚条约》,划定了中俄东段边界,遏止了沙俄的侵略势头,保障了东北边疆

〔1〕《清圣祖实录》卷104,康熙二十一年八月庚寅。

〔2〕〔苏〕谢·弗·巴赫鲁申:《哥萨克在黑龙江上》,商务印书馆1975年版,第65页。

〔3〕《清圣祖实录》卷124,康熙二十五年二月丁酉。

〔4〕〔英〕拉文斯坦:《俄国人在黑龙江上》,商务印书馆1974年版,第45页。

〔5〕〔苏〕谢·弗·巴赫鲁申:《哥萨克在黑龙江上》,商务印书馆1975年版,第69页。

〔6〕参见周喜峰:《清朝前期黑龙江民族研究》,中国社会科学出版社2007年版,第261-263页。

安全,维护了国家主权及领土完整,也保障了东北亚丝绸之路的畅通。

6.4.2 中俄边境贸易的形式

俄国的武装入侵,不仅使中俄之间发生军事冲突,也随之出现了中俄间的经济联系。俄国侵入黑龙江地区后,一方面为了满足来到这里的俄商发财的欲望,另一方面也为了解决物资匮乏的困难,迫切希望与当地中国居民进行贸易。[1] 而地广人稀、气候严寒、交通闭塞、物品单一的黑龙江边境地区居民亦同样具有交换产品的实际需求。

由于沙俄对中国的侵扰,清廷与沙俄关系长期处于比较紧张或者冷淡疏远的状态,经济交流并不密切,只是在边境地区有一些小型的交易活动。

在《尼布楚条约》签订前,中国东北与俄国贸易的主要形式是边境贸易,主要地点是雅克萨、尼布楚和达赉湖。另外还有一种形式,就是俄国使臣经中国东北前往北京和从北京返回时,与沿途居民进行的贸易。[2] 双方交易的方式多是以物易物。从中俄文献中,未发现有关约束双方贸易的条规或文件及因此而处理的刑事案件等资料记载,从严格意义上讲,中俄之间存在的貂皮贸易即属于非法行为。

6.4.2.1 早期边境貂皮贸易

17 世纪下半叶,由于产自北美地区毛皮的竞争,俄国商人失去了其欧洲市场,被迫将目光转向东方,早在顺治十年(1653),俄国商人就曾谋求开展与东北满族等各部族的毛皮贸易活动。而清代貂皮十分走俏,价格暴涨,出现了中俄商人私下进行的一些毛皮贸易。据记载,康熙九年(1670),约有 50 名中国内地商人前往尼布楚,易取俄国人的毛皮。蒙古喀尔喀部属下的一些巴尔虎人,也时常携带自己的牲畜,来此换取俄商的毛皮。[3] 同时,一些俄国商人也携带着毛皮,从尼布楚

---

〔1〕张凤鸣:《中国东北与俄国(苏联)经济关系史》,中国社会科学出版社 2003 年版,第 11 页。

〔2〕详见张凤鸣:《中国东北与俄国(苏联)经济关系史》,中国社会科学出版社 2003 年版,第 11－12 页。

〔3〕〔美〕费希尔:《俄国的毛皮贸易(1550—1700)》,第 44－45 页;转引自佟冬主编:《中国东北史》卷 4,吉林文史出版社 2006 年第 2 版,第 1768 页。

南下,沿额尔古纳河到达呼伦湖地区,然后继续南下,经张家口,把他们的毛皮运至北京出售。康熙二十三年(1684),甚至在中俄边境关系极为紧张的情况下,一些俄国商人还冒着风险,把毛皮运到呼伦贝尔地区出售。不过,这些贸易活动都是非法的,只是在私下偶尔进行,规模、数额不大。可见,此时期中俄双方的边境贸易处于无政府管理阶段。尽管由于中俄边境冲突频繁,此时期双方贸易关系非常脆弱,缺乏稳定性和连续性,且贸易规模也很小,[1]但中俄边境贸易的实际存在已经成为双方进一步发展经济关系的基础。

6.4.2.2 齐齐哈尔中俄互市贸易

康熙二十八年(1689)《尼布楚条约》签订后,直至康熙四十三年(1704)前,俄国商队主要经由尼布楚、齐齐哈尔路线前往北京,[2]这样,俄国商队在途经齐齐哈尔时便可以与当地东北诸部族进行商品交换和互市贸易。

此外,俄国商队还直接来齐齐哈尔进行贸易,其具体贸易情况,可以根据中国方面有关档案资料整理如表6-1。

表6-1 18世纪齐齐哈尔的中俄贸易

年代	商队负责人	商队人数	派出城市
康熙五十三年(1714)	季·祖巴列夫	28	尼布楚
康熙五十四年(1715)	斯·谢诺托鲁索夫	91	尼布楚
康熙五十五年(1716)	谢·鲁霍夫斯基	69	尼布楚
雍正元年(1723)	费奥多尔	12	尼布楚
雍正二年(1724)	巴什里	19	尼布楚
雍正三年(1725)	玛·别洛科伯托夫	20	尼布楚
雍正四年(1726)	温多里	32	伊尔库茨克
雍正四年(1726)	安马拉赫夫	11	

---

[1] 张凤鸣:《中国东北与俄国(苏联)经济关系史》,中国社会科学出版社2003年版,第11页。

[2] 详见张维华,孙西:《清前期中俄关系》,山东教育出版社1997年版,第145-167页。

年代	商队负责人	商队人数	派出城市
雍正四年(1726)	玛·别洛科伯托夫	21	厄尔库
雍正五年(1727)	里万泰	24	尼布楚
雍正五年(1727)	伊班扎布拉布		厄尔库
雍正五年(1727)	阿列科谢	6	托波尔斯克
雍正五年(1727)	瓦西里	20	厄尔库
雍正五年(1727)	伊·米哈伊洛		托波尔
雍正五年(1727)	伊·萨伏雅洛夫	23	雅林秦

资料来源:根据中国第一历史档案馆编《清代中俄关系档案史料选编》第一编上、下册中华书局 1981 年版整理而成。李济棠:《试论黑龙江地区早期的中俄贸易》,载东三省中国经济史学会编《东北经济史论文集》下册,东三省中国经济史学会 1984 年版,第 4 - 5 页。另张凤鸣:《中国东北与俄国(苏联)经济关系史》,中国社会科学出版社 2003 年版,第 15 - 18 页;张维华,孙西:《清前期中俄关系》,山东教育出版社 1997 年版,第 172 - 177 页,均有相关记载。

从表 6 - 1 可以看出,中俄齐齐哈尔互市贸易规模一度有所扩大,尤其在雍正五年(1727)更是达到高潮。但必须指出的是,这只是昙花一现。《恰克图条约》签订后,齐齐哈尔作为法定商埠的使命已经结束,中俄贸易主要地点移至恰克图、库克多博(条约规定为尼布楚)。但黑龙江地区的中俄贸易从未间断过,俄国商队前往北京贸易往返齐齐哈尔时,仍然与当地居民进行交易;另据资料记载,巡边时的双方卡伦贸易,一直延续至 19 世纪 50 年代。[1]

6.4.2.3 签约后的边境互市

康熙二十八年(1689)《尼布楚条约》签订,中俄关系开始趋于缓和。沙俄于康熙三十一年(1692)遣使赴北京,要求开放中俄贸易,清政府同意"满洲对俄国开放贸易,允许派商队到北京去"。这种贸易活动,主要是由俄国商人按照中国的需要备货,从尼布楚出发,经齐齐哈尔,然后转往北京出售。一般是每隔一二年,俄国派出一批商队,携带

---

[1][俄]P. 马克:《黑龙江旅行记》,商务印书馆 1977 年版,第 64 页。

貂、狐等皮张,经东北至北京,换取中方的绸缎、棉布等物资。

当时,在齐齐哈尔和额尔古纳河西岸,也有一些小规模的边境交易活动。康熙五十二年(1713),流放至卜魁(今齐齐哈尔市)的清代流人方登峄、方式济父子,记载了在卜魁的中俄贸易活动。方登峄记载,俄罗斯国"其边界泥朴处(尼布楚)城,与艾浑接,水陆道皆通,岁至卜魁互市"。《龙沙纪略》记载了此种互市贸易情形:每当"秋尽,俄罗斯来互市,或百人,或六七十人,一官统一,宿江之西。官居毡幕,植二旗于门。衣冠皆织罽为之……所携马、牛、皮毛、玻璃、佩刀之类。易缣布、烟草、姜、椒、糖饧诸物以去。"[1]可见,双方交易的商品种类主要是:俄国人携带马牛、皮毛、玻璃、佩刀之类,从中国交换缣布、烟草、姜、椒、糖饧等物品。另外,方登峄在乐府《老枪来》中也描述了这种贸易状况说:"老枪(指俄国人)来,江边滚滚飞尘埃。七月维秋,鬻彼马牛。马牛泽泽,易我布帛。大车是将,爰集于疆。"[2]

6.4.2.4 卡伦[3]巡边互市贸易

另一种交易活动,是在巡边官兵中进行的互市贸易。每年五月,清政府规定例由齐齐哈尔、墨尔根、黑龙江三城"各遣大弁,率队巡边"。巡边时,东北八旗官兵除携带必要的辎重粮秣外,还多随身携带一些物品,在格尔必齐、额尔古纳、墨里勒克、楚鲁海图等处及各卡伦,当中俄双方官兵相会时,经常各以所携之物,进行以物易物的交易活动,特别是换取巡边所需的交通及生活等必需品,逐渐形成卡伦贸易。每逢巡边时,"边卒携一缣,值三四金者,易二马。烟草三四斤,易一牛"[4]至嘉庆年间,"按今互市法,我兵一手持酒与之饮,一手揽其手中物,酒

〔1〕〔清〕方式济:《龙沙纪略·经制》,载杨宾等撰:《龙江三纪》,黑龙江人民出版社1985年版,第205–206页。

〔2〕〔清〕方登峄:《葆素斋集》,《今乐府三十章之十九·老枪来》,见《述本堂诗集》,载李兴盛,安春杰主编:《何陋居集》,黑龙江人民出版社1997年版,第693页。

〔3〕卡伦 karun 为满语,汉意为哨探、边卡、哨所之意。清代典籍多记作喀伦、喀路或卡路。清人《黑龙江外记》亦载:"更番候望之所曰台,国语谓之喀伦,俗称卡路。"一般称卡伦,即边防哨所。

〔4〕〔清〕方式济:《龙沙纪略·经制》,载杨宾等撰:《龙江三纪》,黑龙江人民出版社1985年版,第205页。

尽物亦得,或从而鞭之,不则酒为骗去。然其所有不过佩刀、妆镜、铁盘、桦皮斗及羔、獭等皮,而官兵利已三倍。若墨里勒克所得,远胜此地。"[1]可见,这种交易数额是十分有限的。但因当时巡边活动,多跋山涉水、风餐露宿,其艰辛可想而知。正是通过卡伦贸易,巡边官兵得以在交易中获得所需物资,从而克服困难,完成充满艰险的巡边任务。

从互市贸易换得的日常生产生活用品,对改善东北沿边地区经济生活,推动捕鱼及狩猎生产发展,繁荣边疆少数民族地区集市贸易均起到了积极作用。虽然卡伦贸易每年一次,且"无远省之商,无奇技之货",但历届黑龙江将军均较为关注,清帝对此也多有谕旨,从而使卡伦贸易自始至终都服从服务于清政府的对外政策。雍正五年(1727)《布连斯奇条约》签订后,确定恰克图和楚鲁海图作为中俄边境贸易城市,在齐齐哈尔城中的中俄每年一次的互市活动停止,但边境巡边士兵间的交换活动仍在继续。乾隆三十二年(1767),清政府在中止恰克图贸易的同时规定:"与俄之间,从前黑龙江原有贸易之事,偶或有之,亦不过卡座人等(指巡边哨兵)交易零星物件。"此后,俄方如果"多带货物来黑龙江贸易者,自当严惩。若卡座人等照旧与俄罗斯交易零星物件,不必禁止。"[2]但也是时开时关,乾隆四十三年(1778),黑龙江将军傅玉奏请停止卡伦贸易,但为避免引起俄方不必要的猜疑,乾隆帝未同意。可见卡伦贸易规模虽小,却是十分敏感的。乾隆四十四年(1779)三月,清政府再度中止恰克图贸易时,又命黑龙江等三城官兵巡查俄罗斯边时,不准带货私易。同年五月,重开恰克图贸易,黑龙江巡边官兵的交换活动也随着"一体开通"。九月,即有俄人 17 名,赶马50 多匹并携带皮张等物,与清朝巡边士卒互市。但是,直到鸦片战争前,东北地区与俄国之间,主要是这种规模较小的边境交易活动[3]。卡伦贸易从交易量来说,在整个中俄贸易中是微不足道的,但还是延

〔1〕〔清〕西清:《黑龙江外记》卷5,黑龙江人民出版社 1989 年版,第 55 页。
〔2〕《清高宗实录》卷 797,乾隆三十二年十月庚辰。
〔3〕参见佟冬主编:《中国东北史》第 4 卷,吉林文史出版社 2006 年第 2 版,第 1768 – 1770页。

续了 170 年左右,对稳定中俄关系及维护东北边境稳定起到了一定积极作用。

此外,俄罗斯人还参加黑龙江地区的集市贸易——楚勒罕[1]:从康熙年间开始,草青时,"各蒙古部落及虞人[2]胥来通市,商贾移肆以往"[3];市集上"皮张山积,商贾趋之若鹜"[4]。

6.4.3　中俄边境贸易的特点及影响

从以上可见,黑龙江对俄开放后,与《尼布楚条约》签订前相比较,中俄边境贸易呈现出新的特点:其一,贸易形式的多样化。17 世纪后期至 19 世纪中叶,中俄在黑龙江地区贸易主要有三种形式,即齐齐哈尔的互市贸易、双方边界的卡座贸易[5](卡伦贸易或巡边贸易)、黑龙江上游及下游中国少数民族同俄国哥萨克和俄美公司的贸易[6]。其二,中俄两国边境贸易进入政府管理阶段。双方规定到齐齐哈尔贸易者须持有伊尔库茨克城和色楞格城所签发的执照,否则中国有权"即行逐回"。但实际上,执"尼布楚城执照前来贸易者络绎不绝"[7]。另外,据记载,来齐齐哈尔互市的俄罗斯人,"百十为群,一官统之"[8],而

---

〔1〕满语的译音,culgan,意思为"会集",也称"出勒罕"。

〔2〕有的学者认为"虞人"即指俄罗斯人而言。见刘选民:《中俄早期贸易考》,载于《燕京学报》第 25 期。张维华则认为该称呼有指俄罗斯的意思,但不是专称。见《清前期中俄关系》,第 171 页。有史料称"黑龙江以北,精奇尼江(精奇里江)源以南,虞人鄂伦春地,其众夹精奇尼江以居。鄂尔姑纳河以西,枯轮海以北,鄂罗斯虞人地"。见方式济:《龙沙纪略·方隅》,载杨宾等撰:《龙江三纪》,黑龙江人民出版社 1985 年版,第 184 页。据何秋涛考证"虞人"即布特哈,可见,鄂伦春、俄罗斯都具有虞人的称呼。由此可断定,俄罗斯人亦参加"楚勒罕"集会。

〔3〕〔清〕方式济:《龙沙纪略·经制》,载杨宾等撰:《龙江三纪》,黑龙江人民出版社 1985 年版,第 206 页。

〔4〕〔清〕徐宗亮:《黑龙江述略》卷4《贡赋》,黑龙江人民出版社 1985 年版,第 52－53 页。

〔5〕〔清〕西清:《黑龙江外记》卷5,黑龙江人民出版社 1984 年版,第 54 页。"黑龙江与俄罗斯分界处,岁以五、六月间派齐齐哈尔、墨尔根、黑龙江协领各一员,佐领、骁骑校各二员,共兵二百四十名,分三路至格尔毕齐、额尔古纳、默里勒克、楚尔海图等河巡视,谓之察边。"巡边官兵在巡察边界同时,经常携带货物与俄人进行贸易,主要地点为库克多博、格尔必齐河口附近、额尔古纳河口附近与额尔古纳河沿岸的墨里勒克等。

〔6〕李济棠:《试论黑龙江地区早期的中俄贸易》,载《东北经济史论文集》下册,东三省中国经济史学会 1984 年版,第 3 页。

〔7〕中国第一历史档案馆编:《清代中俄关系档案史料选编》第一编下册,中华书局 1981 年版,第 335 页。

〔8〕陈侠君辑:《筹鄂(俄)龟鉴》第 2 卷,文海出版社 1971 年版,第 275 页。

《龙沙纪略》则称此时中俄商人"行坐有兵卒监之"[1]。可见,《尼布楚条约》签订后,尤其商埠的出现,中俄边境贸易被纳入了政府管理范围。频繁的经济交流与文化碰撞,不但促使边境贸易更加规范化,而且有助于增进双方的了解,维持边疆的和平稳定。

总之,清前期,基于中俄双方政治、经济需要,两国边境贸易虽然时有中断,但始终持续着,尤其《尼布楚条约》的签订及黑龙江的开放,对黑龙江乃至东北地区产生了重要影响。

首先,表现为促进中俄贸易包括边境贸易的发展。中俄陆路贸易得到正式承认后,俄国进一步打开了同中国通商的门户。从俄国输入的中国商品,康熙三十年(1691)价值 7563 卢布,康熙三十五年(1696)增至 49300 卢布;从中国输往俄国的商品,康熙二十八年(1689)价值 14473 卢布,康熙三十二年(1693)增至 240000 卢布。[2] 如前所述,齐齐哈尔的中外贸易曾繁盛一时。

其次,加速东北地区开发及商业贸易的发展。因军事需要而诞生的齐齐哈尔城,在建城初期,主要职能是北部边疆军事中心。因此,最先出现的手工业是制造为军队服务的铁器、弓箭、火药、皮毛、车马具等的作坊。商业则仅包括为数不多的小坐商和来去不定的串街小贩。康熙三十年(1691)时,全城居民只有 2 万多。但《尼布楚条约》签订后,边疆的和平稳定及对外经济交流的增强,尤其通商场所的开辟,促进了黑龙江区域的发展。"入土城南门,抵木城里许,商贾夹衢而居,市声颇嘈嘈"[3],齐齐哈尔成为黑龙江区域货物聚散中心。至嘉庆时期,齐齐哈尔城中,"客居应用无不备"[4]。据史料记载,从外省贩至齐齐哈尔的商品,有来自京师的绸缎类、江南的抽机布及贩自京城经奉天

〔1〕〔清〕方式济:《龙沙纪略·经制》,载杨宾等撰:《龙江三纪》,黑龙江人民出版社 1985 年版,第 205 页。

〔2〕北京师范大学清史研究小组:《一六八九年的中俄尼布楚条约》,人民出版社 1977 年版,第 364 页。

〔3〕〔清〕方式济:《龙沙纪略·屋宇》,载杨宾等撰:《龙江三纪》,黑龙江人民出版社 1985 年版,第 224 页。

〔4〕〔清〕西清:《黑龙江外记》卷 5,黑龙江人民出版社 1984 年版,第 55 页。

而运进的京靛、奉天盐,还有来自吉林的杯、盘、瓮、盎等瓷器,来自江苏洞庭湖之茶叶、奉天之南酒、伯都讷之烧酒等。而齐齐哈尔出碱,可通行吉林;所出卜魁火镰,则甲于内地。黑龙江的土特产,如人参,交官后剩余的,可在市场上交易。有"苏州、山西参商来买者,亦有揽头、刨夫自赴苏州去卖者"。到齐齐哈尔经商的坐商多为山西晋商,铺户多杂货铺,另有行商"卖香囊者,河南人,夏来秋去;卖通草花者,宝坻人,冬来春去"[1]。可见,黑龙江开放通商后,齐齐哈尔逐渐成为以其为中心的黑龙江边疆与东北其他地区及关内各地商品贸易往来的主要区域。齐齐哈尔城还出现了以山西商人为主的"十二排",不但供应官府、旗民以商品,还要肩负社会责任,如有火灾时,"铺头持筹奔救,误者民官(番子章京通称)责之"[2];而娶妇之家所需彩绸、红毡,丧家搭棚所需席片及盘、碗、灯笼诸物,皆由当值月铺户供应,事过见还,即使有损坏遗失,无人赔补,因此,几近义务。至光绪朝中期,齐齐哈尔人口已达到12万人左右。

最后,从清政府边疆政策来看,康熙皇帝为了贯彻"长治久安"的方针,签订了中俄《尼布楚条约》,并对俄国有限度地开放黑龙江,这些举措在满足俄国通商愿望的同时,成为中俄关系正常化的基础,为东北边疆赢得了一个半世纪以上的和平与安宁,因而有利于东北地区的进一步开发。[3]

---

〔1〕〔清〕萨英额:《吉林外纪》卷8,吉林文史出版社1986年版,第7页。
〔2〕〔清〕西清:《黑龙江外记》卷5,黑龙江人民出版社1984年版,第55-56页。
〔3〕参见费驰:《清代东北商埠与社会变迁研究(1644—1911)》,东北师范大学博士学位论文2007年,第12-18页。

7　东北亚丝绸之路与虾夷锦文化

7.1　明代服饰远输北海道

明朝政府在东北疆域"依土立兴卫所",推行卫所制度赐给卫所头人"袭衣"(官服)。袭衣颇受边疆民族重视,产生了重要影响。据《永宁寺记》铭文:永乐十年(1412)赏给"奴儿干及海外苦夷诸民,赐男妇以衣服"等物品,远运到黑龙江下游奴儿干地区,甚至海外苦夷,即库页岛诸民,并刻碑记录,说明中国内地服饰已经远输到奴儿干都司、库页岛等地区。石碑镌刻文字数虽然不多,但十分重要。《明实录》中也有关于内地出产的"袭衣"等丝绸制品已运带到黑龙江下游甚至库页岛等卫所地方的记载。首先,内地"袭衣"等通过东北亚丝绸之路已运带到格林河地域各卫。格林河是黑龙江下游北岸一大支流,今仍称格林河。格林河地区之所以成为有明一代内地"袭衣"运至地,其主要原因是明代实行卫所制度"贡赏制"的结果。少数民族朝贡时得到的赏赐甚厚,把内地诸多"袭衣"等丝绸物品运到这里。另一个原因,这里又是明代"海西东水陆城站"的"忽林站"。水陆纵横,交通方便,运集到这里的中原诸物,颁赏给各卫所头人。明朝在格林河流域共设立葛林河卫、友帖卫、忽石门卫等,每个卫所都有很多"袭衣"从内地输带到该卫。

葛林河卫,始建时即明永乐七年(1409)就有"袭衣"运带到这里。直到万历二十七年(1599)《满文老档》仍有这种隶属关系的记载。友帖卫,《明太宗实录》卷55,永乐六年(1408)三月记载,"袭衣"等物运带到该卫。永乐九年(1411)九月,又有"袭衣"运带到这里。忽石门卫,也有诸多"袭衣"等物从内地运带到该卫。诸如此类,不一而足。

《明实录》记载,明朝不仅把诸多"袭衣"等物运带到黑龙江下游,

·欧·亚·历·史·文·化·文·库·

也运带到遥远的库页岛等卫所。如永乐八年（1410）十二月就把"袭衣"运带到设置在库页岛中部地区的奴烈河流域的兀列河卫。

当明朝政府把这些"袭衣"，自海西运抵"奴儿干及海外苦夷"即库页岛，并"赐男妇以衣服"等物，其意思是说不论男女都赏赐衣服等物，诸少数民族群众"皆踊跃欢忻，无一人梗化不率者"，"使知敬顺"。可见，少数民族获得衣服后，高兴得人人欢欣跳跃，没有不被感化的人，这使他们懂得尊敬和顺从明朝廷。可见服饰文化使边疆少数民族思想感情发生了变化，这对明代东北亚地区的稳定和巩固具有重要意义。

不仅如此，由于明代卫所设置、卫所制度"朝贡制度"的实施，云集于"奴儿干"、"苦兀"地区的"袭衣"等丝绸制品，再通过各种贸易活动给流入日本北海道虾夷人手里创造了条件和机遇。

至少从元代开始，黑龙江下游及库页岛已经与北海道之间有了经济文化交流活动。到了明代，这种经济文化交流又得到了进一步发展。这在《李朝实录》、《明实录》、日本古籍《新罗之记录》中都有记载，不仅有中国内地服饰传入北海道，而且明万历二十一年（1593），又把传入北海道的中国服饰由北海道松前藩主蛎崎庆广带到九州肥前名护屋（今日本佐贺县西町）。上述史实记载与永宁寺铭文，相互印证、旁证，证明了有明一代内地服饰输入黑龙江下游奴儿干、库页岛地区，又传入北海道地区的史实。

中国服饰传入北海道，颇受当地土著民族虾夷人青睐、崇拜和尊重，他们将这些服饰冠以自己的族名谓之"虾夷锦"，并颇有风趣地穿上这些绚丽多彩的衣服，高兴得手舞足蹈，形成了虾夷锦文化现象。虾夷锦文化现象衍生于中华服饰文化。中华服饰文化是中华传统文化的一个组成部分，因此说，虾夷锦文化现象也是衍生于中华传统文化，中华传统文化是东北亚主体文化。[1]

7.2　清代服饰远传东土

清代内地丝绸诸物，经东北亚丝绸之路运往"丝城"三姓以及黑龙

---

〔1〕参见杨旸主编：《明代东北疆域研究》，吉林人民出版社 2008 年版，第 240－242 页。

江下游德楞等木城,由清政府委派的赏乌林官员颁赏给少数民族贡貂者。根据历史惯例,周边少数民族进贡,中央和地方政府必有赏赐,而且所赏往往要多于贡。这种辖治关系的进贡,起源很早,到了明清两代,这种政府行为的贡赏征缴得到了空前的巩固和发展,特别是有清一代,这种制度已经是一种强制性的征缴,实质是清政府对这一广大地域内各族部民实行的一种政治管辖的特殊税收政策。

赏乌林官员定期受命前往黑龙江下游地区设置临时行署(衙门)来完成这一特殊的赋税制度。

7.2.1 清代内地丝绸诸物运往黑龙江下游地区的形式

有清一代,通过 5 种主要方式将蟒袍成衣、锦缎、丝绸等物品,经由东北亚丝绸之路运往黑龙江下游广大地区。

第一种形式,是通过贡赏形式,也就是贡纳貂皮与颁赏乌林形式。现仅以清代乾隆五十六年(1791)档案记载赏乌林的品种、数量等情况为例进行说明。《三姓副都统衙门满文档案译编》中所载《三姓关领颁赏赫哲费雅喀、奇勒尔、库页费雅喀人等乌林清册》有详细记载。

《三姓关领颁赏赫哲费雅喀、奇勒尔、库页费雅喀人等乌林清册》

乾隆壬子年(乾隆五十七年,1792)颁赏进贡貂皮之赫哲费雅喀、奇勒尔、库页费雅喀人等女齐肩朝褂九套、无扇肩朝衣二十二套、朝衣一百八十八套、缎袍一百零七套、蓝毛青布袍二千零七十一套,共需用绸九匹、蟒缎二十二匹;彭缎六百八十七丈三尺,每三丈为一匹,需彭缎二百二十九匹三尺;妆缎三百二十二丈一尺一寸,每四丈为一匹,需妆缎八十四匹二丈一尺一寸;闪缎五丈四尺,每四丈为一匹,需闪缎一匹一丈四尺;红青缎二丈二尺五寸;红绢六百三十一丈六尺五寸、绿绢二十二丈五尺、里子绢一千四百六十三丈、每块三尺之绢里子四千八百零三块即一千四百四十丈九尺,共绢三千五百五十八丈五寸,每六丈为一匹,需绢五百九十三匹五寸;做衣服用蓝毛青市及附带赏给毛青布一万八千八百六十四匹二尺五寸;家机布六十五丈一尺,每三丈一为匹,需家机布二十一匹二丈一尺;里子汗巾高丽布八千六百零一丈,每二丈为一匹,需高丽布折细布四千三百匹零一丈;四丈为一匹之白布二千三百九十二匹零二丈;梳子二千四百零六;篦子二千四百零六;包头二千四百零六;带子七千二百十八副,绵线七千二百零九绺;针七万二千五百四十;钮子一万九千二百十二;绵缝线八十五斤十一两二钱;棉花三千八百九十九斤十两;漆箱九;皮箱九;桐油匣子二十二。[1]

这一条史料所记载的,仅是乾隆五十七年(1792)一年中清朝三姓副都统衙门所赏三姓地方,即黑龙江中下游以及库页岛等地区的"乌林"品种及数量。所颁赏乌林数量每年差别不大。清朝对黑龙江中下游流域以及库页岛地区实行赏乌林制度具体从什么时候算起,至何年结束,目前虽然学界说法不一致,但有一点是可以肯定的,这种制度起码实行有100多年的历史了,这是无疑的。这样如果把清政府每年颁赏的缎袍、蟒袍、布袍以及布料等总括起来,其总量是相当惊人的。大量丝绸制品极大地满足了这一地区各族广大人民的生活需要,而且剩余部分物品还同北海道虾夷人等少数民族进行交换。这也是北海道历史上和今天存藏的中国蟒袍等物品的主要来源。

第二种形式,是通过东北亚地区各民族间贸易活动,将交易物品由东北亚丝绸之路运往黑龙江下游及库页岛等地区,如黑龙江下游的费雅喀人、山丹人等到库页岛上进行贸易,库页岛上"那约洛之酋长杨希拉罕(大概为现在酋长杨古尔之曾祖父),为人剽悍粗暴,将来此地交易之满洲属夷费雅喀人、山丹人等十人余杀死,并夺取他们之全部物品"。[2] 同时也有内地商人去三姓地方,同赫哲等少数民族进行贸易,如乾隆四十五年(1780),永平府临榆县民于章从三姓购买赫哲人等向清政府贡纳貂皮后所剩余的貂皮747张,这些貂皮中全都是平常的黄貂,并没有黑貂和黑狐。[3] 民族间进行的贸易活动有时是以物易

---

〔1〕辽宁省档案馆,辽宁社会科学院历史研究所,沈阳故宫博物馆译编:《三姓副都统衙门满文档案译编》,辽沈书社1984年版,第34页。

〔2〕〔日〕间宫林藏:《东鞑纪行》,商务印书馆1974年版,第28页。

〔3〕辽宁省档案馆,辽宁社会科学院历史研究所,沈阳故宫博物馆译编:《三姓副都统衙门满文档案译编》,辽沈书社1984年版,第393—394页。

物的方式进行交换,特别是黑龙江流域少数民族间以及黑龙江下游少数民族同库页岛少数民族间的贸易,物物交换是贸易活动的主要方式,通过贸易往来把丝绸等物品带到库页岛,其中有的丝织品就可能传入日本北海道地区。

第三种形式,是通过少数民族与官府间的交易活动,由东北亚丝绸之路把内地丝织品诸物运往黑龙江下游及库页岛等广大地区,前面已经述及,此不赘言。

这里应该指出的是,清朝地方政府在完成贡貂与赏乌林任务后,也与少数民族贡貂人进行一些少量的贸易貂皮活动。如乾隆五十六年(1791)十一月十五日《三姓副都统额尔伯克为核销贸易貂皮之蓝毛青布及关领壬子年贸易貂皮之蓝毛青布事咨吉林将军衙门》档案文件记载:"今年原领得蓝毛青布五百匹",官府从少数民族群众私人手里"易得貂皮二百四十六张,用去蓝毛青布四百九十二匹,做包裹貂皮之包袱用去蓝毛青布八匹,五百匹蓝毛青布皆已用完"。[1] 嘉庆九年(1804)十一月十五日《三姓副都统额勒珲为核销贸易貂皮之毛青布及关领下年贸易貂皮之毛青布事咨吉林将军衙门》文件、道光二十五年(1845)十一月十五日《三姓副都统伊勒东阿为核销贸易貂皮之蓝毛青布及关领丙午贸易貂皮用之蓝毛青布事咨吉林将军衙门》[2]档案文件均有同样记载,不乏其例,都是用蓝毛青布492匹,从少数民族私人手中易得貂皮246张。从档案文件记载来看,尽管每年用蓝毛青布交易貂皮都有定量,而且这种官府与少数民族个人间贸易活动中也完全可能存在不公平现象,但它毕竟是贸易,完全不同于贡貂与赏乌林那种特殊的税收性质。

有时候清朝地方官员在特殊情况下,如赏乌林及应贡貂皮数量不足规定时也卖出乌林,以"做价卖得银"来购买貂皮,更体现了官府与

---

〔1〕辽宁省档案馆、辽宁社会科学院历史研究所、沈阳故宫博物馆译编:《三姓副都统衙门满文档案译编》,辽沈书社1984年版,第390页。

〔2〕辽宁省档案馆、辽宁社会科学院历史研究所、沈阳故宫博物馆译编:《三姓副都统衙门满文档案译编》,辽沈书社1984年版,第390－391页。

少数民族间贸易活动的性质。如道光五年（1825）五月初四日《三姓副都统吉勒通阿为出卖乌林采买貂皮进贡事咨吉林副都统》档案文件记载"去年适逢痘疫流行,贡貂之赫哲人等惧怕传染痘疫,半数未能溯江而来,剩余七百五十套乌林未能颁赏",而具体负责承办贡貂与赏乌林事务的掌关防协领托精阿认为"剩余乌林若干。倘将其卖出而购足贡皮,则似于公有益",因此,他将剩余的 750 套乌林全部出库作价卖掉,共换取 1500 两银子,以每张貂皮价值 2 两银子计算,托精阿共买到貂皮 750 张。[1] 此外,官府用实物缎衣、布衣、被面、毛青布等与少数民族交换角鹿、青狐崽、元狐崽等野牲,都体现了贸易性质。如乾隆二十五年（1760）"为换取鄂伦春、赫哲人之野牲"事三姓副都统与吉林将军衙门互有文件往来。

《署理三姓副都统印务协领布尔哈为收到兑换角鹿所需银两事呈吉林将军衙门》（乾隆二十五年九月十七日）文件记载:

> 奉谕旨:著觅角鹿数只送来。钦此。钦遵,去年八月十七日奉旨,当即拣派佐领祥齐及领催、披甲往鄂伦春地方兑换进贡之角鹿,所有兑换角鹿必需之物品皆已买妥交给伊等去讫。十二月间,据佐领祥齐报称,尽我等所携物品换得角鹿二十六只,带来时因天寒雪大,行至乌苏里昂阿已倒毙十七只,等语。因所余角鹿太少,故拟增兑十余只,将所需物品买妥,于今年三月间命佐领董萨那自水路带去。……七月初八日佐领祥齐前来告称,我前去兑换角鹿,行至海边楚德伊地方,正逢鄂伦春人前来贸易。伊等带来骟公鹿一只、雄公鹿二只、母鹿一只、鹿羔一只,乃将此五鹿兑换并火速带来。[2]

《三姓副都统巴岱为派员解送所换狐崽事呈吉林将军衙门》（乾隆二十五年六月二十八日）

---

〔1〕辽宁省档案馆,辽宁社会科学院历史研究所,沈阳故宫博物馆译编:《三姓副都统衙门满文档案译编》,辽沈书社 1984 年版,第 204 - 205 页。

〔2〕辽宁省档案馆,辽宁社会科学院历史研究所,沈阳故宫博物馆译编:《三姓副都统衙门满文档案译编》,辽沈书社 1984 年版,第 456 页。

三姓副都统巴岱咨将军衙门,为派人解送事。左司案呈:今年三月间,派出防御那尔赛等往下江兑换进贡之活元狐崽,业已领足兑换狐崽所用之缎衣、米、烟等物并交付那尔赛去讫。六月二十六日那尔赛等返回,换得青狐崽一、白珍珠毛元狐崽二、元狐崽十。除仍命防御那尔赛经手,并副以领催、披甲,沿途不使毛、皮磨损,小心喂养,于二十八日启程解送外,兑换此狐崽时需缎衣五,折银十一两;布衣七,折银八两四钱;布被六,折银七两五钱;烟二百斤,折银四两八钱;米并米袋在内一仓石,折银四两六钱;烧酒一百五十斤,折银七两九钱;领回并解送狐崽时喂养及打造立笼需银十九两;以上总计六十三两二钱。[1]

第四种形式,是黑龙江下游少数民族有地位或财力的男子进京娶妻时,"霍集珲"(满文音译,意为"女婿")获赐蟒袍等物品,由东北亚丝绸之路运往黑龙江下游等广大地域。赫哲、库页费雅喀等族由京城聘娶满洲旗人之"萨尔罕锥"(满文音译,意为"少女"),要携带貂皮、狐皮等珍贵毛皮作为聘礼送往女家,返回时则可按定例到清政府有关衙门领取朝衣、缎袍、弓矢、马匹、牛、犁等物品,即朝廷赐给新郎和新娘的礼品。前已详述,不再赘言。

第五种形式,当黑龙江下游地区少数民族某人突然被害时,清政府颁发抚恤品之赏赐以表示慰问,从而将内地丝织品诸物经由东北亚丝绸之路运往黑龙江下游广大地区。如乾隆八年(1743),居住在库页岛达里喀噶珊的乡长阿喀图斯、赫哲人戴柱等人,被赫哲人魁玛噶珊的霍集珲伊特谢努等人杀死后,清政府及三姓副都统、宁古塔副都统衙门等派遣宁古塔协领福顺、三姓协领赫保等官员一面前去捕捉杀人犯伊特谢努;一面接迎达里喀噶珊的二位姓长齐查伊(舒隆武噜姓)、雅尔齐(陶姓)前往三姓副都统衙门,抚恤被伤害人员,并"颁赏物品蟒袍二,赏给齐查伊、雅尔齐各一;被伊特谢努杀死之乡长阿喀图斯,赏给

_____

〔1〕辽宁省档案馆,辽宁社会科学院历史研究所,沈阳故宫博物馆译编:《三姓副都统衙门满文档案译编》,辽沈书社1984年版,第457页。

布面羊皮袄一;打牲之壮丁二人,每人赏给缎袍一;受伤之打牲壮丁二人,每人赏给布袍一".[1]

上述 5 种形式,当然主要还是第一种形式,即贡貂与赏乌林制度把大量中国内地的丝绸诸物等,通过东北亚丝绸之路运往黑龙江下游等广大地区。[2]

7.2.2 丝绸贸易的中介

明清时期特别是清代,居住在库页岛的少数民族向中央王朝进贡,一般是亲自到黑龙江下游德楞等木城进行的,这在中国存藏的清代档案中有大量的记载。其中三姓等副都统衙门档案资料有:辽宁省档案馆藏《三姓副都统衙门档案》是三姓副都统衙门同吉林将军衙门等往来公文的抄存稿,包括乾隆至光绪等 6 朝共 2 万余件往来公文,其中保存了大量有关民族事务的文件,是十分珍贵的第一手资料,有的部分已经作了整理与刊行。辽宁省档案馆、辽宁社会科学院历史研究所、沈阳故宫博物馆译编《三姓副都统衙门满文档案译编》(辽沈书社1984 年版),对辽宁省档案馆所藏三姓副都统衙门档案选译并编辑,共收录乾隆六年至光绪三十二年(1741—1906)的档案文件 178 件,主要是三姓辖区内少数民族贡貂与赏乌林、联姻结亲等内容,反映了清政府对东北边疆的有效管辖。辽宁省档案馆编译《清代三姓副都统衙门满汉文档案选编》(辽宁古籍出版社 1995 年版),包括了贡貂、恤赏罹难官兵、征调赫哲人戍守巡查等内容。李澍田、潘景隆主编的《珲春副都统衙门档案选编》(吉林文史出版社 1991 年版),将清代珲春副都统衙门(包括珲春协领衙门)档案选编,包括政权、军事、交涉等方面内容。这些档案资料是研究清代东北亚地区民族史、边疆史极为珍贵的资料。

库页岛地区的少数民族来往于黑龙江下游的德楞等地,一般是走

---

〔1〕辽宁省档案馆,辽宁社会科学院历史研究所,沈阳故宫博物馆译编:《三姓副都统衙门满文档案译编》,辽沈书社 1984 年版,第 412 页。

〔2〕参见杨旸主编:《明清东北亚水路丝绸之路与虾夷锦研究》,辽海出版社 2001 年版,第239 – 248 页。

2条路线的。一条路线是由德楞等地获得物品后,经奇集、克默而湾而进入库页岛的。奇集,"东逾山岭二十余里为库叶海峡"[1]。克默而湾,今俄罗斯称卡斯特里湾。奇集,今俄称马林斯克。走这条路线最方便。不过经行这条路线需肩扛小船,行走20余里陆路。另一条路线是经黑龙江江口进入库页岛。中国内地丝绸诸物,基本上是通过上述2条路线远达库页岛的。

库页岛少数民族通过朝贡,即贡貂赏乌林后,获得清政府颁赏的颇多赏赐物品。除了赏赐品外,库页岛少数民族还借机与黑龙江下游少数民族进行交易,通过东北各民族间贸易等活动又得到了一些物品;当时库页岛以及北海道的少数民族称黑龙江下游地区的少数民族为"香旦",讹为"山旦",也写作"山丹"。由于是同"山丹人"进行贸易,又称为"山丹贸易"。此种贸易是贡赏贸易的延伸,它们一般是以古老的贸易方式,即以物易物的交换形式进行的。

库页岛少数民族将赏乌林获得的赏赐及由"山丹贸易"获得的一些物品,主要是丝织品,携带回到库页岛。有时他们拿着这些丝织品到库页岛最南端的中国式土城"果夥",今称"白主土城"或"古依土城",甚至到北海道宗谷地区,与北海道阿依努人进行贸易,这就是中国内地出产的蟒袍、锦缎、面料等丝织品流入北海道等地的缘由。

7.3 日本"虾夷锦"来源于中国的史实

7.3.1 "虾夷锦"

相传,日本北海道地区的松前藩经常与阿依努人做生意,而阿依努人又经常和黑龙江下游的"山丹人"做生意,通过各种贸易交换,有许多中国内地出产的丝绸、软玉、瓷器等物品传到了库页岛和北海道。

阿依努人旧称虾夷人,曾分布在北海道、库页岛、千岛群岛。明永乐年间,阿依努人也在明王朝管辖下,建置了卫、所,向明朝进贡,并接

---

〔1〕〔清〕曹廷杰:《西伯利东偏纪要》,载李兴盛,齐书深,赵桂荣主编:《陈浏集》(《黑水丛书》8),黑龙江人民出版社2001年版,第1282页。

受明朝封赏。根据惯例,黑龙江流域少数民族边民定期对中央政府进行朝贡,主要是进贡貂皮等土特产,明清政府对其进行赏赐。

明清两朝政府对黑龙江下游地区少数民族头人颁发的袍服或官服(袭衣、袍服),因对其管理并不是十分严格,他们用赏赐得到的官服进行交易也是允许的。黑龙江下游山丹人和库页人等少数民族头人将朝贡后受赏赐获得的蟒袍、绸缎衣服等物品,同北海道地区虾夷人进行交易,史称"山丹交易"或"山丹贸易"。虾夷人称这种中国内地的丝绸袍服为"女真锦"、"襜褛锦"、"靼裂"、"山丹锦"、"官服"、"唐衣"或"山丹服"。

交易中也往往还包括朝贡赏赐获得的绸缎、鞋袜、锦缎、蓝毛青布、高丽布、妆缎、红绢、家机布、白布、棉花、帽子、带子和青玉等,山丹人用这些物品换取虾夷人的水獭、貂、狐狸等毛皮以及日本内地产的斧子、刀、锅和漆器之类的生活用品。山丹贸易的结果,使明清政府颁发给黑龙江流域少数民族的蟒袍、锦缎等中国内地出产的丝织品、服饰进入北海道,受到虾夷人青睐,并被虾夷人冠以他们的族名,称为"虾夷锦"。日本人从阿依努人那里交换得来,又因阿依努人旧名虾夷,故以"虾夷"作为这种丝绸袍服的名称,一直叫"虾夷锦",而且一直被认为是中国古代龙袍。

当地虾夷人欢喜地得到这些中国内地绚丽的丝绸衣服,并颇有兴趣地穿上以后,进而形成了独特的虾夷锦文化现象。文化是历史范畴,衣着是文化的一个重要层面,在山丹交易中,中国的丝绸袍服是主要交易物品,现存藏于日本各地的虾夷锦,是中华文化传播东北亚广大地区的结晶,也是古代中日民族友好往来的见证。

7.3.2 中国丝绸传入日本

有清一代,通过清政府实行的"贡貂与赏乌林制度"以及东北亚各民族间的贸易往来,中国内地出产的丝绸等物品传入日本等地的史实,有文可证,有据可查,有史可鉴。

其一,中国历史文献《明实录》、《清实录》、《皇清职贡图》、《西伯利东偏纪要》、《永宁寺记》碑主、《重建永宁寺记》碑文、《三姓副都统衙门档案》以及保存在北海道大学附属图书馆《库页岛名寄文书中的满洲文》等资料档案，都记载了中国内地丝绸诸物曾运往黑龙江流域以及库页岛地区，其中有一些传入日本北海道地区成为"虾夷锦"。

根据《库页岛名寄文书中的满洲文》档案文书记载，这一地区有的少数民族称日本国为"西山大国"，即"西山国"、"西散国"，他们把前往日本国进行交易称为"至西山国穿官"。曹廷杰于光绪十一年（1885）奉命考察俄国占领区，亲历其境，撰写了研究东北亚地区的历史、地理、民族等方面有很高学术价值的《西伯利东偏纪要》一书，书中记载了当地少数民族居民到日本国"穿官"的情况。虽然文字不多，但十分重要，它将"至西山国穿官"其意说得很清楚。就是当地各少数民族把赴德楞等木城贡貂时所得到的"赏乌林"等物品，带到海滨等地进行贸易，换取日本"黄狐、水獭、白貂诸皮"带回家，待第二年再到木城交易卖掉，这种交易活动，一直至三姓城。这样交易往返活动，就把中国内地丝绸诸物源源不断地传入了日本。除了中国史料记载外，日本资料中关于中国内地丝绸诸物流入北海道地区的也不乏记载。

其二，中国内地丝绸诸物经黑龙江流域以及库页岛地区进入北海道，早在1143年（南宋高宗绍兴十三年，金皇统三年）日本文献《中外抄》"玄上不入袋事"条就有记载，这是平安朝末期的记录。其后，特别是到了明清时期尤其是清代，日本有关这方面的历史文献记载更多。

从日本学者海保岭夫《〈北虾夷地引渡目录〉——嘉庆六年（1801）的山丹贸易》一文看，中国内地出产的丝绸诸物已进入北海道地区，而且这种交易已经得到了证实。"北虾夷地"为日本对库页岛的称呼。《元文类》记载在库页岛南端有"果夥"土城，据日本学者中村和之考证"果夥"即"栝揆"，此寨遗址今称"白主土城"或"古依土城"。早在1936年日本人伊东信雄在《桦太到上中国土城》一文中认为白主土城为中国建造的土城，有可能为监视北海道和宗谷海峡活动而建造的设施。乾隆五十五年（1790，日本宽政二年），北海道松前藩非法在库页岛南端的白主设立会所。咸丰五年（1855年，日本安政二年），松前藩在向幕府提交的《北虾夷地引渡目录》中有记载与"山丹人"即黑龙江下游少数民族交易的物品。据矢岛睿先生《关于蝦夷锦的名称与形态》一文引载《丑年山丹交易品调书》之"虾夷锦"类有：赤地牡丹形 50 卷（1837 尺）、绀地龙形 5 卷（89 尺）、花色龙形 12 卷（284 尺）、桃色龙形 2 卷（23 尺）、紫色龙形 9 卷（257 尺）、樱色龙形 2 卷（23 尺）、鼠色龙形 1 卷（22 尺）、黄色地锦 2 卷（72 尺）、绀地菊形 1 卷（40 尺）、黄色小龙形 2 卷（41 尺）、白地牡丹形 2 卷（42 尺）、萌黄菊形 2 卷（84 尺）、绀地云形 2 卷（84 尺）、飞色龙形 1 卷（24 尺）、萌黄长毛毡 1 卷、赤毛毡 1 件、大巾缟 1 卷。袖物 7 件：花色缀袖物 1 件、古缀袖物 1 件、古绀袖物 1 件、花色袖物 1 件、花色古缀袖物 1 件、古袖物 1 件、飞色袖物 1 件等。

中国内地丝绸诸物经由黑龙江下游以及库页岛南端白主城进行贸易后进入北海道，还有宗谷等地也成为贸易场所。[1] 海保岭夫《北方交易与中世虾夷社会》一文也持有同样的看法。关嘉录诸位先生的文章认为："洞富雄根据 1781 年（乾隆四十六年）松前广长所著《松前志》记载介绍，那约洛酋长杨忠贞（《三姓副都统衙门满文档案译编》所记载雅丹姓姓长姚奇千达努）于日本安永年间（乾隆三十七年至四十六年间，1772—1781）曾到过北海道北部的宗谷；小川运平更具体地介绍说杨忠贞曾于安永七年（乾隆四十三年，1778）到达过宗谷进行交易。"日本文献记载中国内地丝绸诸物经由黑龙江流域特别是黑龙江下游及库页岛流入北海道颇多，如《松前虾夷记》、《松前志摩守差出候书付》、《松前狄一揆闻书》、《虾夷草纸》、《福山秘府》、《宝物类记》、《新罗之记录》、《虾夷谈笔记》、《北海随笔》、《边要分界图考》、《三国通览图说》、《东游记》、《东鞑地方纪行及其他》（间宫林藏《东鞑纪行》）、《虾夷拾遗》等等。不但日本文献有这方面记载，朝鲜文献史料《李朝实录》、《海东诸国记》、李志恒《漂舟录》等也有关于中国内地丝绸诸物经由黑龙江流域和库页岛流入日本北海道的记载。

其三，现今保存在日本一些博物馆的"虾夷锦"诸品，更是有力地

---

[1]〔日〕小林真人：《松前藩与山丹交易》，载《山丹交易与虾夷锦》1996 年北海道开拓纪念馆。转引自杨旸主编：《明清东北亚水路丝绸之路与虾夷绵研究》，辽海出版社 2001 年版，第 258 页。

佐证了中国内地蟒袍、丝绸面料等经由东北亚丝绸之路远输黑龙江流域及库页岛再经交易进入北海道的。[1] 至今这些"虾夷锦"还保存完好,这也说明了中国内地出产的各种花色的蟒袍等远达东土并深深地影响着那里的人们。蟒袍,是明清时期大臣所穿的礼服,有时也作为朝廷赏赐给黑龙江下游以及库页岛地区少数民族头人的官服。其上面绣有蟒等图案,活灵活现。根据北海道开拓纪念馆中田干雄、矢岛睿、铁保岭夫和北海道札幌稻西高等学校中村和之诸位先生提供的资料和吉林省社会科学院历史研究所杨旸先生 1996 年对日本北海道等地进行的"虾夷锦"实地考察,现将日本各地保存的"虾夷锦"类基本情况,列表统计,详见表 7-1。

表 7-1　现今日本各地保存的"虾夷锦"类基本情况表

编号	名称	存藏地点	备注
1	赤地蟒袍	北海道开拓纪念馆整理号:1—A	马蹄袖,绣 8 蟒 4 爪
2	龙褂	北海道开拓纪念馆整理号:2—A	
3	青地蟒袍	北海道开拓纪念馆整理号:3—A	马蹄袖,绣 8 蟒 4 爪
4	青地蟒袍	北海道开拓纪念馆整理号:4—A	马蹄袖,绣 8 蟒 4 爪
5	黄地龙纹服	北海道开拓纪念馆整理号:5—A	
6	黄地龙纹服	北海道开拓纪念馆整理号:6—A	
7	黄地龙纹服	北海道开拓纪念馆整理号:7—A	
8	绀地蟒袍	北海道开拓纪念馆整理号:8—A	绣 8 蟒 4 爪
9	青地蟒袍	北海道开拓纪念馆整理号:9—A	马蹄袖,绣 8 蟒 4 爪
10	青地龙纹服	北海道开拓纪念馆整理号:10—A	
11	赤地袄子	北海道开拓纪念馆整理号:11—A	
12	绀地袄子	北海道开拓纪念馆整理号:12—A	宽袖
13	赤地龙纹服	北海道开拓纪念馆整理号:13—A	

---

[1]参见佐佐木史郎:《北方来的交易民——绢和毛皮与山丹人》,1996 年日本放送出版社协会。转引自杨旸主编:《明清东北亚水路丝绸之路与虾夷锦研究》,辽海出版社 2001 年版,第 259 页。

编号	名称	存藏地点	备注
14	赤地满洲服	北海道开拓纪念馆整理号：14—A	宽袖
15	浓绿地蟒袍	北海道开拓纪念馆整理号：15—A	筒袖
16	山鞑锦（朝服）	北海道函馆市博物馆	朝袍
17	虾夷锦打敷	北海道松前町龙云寺	
18	虾夷锦袄纱	东京都港三田间宫林荣氏	赤地牡丹纹
19	山丹服	早稻田大学	
20	虾夷锦七条袈裟	金泽市寺町 4 丁目妙法寺	
21	虾夷锦打敷	福岛县伊达郡梁川町兴国寺	
22	虾夷锦袖口	仙台市博物馆	
23	虾夷锦七条袈裟	福井县南条郡河野村金相寺	
24	赤地龙纹打敷	福井县南条郡河野村金相寺	
25	唐织棺卷	福井县南条郡河野村金相寺	
26	虾夷锦七条袈裟	秋田县河边郡雄和町下濑黑正觉寺	赤地牡丹纹
27	虾夷锦（朝服）	青森县下北郡佐井村	
28	龙纹薄青锦袈裟	青森县下北郡佐井村法性寺	
29	龙纹青地锦打敷	青森县下北郡佐井村法性寺	
30	龙纹赤地锦打敷	青森县下北郡佐井村松谷家	
31	牡丹纹赤地锦打敷	青森县下北郡佐井村松谷家	纵 65 厘米，横 66 厘米
32	牡丹纹赤地锦打敷	青森县下北郡佐井村松谷家	纵 66 厘米，横 72 厘米
33	龙纹青地锦	青森县下北郡佐井村三上家	
34	虾夷锦袄纱	江差町教育委员会	纵 39.5 厘米，横 40.2 厘米
35	虾夷锦打敷	松前町龙云院	纵 113 厘米，横 266 厘米
36	虾夷锦袋	松前町龙云院	赤地牡丹纹
37	黄地牡丹锦刀袋	松前町教育委员会	
38	虾夷锦断片	松前町教育委员会	
39	阵羽织（披甲）	东京国立博物馆（旧松本家）	赤地龙纹

路途漫漫丝貂情——明清东北亚丝绸之路研究

编号	名称	存藏地点	备注
40	阵羽织（披甲）	东京国立博物馆（旧松本家）	青地龙纹
41	挂轴	小樽市博物馆	赤地牡丹纹
42	青地龙纹锦手箱	北见市妻沼浩史氏	
43	衣服	网走市北海道立北方民族博物馆	青地龙纹
44	山丹服	钏路市立博物馆	
45	青地蟒袍	札幌市儿玉玛利氏	马蹄袖

资料来源:杨旸主编:《明清东北亚水路丝绸之路与虾夷锦研究》,辽海出版社 2001 年版,第 260 - 263 页。

其四,中国、日本、俄罗斯等国学者的往来与学术交流,更进一步证明了中国内地蟒袍、锦缎、丝绸面料等确实传入了北海道等地区。

1990 年,日本北海道新闻社分社长和记者们考察了东北亚丝绸之路。1991 年,日本北海道开拓纪念馆的学者来吉林省访问,参观了吉林省博物馆的清代服饰展览,考察了解到明清时期流入日本的"虾夷锦"原来是中国古代的蟒袍,是一种官服。日本学者在前苏联学术界的帮助下,在黑龙江下游搜集到了民间珍藏的清代蟒袍,并在《北海道新闻》报上刊登了彩色照片,十分鲜艳。这再一次证实了这条丝绸之路的历史意义。[1]

1996 年 9 月 24 日,吉林省社会科学院历史研究所杨旸研究员,应日本学术振兴社邀请,赴日本东京、京都、奈良等大学及科研所进行学术交流,11 月 2 日又飞抵北海道开拓纪念馆、北海道大学等地进行学术交流和访问,共为期 2 个月。杨旸先生考察了北海道地区现存藏的"虾夷锦"。接待他的有北海道大学菊池俊彦、池上二良教授等人以及北海道开拓纪念馆的事业部长中田干雄、特别学艺员矢岛睿、特别学艺员关秀志、学艺部资料管理课长丹治辉一、学艺员铁保岭夫、学艺部文化交流课长小林真人、学艺员林升太郎、学艺部长野村崇等人。11

[1]参见傅朗云编著:《东北亚丝绸之路》,吉林省旅游局国际市场开发处 1991 年 8 月内部版,第 63 - 64 页。

月3日,杨旸在讲演厅作了关于"中国东北的历史与文化——明清时代东北亚丝绸之路与虾夷锦研究"的报告。其后,便对日本北海道十余个博物馆所存藏的"虾夷锦",即青地蟒袍、赤地蟒袍、绀地蟒袍、赤地袄子、赤地满洲服、青地龙纹服、浓绿地蟒袍等及其他史迹进行了考察,发现了很多重要线索。考察的"虾夷锦"较多,拍照图片也不少,书中不能一一列举。11月5日,杨旸先生又前往函馆市北方民族资料馆进行"虾夷锦"考察,接待他的是牧田隆夫先生、主事野村佑一。又考察了函馆市立函馆博物馆,接待他的有该馆馆长菅原繁昭、学艺系长长谷部一弘,杨旸先生与长谷部进行了坦诚而长时间的交流,并研究了该馆珍藏的"虾夷锦",这是一件绀地龙纹的"山靼锦"即"山丹服"。11月6日,又考察了松前町龙云院存藏的"虾夷锦打敷",松前町乡土馆存藏的"阵羽织"即"披甲",也考察了江差町教育委员会存藏的"虾夷锦袄纱",接待他的是江差町教育委员会文化财课文化财系长、学艺员藤岛一巳先生。杨旸又与上之国町教育委员会松崎永穗进行了交谈。11月8日,开始对北海道东北部、东部地区各个博物馆等进行了考察。同日,参观了旭川市博物馆,接待他的有该馆馆长铃木纮一、学艺系长青柳信克、濑川拓郎等人。青柳等人对该馆存藏情况进行了详细的介绍。同日,又走访了网走市北海道立北方民族博物馆,接待他的是学艺课长渡部裕、主任学艺员青柳文吉、学艺员斋藤玲子、学艺员佐佐木亨,并与佐佐木亨对有关"虾夷锦"诸问题进行了交流。9日,参观了网走市立乡土博物馆分馆毛要荣贝冢馆,参观厚岸町海事纪念馆,在厚岸町乡土馆得到学艺员熊崎农夫博的接待。随后对池田良市氏珍藏的"虾夷锦打敷"进行了考察和研究,这块"虾夷锦打敷"纵为144厘米,横为62厘米,是四爪蟒图案,颇为壮丽。同日又拜见了厚岸町景运山国泰寺住持松浦倡道长老,凭吊厚岸町阿依努民族吊魂碑。又访问了钏路市埋藏文化调查中心,受到所长补佐西幸隆、学艺专门员松田猛等人的接见。其后重点访问了钏路市立博物馆,与该馆馆主查山代淳一、西幸隆等进行了学术交流,对其馆珍藏的"山靼锦"进行了研究,这是一件清代蓝色朝服,颇有学术价值和收藏价值。参观了1987

年在钏路市木材町出土的中国宋代浙江湖州制的"湖州方镜"和明代"洪武通宝",这两件文物也较有学术价值和历史意义。

11月10日,参观平取町立二风俗阿依努文化博物馆,由米田秀喜、小华和靖先生接待,观看了阿依努民族服饰、风俗习惯展览。下午到白老町阿依努博物馆参观访问。这一地区是阿依努民族聚居区,由秋野茂树先生、村木美幸女士接待。秋野与杨旸先生对"虾夷锦"进行了探讨。接着,参观了阿依努民族居屋、打猎工具以及祭神物"依那乌",颇有收获。

经过9天,驱车行程数千公里,参观了大半个北海道,对北海道地区的16个博物馆、乡土馆、纪念馆等珍藏的"虾夷锦"诸藏品,进行了实地考察和交流学术,杨旸先生亲身目睹了保存至今仍绚丽多彩的"虾夷锦"。这些更进一步证明了中国内地蟒袍、丝绸面料等丝绸诸物,经由黑龙江流域以及库页岛进入日本北海道地区的历史史实。可以看出,虾夷锦进入北海道有两个途径,一个是当年的官赏即贡貂赏乌林,一个是民间贸易,包括用官赏获得的丝绸进行贸易。

其五,不但日本的一些博物馆藏有至今保存完好的中国内地袍服等物的"虾夷锦"诸品,而位于黑龙江下游今属俄罗斯境内的考穆少林斯库艺术博物馆也有保存完好的中国黄色袍服[1]。尤其是近年来,在黑龙江下游俄罗斯境内的民间还发现了至今保存完好的中国袍服。如1990年在黑龙江下游布拉巴村少数民族奥罗奇人家里发现了中国清朝马蹄袖袍服。同年,又在黑龙江下游的安米村那乃(中国称赫哲)人家中发现了带有花纹的绀地清朝袍服[2],等等。这些都说明中国内地袍服等物品已经远达黑龙江下游地区,其中有的袍服再经过"山丹贸易"传入日本北海道地区成为"虾夷锦"。

其六,据《东南文化》杂志刊登,近年来在我国东南沿海地区发现

---

〔1〕日本《北海道新闻》1991年2月10日。转引自杨旸主编:《明清东北亚水路丝绸之路与虾夷锦研究》,辽海出版社2001年版,第268页。

〔2〕北海道新闻社编:《虾夷锦渡来之路》,1991年9月北海道新闻社出版。转引自杨旸主编:《明清东北亚水路丝绸之路与虾夷锦研究》,辽海出版社2001年版,第268页。

了当年与日本贸易的"宽永钱"古币。在东北的三姓(今黑龙江省依兰,原清代三姓副都统衙门旧址)、宁古塔(今黑龙江省宁安市,原清代宁古塔将军衙门和副都统衙门旧址)、珲春(原清代珲春副都统衙门旧址)等地,也都陆续发现了日本的"宽永钱"。"宽永钱"始铸于后尾天皇宽永二年(明天启五年,1625),其流通时期,正是明末清初,日本为德川幕府时期,而这一时期正是北海道与黑龙江流域交往频繁阶段。出土的这些"宽永钱"有的是黑龙江流域各少数民族去虾夷地区"穿官"时带回来的;有的也可能是北海道虾夷岛等日本人到黑龙江流域等地区进行交易时带来的,这在曹廷杰著述中也有所记载。曹廷杰在《东三省舆地图说》"虾夷岛说"中记载:"虾夷岛,即虾夷国。《环宇记》:虾夷,海岛中小国也,其人须长四尺,尤善弓矢,插箭于首,令人戴瓠而立,数十步射之,无不中者。唐显庆四年(659)十月,随倭国使人入贡。前年游历时,传闻此岛于康熙年间,屡随库叶岛人至三姓下松花江南岸贡貂,受赏乌绫(乌林),今入日本。"[1]

虾夷岛、虾夷国,即今日本北海道。居住在虾夷国的虾夷人(今称阿依努人),随库页人来三姓等地方,当然就会参与三姓地方各族之间的贸易活动,而且这种贸易活动很早就已有之。到了清代,这种贸易往来更为频繁。"宽永钱"在贸易中经常使用,几乎占使用量的一半左右。这就使清代东北亚地区,如三姓、宁古塔、珲春等地多次出土发现"宽永钱"。"宽永钱"古币的出土,可以充分说明黑龙江流域各族与虾夷岛人曾经进行贸易,有力地证明了清代云集于三姓等地方的蟒袍、缎衣、锦缎和丝绸面料等物品就有可能传入虾夷岛,成为现今北海道地区一些博物馆收藏的"虾夷锦"的主要来源。

中国清代东北亚地区,特别是黑龙江流域(包括库页岛地区)各族频繁与日本北海道民族进行贸易,其主要原因是中国丝织品对虾夷岛和日本人有极大的诱惑力,进行这种贸易有利可图。这种有利可图的

---

〔1〕〔清〕曹廷杰:《东三省舆地图说》,载李兴盛,齐书深,赵桂荣主编:《陈浏集》(《黑水丛书》8),黑龙江人民出版社2001年版,第1361 – 1362 页。

贸易,还得有一定的客观条件。日本当时对北海道地区的控制也是较为松散的,往往无暇顾及,这就有利于北海道与黑龙江流域广大地区各族人民间频繁地进行贸易。

据日本学者矢岛睿在《关于蝦夷锦的名称与形态》一文中引的史料说:"1卷4丈2尺长的赤地牡丹形锦,能换取貂皮33张","1卷1丈9尺长的绀色龙形锦换貂皮30张"[1] 又据清人徐宗亮《黑龙江述略》一书记载,晚清时期在黑龙江流域"市买一貂非五六金莫可"[2],每张貂皮大约市值5到6两,33张貂皮可卖到165至198两白银,30张貂皮可卖到150到180两白银,这对黑龙江流域各族人民来说是有利可图的。如果以此交换比率与所得颁赏乌林相比较,由《三姓副都统衙门满文档案译编》文书中可知,一名姓长所得颁赏乌林,仅蟒缎1匹(按3丈计算),到日本大约可以换回貂皮47张,一名乡长得到的赏乌林彭缎2丈3尺5寸,大约可换回18张貂皮。尽管我们不能得知姓长、乡长所得到的蟒缎、彭缎是什么样的花色品种,在实际交易活动中比率上可能会有一些出入,但上述比率仍有很大的参考价值。那么,47张貂皮可卖到235到282两白银。即或没有这么高的比率,按每张貂皮2两白银的价格计算,也能卖到94两白银。因此,东北亚各族群众用受赏赐得到的乌林去做这种交易,所得到的利润是十分可观的。而北海道民族获得了中国产的色彩斑斓的蟒袍和质地轻柔的锦缎等,也提高了自身的衣着档次和生活质量。因此,黑龙江流域(包括库页岛)各族与北海道诸民族进行的这种交易对双方都有利。

总之,通过上述6种情况可以看出,中国内地蟒袍、锦缎和丝织品等,经由东北亚丝绸之路流入北海道,使今天日本北海道等一些博物馆得以存藏"虾夷锦"诸品,这些是有文可证、有物可睹的。[3]

另外,杨旸先生在日本讲学期间,曾在北海道的一家博物馆发现

---

[1]〔日〕矢岛睿著,晓辰译:《关于蝦夷锦的名称与形态》,载于《北方文物》1994年第3期,第112页。

[2]〔清〕徐宗亮:《黑龙江述略》卷4《贡赋》,黑龙江人民出版社1985年版,第53页。

[3]参见杨旸主编:《明清东北亚水路丝绸之路与虾夷锦研究》,辽海出版社2001年版,第254－272页。

了中国清代的丝绸制品,上面印有《红楼梦》作者曹雪芹爷爷——曹寅的押记,此丝绸上有这样的字样:"苏州织造臣曹寅。"他多次向馆方提出请求,得到馆方的许可后拍下来一张照片。但由于与日本方面有协议,需要日方发表学术论文之后才能发表。可见,曹寅任江宁织造期间监制的苏州丝绸,很可能就是通过东北亚丝绸之路辗转到达日本的。

7.4 "虾夷锦"与"虾夷锦文化"现象

明清时期中国内地出产的蟒袍、锦缎等丝织品,通过山丹贸易等形式进入了北海道以及日本内地,日本人称之为"虾夷锦"。交易中虽然还包括用内地的蓝毛青布、高丽布、家机布、白布、包头、棉线等物品,换取北海道虾夷人的水獭、狐狸、貂等珍贵毛皮,但最引人关注的还是蟒袍、锦缎等。明清时期蟒袍是文武官员最常穿用的礼服,因袍上绣有蟒纹而得名。锦缎,是以精炼染色的桑蚕丝为原料,有时配以金银线,采用缎纹提花工艺,色泽瑰丽多姿,花纹精致典雅,是我国古代丝织品的精华。明清时期盛行以挖花回纬为主要显花手段的重纬织物妆花缎,色彩复杂绚丽,也是中国古代织锦的精华,这些丝织精品颇受北海道虾夷人的欢迎和喜爱。

据《清通志·器服略》记载:清制,皇子、亲王等亲贵以及一品至七品官员皆穿蟒袍。唯皇子、亲王之袍绣五爪金黄色蟒9只;一品至七品官之蟒,则按品级,绣四爪蟒5至8只,并规定不得用金黄色。清廷对黑龙江流域以及库页岛少数民族头人颁赏的蟒袍(官服、袭衣),管制并不是十分严格,这些少数民族头人贡貂得到赏赐后,便可以拿着这些袍服进行交易,从而使这些丝绸制品流入北海道虾夷人手中,颇受虾夷人的青睐。蟒袍属于衣着,衣着是文化的一个重要层面,衣着方式是文化研究的重要内容。文化是人类的一种活动,是不分国界的历史范畴,而文明属于文化活动的成果、表象。北海道虾夷人穿上绚丽多彩的袍服,使其物质文化生活更加丰富多彩,而且对其文化内涵、心理观念、民众习尚等影响颇深。虾夷锦,使这片神奇的北海道冻土地带,映射出文明的光彩和绚丽多姿的风土人情,形成了一种独特的虾夷锦文化现象。可见虾夷锦及虾夷锦文化现象,是中华文明在东土特别是日本北海道等地区传播的结晶。中华文明是东北亚主体文化。

虾夷锦传入日本北海道并形成虾夷锦文化,说明了以下诸问题:

其一,明清两代对黑龙江流域以及库页岛地区实行有效的行政统治。中国内地蟒袍、锦缎、丝绸诸品经由东北亚丝绸之路,进入黑龙江流域及库页岛地区,再经"山丹贸易"传入北海道成为"虾夷锦"以及形成虾夷锦文化现象,是清政府实行赏乌林制度的主要结果,赏乌林是"虾夷锦"的主要来源。

清朝对黑龙江流域及库页岛广大地区实行有效管辖,除了设置驻防八旗外,就是设置噶珊,实行编户制度。噶珊是清政府代替明代卫所的主要措施,设置噶珊,就必须向当地噶珊头人颁发官服即蟒袍等物品,而少数民族头人则必须以时贡貂,这就是"贡貂赏乌林制度"。因此说,建置噶珊以及实行贡貂赏乌林制度,才会有大量中国内地出产的丝绸诸物进入黑龙江流域及库页岛地区;也只有设置噶珊以及实现贡貂与赏乌林制度,才能提供给黑龙江流域及库页岛各族与北海道阿依努等民族进行贸易的丰富货源,创造贸易交换活动的必要条件。

其二,虾夷锦及其所形成的虾夷锦文化现象还说明了明清时期内地的衣着文化以及思想意识等,深深地影响着黑龙江流域及库页岛地区。经过东北亚丝绸之路的运行,内地丝绸、袍服等物品运送到黑龙江下流及库页岛地区,促使这一地区居民的衣着有所改变,如库页岛南部白主城的北面约一百五六十里处,有一个叫作基道希的地方,居住着费雅喀民族,过去这个民族"衣服亦多用兽、鱼皮制做",东北亚丝绸之路运行后,促使他们"常至满洲交易,故穿满洲产棉布等衣物者亦多"[1]

说明东北亚广大边疆地区居民的穿戴衣着样式,深受内地衣着样式的影响。同时,藏传佛教的传入以及永宁寺、关公庙、孔庙等的建造,

---

〔1〕〔日〕间宫林藏:《东鞑纪行》,商务印书馆1974年版,第23页。

都说明这一地区在思想文化、意识形态等方面,都受到中华传统文化的深刻影响。

其三,虾夷锦及其虾夷锦文化现象,也说明了中华文化远播东瀛。中国内地丝绸、袍服等丝织品经由东北亚丝绸之路,不仅进入了黑龙江下游及库页岛地区,也传入了日本北海道及内地,颇受当地诸民族青睐。据传,当蟒袍等袍服传入北海道,当地少数民族就颇有兴趣地穿上绚丽的袍服,手拿着色彩斑斓、质地轻柔、富有魅力的丝绸制品,戴上美丽的青玉珍珠,兴高采烈,手舞足蹈,炫耀自己的美丽和富有。另据《李朝实录》及日本古籍《新罗之记录》记载,幕府时期,一个叫蛎崎庆广的北海道松前藩主为了取得德川家康的支持,巩固自己在北海道地区的统治地位,曾于明万历二十一年(日本文禄二年,1593),千里迢迢跑到九州肥前名护屋(今日本佐贺县西町)城拜见德川将军,把一件自己心爱的号称"龙袍"即"唐衣——虾夷锦"的丝绸制品作为厚礼,向他的上司德川家康进献,这是一件以藏青色和黄色丝绸为衣料,用金银线挑花的刺绣袍服,袍上刺有几条"龙",每条"龙"的姿态都不一样,德川家康大悦,这件"龙袍"也引起了德川幕府上上下下所有人的兴趣。从此庆广在北海道松前藩的统治地位得到了巩固和加强。可见,"虾夷锦"已经传入了日本内地,这些事实也说明了中国衣着文化也深深影响到了北海道地区。

此外,清代建于北海道函馆地方的中华会馆关帝庙,也是完全按照中华传统的关帝庙样式而建造的。会馆,是中国封建社会时期城市中的一种公共性建筑,分为同乡会馆、行业会馆。这些会馆多供奉先贤、行业祖师和神祇,尤其是供奉被神化的关公。庙是中国古代用于祭祀的建筑,是祭祀祖先、奉祀先贤和祭祀山川、神灵的地方。函馆市的中华会馆关帝庙,正是按照中华会馆和庙宇的形制而筹建的。

关帝庙即关公庙,是奉祀三国时期蜀国五虎上将之一关羽的庙宇。三国时期后,民间多供设关公庙,奉祀关羽。明万历二十三年(1595),明朝万历皇帝下诏封关羽为帝,关帝即关羽、关公,从此关公庙改为关帝庙,民间称为关老爷庙。在北海道函馆地方,当地人民也是按照这一奉礼祭规行事的,函馆市关帝庙,是完全按照中国三江地区关帝庙的样式建造的。关帝庙正面中央是关帝坛,因此一走进庙门内,首先映入眼帘的是栩栩如生的关帝神祇。在中国,老百姓尊称关公为武圣人,民间崇敬关公为神,尊为关老爷,甚至一些善男信女结婚时还要到关帝庙前顶礼膜拜,祈求保佑一生幸福美满。供奉其神灵位前摆放一个铁丹炉。商人认为信崇关公,航海能一帆风顺,买卖能兴隆通四海。关公坛的楹联左柱刻铭"至大至刚存两间正气",右柱刻铭"乃圣乃神明万世人伦"。高悬匾额甚多,书遒劲有力大字"乾坤正直"、"浩气凌云"、"至圣至神"、"济义输忠"、"万古一人"、"威极东瀛"等。这些柱铭、匾额,文笔静当,多赞颂关羽一身正气的品貌贤德。

总之,无论是从中华会馆关帝庙的筹建看,还是从建筑艺术以及信奉内容看,无论是中国内地的衣着方式,还是中华传统崇敬关老爷的意识形态以及关帝庙的建筑艺术,都深深影响着北海道地区,中华传统文化已经远播东土日本,并呈现出绚丽多彩的风土人情和斑斓的民族文化,中华文化成为东北亚地区的主体文化。

其四,虾夷锦及其虾夷锦文化现象,说明了虽然明清时期特别是清代对外实行禁止交通和贸易的政策,日本此时正处于德川幕府时期,对外也实行闭关锁国的政策,但中国黑龙江下游、库页岛地区和日本北海道地区,也不是完全封闭、没有交往和贸易的。这是中国黑龙江下游和库页岛地区与北海道少数民族积极要求和平贸易的结果。相对其他地区来说,这些地区还是比较开放的,东北亚地区各部族人民和平交往,虽然他们的交易主要还是以物易物的物物交换,不像内地那样发达,但也不能像过去所说那样,这一地区是"完全封闭的不毛之地"。

其五,虾夷锦及其虾夷锦文化现象,还说明了中日两国人民友谊源远流长。边疆地区是联系中外的桥梁。黑龙江流域及库页岛地区土著民族与北海道虾夷人进行贸易,把中国内地蟒袍、锦缎等丝绸制品东传到日本北海道,成为虾夷锦以及形成虾夷锦文化现象,它不仅沟通了东北亚各族人民经济往来、文化交往,更加强了中日两国人民的传统友谊,促进了睦邻友好关系的发展。

现今北海道一些博物馆仍开放展览"虾夷锦"。1990 年末北海道新闻社以《虾夷锦渡来之路》为题,连篇发表文章,阐述了"虾夷锦"如何传入日本。中国学者杨旸、傅朗云等先生在《吉林日报》海外版也发表了多篇关于"东北亚丝绸之路"的文章,相互促进了对"虾夷锦"问题的研究。中日学者对虾夷锦及其文化现象共同进行研究和学术交流,进一步加强了中日两国人民的传统友谊。

咸丰十年(1860)后,沙俄鲸吞黑龙江以北、乌苏里江以东的中国东北 100 多万平方公里的领土,致使东北亚丝绸之路中断,也使得中日民族间的交易活动受到了影响,并逐渐衰退。

明清时期,我们的先人披荆斩棘,风雪长行,通过东北亚丝绸之路将丝绸制品远输黑龙江下游奇集、德楞、普禄、下江等地,连库页岛白主土城甚至北海道宗谷等地区,都无不留下他们的足迹,使白山黑水的千里冰川古道、海岛、海洋,显得神奇多姿,繁荣了东北亚地区的经济、促进了文化交流,特别是促进了与邻近国家的友好交往。中国内地蟒袍、锦缎等东传日本扶桑,成为"虾夷锦"以及形成虾夷锦文化现象,并永放溢彩,无不说明中国历史文化的长河延亘千古,源远流长,博大精深,生生不息。中华文明远播东土的光辉篇章,将永远彪炳史册。[1]

东北亚丝绸之路成为以古老的长江、黄河流域文化为代表的中华传统文化与日本列岛北部地区文化的交流之路,是明清时期黑龙江流域下游以及库页岛地区土著民族(赫哲、费雅喀等边民)与日本北海道虾夷人经济往来、文化交流之路,也是东疆各族与朝鲜半岛的朝鲜民族经济文化交流之路,又是北疆各族与俄罗斯西伯利亚诸民族经济文化交流之路。中华传统文化成为东北亚地区的主体文化,促进东北亚文化圈的形成。

---

〔1〕参见杨旸主编:《明清东北亚水路丝绸之路与虾夷锦研究》,辽海出版社 2001 年版,第 272 - 276 页。

参考文献

一、正史、实录

范晔. 后汉书. 北京:中华书局,1965.

赵尔巽等. 清史稿. 北京:中华书局,1977.

清实录. 北京:中华书局,1985—1987.

二、档案资料、地方志书

(一)档案资料

清高宗敕修. 清朝通典. 上海:商务印书馆,1935.

清高宗敕撰. 清朝文献通考. 上海:商务印书馆,1936.

中国第一历史档案馆编. 清代中俄关系档案史料选编. 北京:中华书局,1981.

辽宁省档案馆,辽宁社会科学院历史研究所,沈阳故宫博物馆译编. 三姓副都统衙门满文档案译编. 沈阳:辽沈书社,1984.

黑龙江省档案馆,黑龙江省民族研究所编. 黑龙江少数民族(1903—1931)(档案史料选编). 哈尔滨:黑龙江文化印刷厂印制(内部发行),1985.

关嘉录,佟永功,关照宏. 天聪九年档. 天津:天津古籍出版社,1987.

中国第一历史档案馆编. 清初内国史院满文档案译编. 北京:光明日报出版社,1989.

〔俄〕古文献研究委员会编. 历史文献补编——十七世纪中俄关系文件选译. 郝建恒,译. 北京:商务印书馆,1989.

中国第一历史档案馆编译. 锡伯族档案史料. 沈阳:辽宁民族出版社,1989.

·欧·亚·历·史·文·化·文·库·

李澍田,潘景隆主编.珲春副都统衙门档案选编.长春:吉林文史出版社,1991.

辽宁省档案馆编译.清代三姓副都统衙门满汉文档案选编.沈阳:辽宁古籍出版社,1995.

中国第一历史档案馆,鄂伦春民族研究会编.清代鄂伦春族满汉文档案汇编.北京:民族出版社,2001.

（二）地方志书

黄维翰修.呼兰府志.民国四年（1915）铅印本.

杨步墀修.依兰县志.民国九年（1920）铅印本.

孙蓉图修,徐希廉纂.瑷珲县志.台北:成文出版社有限公司,1974.

王树楠,吴廷燮,金毓黻等纂.奉天通志.沈阳:东北文史丛书编辑委员会,1983.

长顺修,李桂林纂.吉林通志.长春:吉林文史出版社,1986.

魏声和.吉林地志.长春:吉林文史出版社,1986.

依兰县文物志编写组编纂.依兰县文物志.哈尔滨:《北方文物》杂志社,1988.

李澍田,宋抵点校.吉林志书.长春:吉林文史出版社,1988.

郭克兴撰.黑龙江乡土录.哈尔滨:黑龙江人民出版社,1988.

柳成栋整理.清代黑龙江孤本方志四种.哈尔滨:黑龙江人民出版社,1989.

徐世昌等编纂.东三省政略.长春:吉林文史出版社,1989.

李澍田主编.珲春史志.长春:吉林文史出版社,1990.

万福麟监修,张伯英总纂.黑龙江志稿.哈尔滨:黑龙江人民出版社,1992.

阿桂等纂修.盛京通志.沈阳:辽海出版社,1997.

黑龙江省地方志编纂委员会编.黑龙江省志·民族志.哈尔滨:黑龙江人民出版社,1998.

三、中文论著

（一）前人著述

何秋涛.朔方备乘.台北:文海出版社,1964.

祁韵士.皇朝藩部要略.台北:文海出版社,1965.

昭梿.啸亭杂录.北京:中华书局,1980.

西清.黑龙江外记.哈尔滨:黑龙江人民出版社,1984.

宋小濂.北徼纪游.哈尔滨:黑龙江人民出版社,1984.

福格.听雨丛谈.2 版.北京:中华书局,1984.

魏源.圣武记.北京:中华书局,1984.

高士奇.扈从东巡日录.载:金毓黻主编.辽海丛书(一).沈阳:辽沈书社,1985.

杨宾等.龙江三纪.哈尔滨:黑龙江人民出版社,1985.

徐宗亮.黑龙江述略.哈尔滨:黑龙江人民出版社,1985.

鄂尔泰等修.八旗通志初集.长春:东北师范大学出版社,1985.

王锡祺辑.小方壶斋舆地丛钞.杭州:杭州古籍出版社,1985.

萨英额.吉林外纪.长春:吉林文史出版社,1986.

黄维翰.黑水先民传.长春:吉林文史出版社,1987.

阿桂等.满洲源流考.沈阳:辽宁民族出版社,1988.

李澍田主编.吉林纪略.长春:吉林文史出版社,1993.

任国绪主编.宦海伏波大事记.哈尔滨:黑龙江人民出版社,1994.

李兴盛,吕观仁主编.渤海国志长编.哈尔滨:黑龙江人民出版社,1995.

李兴盛,安春杰主编.何陋居集.哈尔滨:黑龙江人民出版社,1997.

李兴盛,马秀娟主编.程德全守江奏稿.哈尔滨:黑龙江人民出版社,1999.

李兴盛,齐书深,赵桂荣主编.陈浏集.哈尔滨:黑龙江人民出版社,2001.

李兴盛,齐欣,王宪君主编.黑水郭氏世系录.哈尔滨:黑龙江人民出版社,2003.

乾隆敕撰.钦定八旗通志.长春:吉林文史出版社,2002.

弘昼等编.八旗满洲氏族通谱.沈阳:辽沈书社,2002.

李兴盛,全保燕主编.秋笳馀韵.哈尔滨:黑龙江人民出版社,2005.

王一元.辽左见闻录.长春:吉林省社会科学院图书馆藏书,手抄本.

（二）今人著述

凌纯声.松花江下游的赫哲族.南京:国立中央研究院历史语言研究所,1934.

北京师范大学清史研究小组.一六八九年的中俄尼布楚条约.北京:人民出版社,1977.

《满族简史》编写组.满族简史.北京:中华书局,1979.

金毓黻.东北通史.重庆:五十年代出版社,1981年翻印.

杨旸,袁间琨,傅朗云编著.明代奴儿干都司及其卫所研究.郑州:中州书画社,1982.

中国社会科学院历史研究所清史研究室编.清史论丛（第三辑）.北京:中华书局,1982.

吕光天.鄂温克族.北京:民族出版社,1983.

傅朗云,杨旸.东北民族史略.长春:吉林人民出版社,1983.

《鄂伦春族简史》编写组.鄂伦春族简史.呼和浩特:内蒙古人民出版社,1983.

《鄂温克族简史》编写组.鄂温克族简史.呼和浩特:内蒙古人民出版社,1983.

《赫哲族简史》编写组.赫哲族简史.哈尔滨:黑龙江人民出版社,1984.

佟冬主编.沙俄与东北.长春:吉林文史出版社,1985.

张博泉.东北地方史稿.长春:吉林大学出版社,1985.

丛佩远,赵鸣岐编.曹廷杰集（上下）.北京:中华书局,1985.

李健才.明代东北.沈阳:辽宁人民出版社,1986.

《达斡尔族简史》编写组.达斡尔族简史.呼和浩特:内蒙古人民出版社,1986.

《锡伯族简史》编写组.锡伯族简史.北京:民族出版社,1986.

辽宁省民族研究所编. 锡伯族史论考. 沈阳:辽宁民族出版社,1986.

李健才. 东北史地考略. 长春:吉林文史出版社,1986.

李健才. 明代东北. 沈阳:辽宁人民出版社,1986.

吴文衔,张泰湘,魏国忠. 黑龙江古代简史. 哈尔滨:《北方文物》杂志社,1987.

干志耿,孙秀仁. 黑龙江古代民族史纲. 哈尔滨:黑龙江人民出版社,1987.

孙进己,张璇如,蒋秀松,等. 女真史. 长春:吉林文史出版社,1987.

傅朗云,杨旸,曹泽民. 曹廷杰与永宁寺碑. 沈阳:辽宁人民出版社,1988.

沈阳市民委民族志编纂办公室. 沈阳锡伯族志. 沈阳:辽宁民族出版社,1988.

杨锡春. 满族风俗考. 哈尔宾:黑龙江人民出版社,1988.

孙进己. 东北民族源流. 哈尔滨:黑龙江人民出版社,1989.

张泰湘. 黑龙江古代简志. 哈尔滨:黑龙江人民出版社,1989.

孔经纬主编. 清代东北地区经济史. 哈尔滨:黑龙江人民出版社,1990.

马汝珩,马大正主编. 清代边疆开发研究. 北京:中国社会科学出版社,1990.

田志和,潘景隆编著. 吉林建置沿革概述. 长春:吉林人民出版社,1990.

王绵厚,李健才. 东北古代交通. 沈阳:沈阳出版社,1990.

傅朗云编著. 东北亚丝绸之路. 长春:吉林省旅游局国际市场开发处(内部版),1991.

杨学琛. 清代民族关系史. 长春:吉林文史出版社,1991.

满都尔图. 达斡尔族. 北京:民族出版社,1991.

杨余练,王革生,张玉兴,等. 清代东北史. 沈阳:辽宁教育出版社,1991.

方衍主编.黑龙江少数民族简史.北京:中央民族学院出版社,1993.

波·少布主编.黑龙江民族历史与文化.北京:中央民族学院出版社,1993.

赵云田.中国边疆民族管理机构沿革史.北京:中国社会科学出版社,1993.

蒋秀松,朱在宪.东北民族史纲.沈阳:辽宁教育出版社,1993.

蒋秀松.东北民族史研究(三).郑州:中州古籍出版社,1994.

马汝珩,马大正主编.清代的边疆政策.北京:中国社会科学出版社,1994.

王锺翰主编.中国民族史.北京:中国社会科学出版社,1994.

刁书仁.明清东北史研究论集.长春:吉林文史出版社,1995.

李健才.东北史地考略(续集).长春:吉林文史出版社,1995.

杨学琛.清代民族史.成都:四川民族出版社,1996.

张维华,孙西.清前期中俄关系.济南:山东教育出版社,1997.

吕光天,古清尧编著.贝加尔湖地区和黑龙江流域各族与中原的关系史.哈尔滨:黑龙江教育出版社,1998.

刘小萌.满族的社会与生活.北京:北京图书馆出版社,1998.

费孝通主编.中华民族多元一体格局(修订本).北京:中央民族大学出版社,1999.

傅朗云主编.东北亚丝绸之路历史纲要.长春:吉林文史出版社.1999.

方衍主编.黑龙江古代民族关系史.哈尔滨:黑龙江人民出版社,1999.

辛培林,张凤鸣,高晓燕主编.黑龙江开发史.哈尔滨:黑龙江人民出版社,1999.

成崇德.18世纪的中国与世界·边疆民族卷.沈阳:辽海出版社,1999.

张佳生.满族文化史.沈阳:辽宁民族出版社,1999.

张璇如,陈伯霖,谷文双,等.北方民族渔猎经济文化研究.长春:吉林人民出版社,1999.

孟森.明清史论著集刊正续编.石家庄:河北教育出版社,2000.

张德泽.清代国家机关考略.北京:学苑出版社,2001.

杨旸主编.明清东北亚水路丝绸之路与虾夷锦研究.沈阳:辽海出版社,2001.

刘小萌.满族从部落到国家的发展.沈阳:辽宁民族出版社,2001.

李治亭主编.东北通史.郑州:中州古籍出版社,2002.

石方.黑龙江区域社会史研究.哈尔滨:黑龙江人民出版社,2002.

王景泽.清朝开国时期八旗研究(一五八三——一六六一).长春:吉林文史出版社,2002.

支运亭主编.八旗制度与满族文化.沈阳:辽宁民族出版社,2002.

张嘉宾.黑龙江赫哲族.哈尔滨:哈尔滨出版社,2002.

刘金明.黑龙江达斡尔族.哈尔滨:哈尔滨出版社,2002.

吴克尧.黑龙江锡伯族.哈尔滨:哈尔滨出版社,2002.

韩有峰.黑龙江鄂伦春族.哈尔滨:哈尔滨出版社,2002.

定宜庄.清代八旗驻防研究.沈阳:辽宁民族出版社,2003.

张凤鸣.中国东北与俄国(苏联)经济关系史.北京:中国社会科学出版社,2003.

张士尊.清代东北移民与社会变迁:1644—1911.长春:吉林人民出版社,2003.

马大正主编.中国东北边疆研究.北京:中国社会科学出版社,2003.

李燕光,关捷主编.满族通史.2版.沈阳:辽宁民族出版社,2003.

赵仁成主编.黑龙江流域文明与民族研究.哈尔滨:哈尔滨出版社,2003.

石方.黑龙江区域社会史研究(1644—1911)(续).哈尔滨:黑龙江人民出版社,2004.

王锺翰.王锺翰清史研究论集.北京:中华书局,2004.

波·少布主编.黑龙江满族述略.哈尔滨:哈尔滨出版社,2005.

张佳生主编.中国满族研究通论.沈阳:辽宁民族出版社,2005.

张杰,张丹卉.清代东北边疆的满族(1644—1840).沈阳:辽宁民族出版社,2005.

龚荫.中国民族政策史.成都:四川人民出版社,2006.

孟森.清史讲义.北京:中华书局,2006.

孟森.明元清系通纪.北京:中华书局,2006.

孟森.明清史论著集刊.北京:中华书局,2006.

佟冬主编.中国东北史.2版.长春:吉林文史出版社,2006.

萧一山.清代通史.上海:华东师范大学出版社,2006.

张杰.满族要论.北京:中国社会科学出版社,2007.

周喜峰.清朝前期黑龙江民族研究.北京:中国社会科学出版社,2007.

杨旸主编.明代东北疆域研究.长春:吉林人民出版社,2008.

孙乃民主编.吉林通史(第二卷).长春:吉林人民出版社,2008.

赵英兰.清代东北人口社会研究.北京:社会科学文献出版社,2011.

四、博士学位论文

任玉雪.清代东北地方行政制度研究.上海:复旦大学历史地理研究中心,2003.

赵英兰.清代东北人口与群体社会研究.长春:吉林大学历史系,2006.

费驰.清代东北商埠与社会变迁研究(1644—1911).长春:东北师范大学历史文化学院,2007.

陈鹏.清代东北地区"新满洲"研究(1644—1911).长春:东北师范大学历史文化学院,2008.

五、国外研究译著

〔日〕间宫林藏.东鞑纪行.黑龙江日报(朝鲜文报)编辑部,黑龙江省哲学社会科学研究所,译.北京:商务印书馆,1974.

〔英〕恩斯特·乔治·拉文斯坦.俄国人在黑龙江.陈霞飞,译.北京:商务印书馆,1974.

〔苏〕谢·弗·巴赫鲁申.哥萨克在黑龙江上.郝建恒,高文风,译.北京:商务印书馆,1975.

〔苏〕格·瓦·麦利霍夫.满洲人在东北(十七世纪).黑龙江省哲学社会科学研究所第三室,译.北京:商务印书馆,1976.

〔俄〕P.马克.黑龙江旅行记.吉林省哲学社会科学研究所翻译组,译.北京:商务印书馆,1977.

〔苏〕卡巴诺夫.黑龙江问题.姜延祚,译.哈尔滨:黑龙江人民出版社,1983.

〔美〕费正清,刘广京编.剑桥中国晚清史(1800—1911年).中国社会科学院历史研究所编译室,译.北京:中国社会科学出版社,1985.

〔俄〕史禄国.北方通古斯的社会组织.吴有刚,赵复兴,孟克,译.呼和浩特:内蒙古人民出版社,1985.

〔苏〕杰烈维扬科.黑龙江沿岸的部落.林树山,姚凤,译.长春:吉林文史出版社,1987.

〔俄〕史禄国.满族的社会组织——满族氏族组织研究.高丙中,译.北京:商务印书馆,1997.

〔苏〕弗·克·阿尔谢尼耶夫.在乌苏里的莽林中:乌苏里山区历险记.王士燮,沈曼丽,黄树南,译.北京:人民文学出版社,2005.

〔日〕稻叶君山.清朝全史.但焘,译.上海:上海社会科学院出版社,2006.

〔俄〕尼古拉·阿多拉茨基.东正教在华二百年史.阎国栋,肖玉秋,译.广州:广东人民出版社,2007.

后　记

　　我本人硕士、博士就读于东北师范大学,主要从事东北民族与疆域问题的研究,侧重明清时期东北地区及黑龙江流域少数民族研究。2008 年博士毕业后进入吉林大学哲学社会学院社会学系工作,主要承担文化人类学、民族社会学及中国社会思想史的教学工作,同时也继续从事东北民族疆域问题的科研工作。

　　在本书定稿之际,我觉得有很多感激的话要表达,在此谨向给予我无私帮助的诸位先生表示衷心的感谢!

　　首先,要感谢中国社会科学院历史研究所、《欧亚学刊》主编余太山先生和吉林大学文学院历史系杨军先生的信任和提携。欣闻余太山先生要主编一套《欧亚历史文化文库》,我很感兴趣。经杨军先生推荐,并结合自己的研究方向及兴趣,以《路途漫漫丝貂情——明清东北亚丝绸之路研究》为题进行申报,并有幸获得批准,得以忝列《欧亚历史文化文库》,这也成为我正式出版的第一部著作。

　　其次,要特别感谢吉林省社会科学院历史研究所杨旸先生、东北师范大学古籍研究所傅朗云先生,正是二位先生以及吉林师范学院(北华大学前身)《长白丛书》原任主编李澍田先生、吉林省社会科学院历史研究所丛佩远先生等诸位学界前辈的智慧及已有的研究成果,才使本书得以顺利完成。他们的研究成果也反映在本书中。兰州大学出版社的施援平女士、钟静编辑,为本书的策划、编辑出版付出了很多辛劳,在此表示由衷的感谢。

　　最后,特别感谢吉林大学哲学社会学院副院长、社会学系主任田毅鹏教授及诸位同事在工作上给予我的大力提携和无私帮助。需要感谢的人实在太多,在此不再一一列举。感谢我的导师——东北师范大学历史文化学院刘厚生教授对我多年来的培养。

　　在本书的写作过程中,正值我博士刚刚毕业进入吉林大学哲学社会学院社会学系工作,此期间我承担了社会学系本科、人类学硕士的多门课程的教学任务及科研工作,带领学生进行社会实习、田野调查,购房并装修新居,特别是 2009 年年末小女出生及对她的抚育培养,诸事繁杂,劳心劳力,我只能在她熟睡后进行写作,由于各种原因本书的写作拖了很久。我的爱人宋卿女士承担了很多家务,对书稿也提出了很多建议。谨以此书献给我的女儿陈茜樾,祝愿她茁壮成长、健康快乐。

由于时间仓促,而我又生性愚钝,书中错误之处在所难免,敬请各位学界前辈、同仁及读者批评指正。

陈　鹏

2010 年 12 月于怡众名城寓所

索　引

·欧·亚·历·史·文·化·文·库·

·欧·亚·历·史·文·化·文·库·

·欧·亚·历·史·文·化·文·库·

·欧·亚·历·史·文·化·文·库·

欧亚历史文化文库

已经出版

梁俊艳著:《英国与中国西藏(1774—1904)》　　　　　　定价:88.00元

〔乌兹别克斯坦〕艾哈迈多夫著,陈远光译:

　　《16—18世纪中亚历史地理文献》(修订版)　　　　定价:85.00元

成一农著:《空间与形态——三至七世纪中国历史城市地理研究》

　　　　　　　　　　　　　　　　　　　　　　　　　定价:76.00元

杨铭著:《唐代吐蕃与西北民族关系史研究》　　　　　定价:86.00元

殷小平著:《元代也里可温考述》　　　　　　　　　　定价:50.00元

耿世民著:《西域文史论稿》　　　　　　　　　　　　定价:100.00元

殷晴著:《丝绸之路经济史研究》　　　　　定价:135.00元(上、下册)

余大钧译:《北方民族史与蒙古史译文集》　　定价:160.00元(上、下册)

韩儒林著:《蒙元史与内陆亚洲史研究》　　　　　　　定价:58.00元

〔美〕查尔斯·林霍尔姆著,张士东、杨军译:

　　《伊斯兰中东——传统与变迁》　　　　　　　　　定价:88.00元

〔美〕J.G.马勒著,王欣译:《唐代塑像中的西域人》　定价:58.00元

顾世宝著:《蒙元时代的蒙古族文学家》　　　　　　　定价:42.00元

杨铭编:《国外敦煌学、藏学研究——翻译与评述》　　定价:78.00元

牛汝极等著:《新疆文化的现代化转向》　　　　　　　定价:76.00元

周伟洲著:《西域史地论集》　　　　　　　　　　　　定价:82.00元

周晶著:《纷扰的雪山——20世纪前半叶西藏社会生活研究》

　　　　　　　　　　　　　　　　　　　　　　　　　定价:75.00元

蓝琪著:《16—19世纪中亚各国与俄国关系论述》　　　定价:58.00元

许序雅著:《唐朝与中亚九姓胡关系史研究》　　　　　定价:65.00元

汪受宽著:《骊靬梦断——古罗马军团东归伪史辨识》　定价:96.00元

刘雪飞著:《上古欧洲斯基泰文化巡礼》　　　　　　　定价:32.00元

〔俄〕Т.Б.巴尔采娃著,张良仁、李明华译:

　　《斯基泰时期的有色金属加工业——第聂伯河左岸森林草原带》

　　　　　　　　　　　　　　　　　　　　　　　　　定价:44.00元

叶德荣著:《汉晋胡汉佛教论稿》　　　　　　　　　　定价:60.00元

王颋著:《内陆亚洲史地求索(续)》　　　　　　　　定价:86.00元

尚永琪著:

　　《胡僧东来——汉唐时期的佛经翻译家和传播人》　定价:52.00元

桂宝丽著:《可萨突厥》　　　　　　　　　　　　　　定价:30.00元

·欧·亚·历·史·文·化·文·库·

301

篠原典生著:《西天伽蓝记》　　　　　　　定价:48.00 元

〔德〕施林洛甫著,刘震、孟瑜译:

　《叙事和图画——欧洲和印度艺术中的情节展现》　定价:35.00 元

马小鹤著:《光明的使者——摩尼和摩尼教》　定价:120.00 元

李鸣飞著:《蒙元时期的宗教变迁》　　　　　定价:54.00 元

〔苏联〕伊·亚·兹拉特金著,马曼丽译:

　《准噶尔汗国史》(修订版)　　　　　　　　定价:86.00 元

〔苏联〕巴托尔德著,张丽译:《中亚历史——巴托尔德文集

　第 2 卷第 1 册第 1 部分》　　　　定价:200.00 元(上、下册)

〔俄〕格·尼·波塔宁著,〔苏联〕B.B.奥布鲁切夫编,吴吉康、吴立珺译:

　《蒙古纪行》　　　　　　　　　　　　　　定价:96.00 元

张文德著:《朝贡与入附——明代西域人来华研究》　定价:52.00 元

张小贵著:《祆教史考论与述评》　　　　　　定价:55.00 元

〔苏联〕К.А.阿奇舍夫、Г.А.库沙耶夫著,孙危译:

　《伊犁河流域塞人和乌孙的古代文明》　　　定价:60.00 元

陈明著:《文本与语言——出土文献与早期佛经词汇研究》

　　　　　　　　　　　　　　　　　　　　定价:78.00 元

李映洲著:《敦煌壁画艺术论》　　　定价:148.00 元(上、下册)

敬请期待

许全胜著:《黑鞑事略汇校集注》

贾丛江著:《汉代西域汉人和汉文化》

王永兴著:《敦煌吐鲁番出土唐代军事文书考释》

薛宗正著:《汉唐西域史汇考》

徐文堪编:《梅维恒内陆欧亚研究文选》

徐文堪著:《欧亚大陆语言及其研究说略》

刘迎胜著:《小儿锦文字释读与研究》

李锦绣编:《20 世纪内陆欧亚历史文化研究论文选粹》

李锦绣、余太山编:《古代内陆欧亚史纲》

郑炳林著:《敦煌占卜文献叙录》

李锦绣著:《裴矩〈西域图记〉辑考》

李艳玲著:《公元前 2 世纪至公元 7 世纪前期西域绿洲农业研究》

许全胜、刘震编:《内陆欧亚历史语言论集——徐文堪先生古稀纪念》

张小贵编:《三夷教论集——林悟殊先生古稀纪念》

李鸣飞著:《横跨欧亚——中世纪旅行者眼中的世界》

杨林坤著:《西风万里交河道——明代西域丝路上的使者与商旅》

杜斗城著:《杜撰集》

林悟殊著:《华化摩尼教补说》

王媛媛著:《摩尼教艺术及其华化考述》

李花子著:《长白山踏查记》

芮传明著:《摩尼教敦煌吐鲁番文书校注与译释研究》

马小鹤著:《霞浦文书研究》

段海蓉著:《萨都剌传》

〔德〕梅塔著,刘震译:《从弃绝到解脱》

郭物著:《欧亚游牧社会的重器——鍑》

王邦维著:《玄奘》

芮传明著:《内陆欧亚中古风云录》

李锦绣著:《北阿富汗的巴克特里亚文献》

孙昊著:《辽代女真社会研究》

赵现海著:《长城时代的开启
    ——长城社会史视野下明中期榆林长城修筑研究》

华喆著:《帝国的背影——公元 14 世纪以后的蒙古》

杨建新著:《民族边疆论集》

王永兴著:《唐代土地制度研究——以敦煌吐鲁番田制文书为中心》

〔苏联〕伊·亚·兹拉特金等著,马曼丽、胡尚哲译:
    《俄蒙关系档案文献集(1607—1654)》

〔俄〕柯兹洛夫著,丁淑琴译:《蒙古与喀木》

马曼丽著:《马曼丽内陆欧亚自选集》

韩中义著:《欧亚与西北研究辑》

刘迎胜著:《蒙元史考论》

尚永琪著:《古代欧亚草原上的马——在汉唐帝国视域内的考察》

石云涛著:《丝绸与汗血马——早期中西交通与外来文明》

青格力等著《内蒙古土默特金氏蒙古家族契约文书整理研究》

尚永琪著:《鸠摩罗什及其时代》

石云涛著:《魏晋南北朝时期的外来文明》

淘宝网邮购地址:http://lzup.taobao.com

303

·欧·亚·历·史·文·化·文·库·